KB267461

좋은 삶을
위해
죽음을 묻다

좋은 삶을 위해 위해 죽음을 묻다

《파이돈》에서 《팡세》까지,
삶과 죽음을 읽는
철학 수업

최대환 지음

어크로스

죽음은 우리 삶에 있어 참된 최종 목적이고 저는 여러 해 전부터
인간에게 참되고 최고의 친구인 죽음과 잘 사귀고 있습니다.
죽음을 생각하는 것이 저를 두렵게 하는 것은 하나도 없습니다.
오히려 안도와 위로를 준답니다.
—W. A. 모차르트

주님, 우리에게 저마다 고유의 죽음을 주십시오.
사랑과 의미와 곤궁이 있었던 각자의 삶에서 나온 죽음을 주십시오.
—라이너 마리아 릴케

나는 언제나 미래의 삶에 대해 생각하는 것을 스스로에게 금했지만,
또한 언제나 죽음의 순간이야말로
삶에 있어 척도이자 목표라고 믿었습니다.
—시몬 베유

일러두기

1. 인명은 국립국어원의 외래어표기법(2002)을 따르는 것을 원칙으로 하였으나 몇 가지 예외를 두었다.

- 성경 속 인물이나 천주교 세례명·교황명인 경우에는 천주교식으로 표기하였다([예시] 바울로→바오로, 베네딕트→베네딕토).

- 국립국어원 규범 표기를 채택하지 않은 국내 출간 도서의 제목은 그대로 두었다([예시] 슈테판 츠바이크,《에라스무스 평전》).

2. 국내 출간물을 인용하는 경우, 해당 서지가 처음 나오는 곳에 지은이, 서명, 출판사, 출판 연도, 쪽수를 모두 밝히고, 이후 다시 인용할 때에는 서명과 쪽수만 표기하였다.

3. 출처 표기가 없는 해외 출간물의 인용문은 모두 저자가 직접 번역한 것이며, 저본 및 참고한 원서는 참고문헌에 밝혀두었다.

여행하는 인간의 마지막 항해

항해를 떠나는 것은, 죽음이라는 항구에서 끝을 맺는
인생 여정의 상징으로 받아들여졌다.
―후고 라너, 《그리스 신화에 대한 그리스도교 신학의 해석》

좋은 삶을 위하여 죽음을 묻고자 합니다. 인간의 삶은 시간 속에 있으며 시작과 끝을 지니기에, 삶의 의미는 죽음의 문제를 빼고 생각할 수 없습니다. 철학의 사유가 인간에 대해 묻고, 삶의 의미에 대해 묻고자 한다면, 죽음에 대해서도 물어야 합니다. 인간 존재에 대한 물음은 삶과 죽음의 의미에 대한 물음입니다. 이 물음에 대하여 제대로 답을 얻기 위해서는 삶과 죽음에 관한 추상적 개념과 규정에 만족해서는 안 됩니다. 물음과 답은 삶의 실천을 담아야 하고, 도야되고 형성되는 인격에 뿌리내려야 합니다. 삶과 죽음은 인생의 시간을 관통하는 여정이며, 삶과 죽음에 대한 물음은 그 여정을 포괄합니다. 인생 여정을 걷는 것이 인간의 본질에 속하기에, 인간을 '호모 비아토르homo viator'라 부르는 것은 적절합니다.

여행하는 인간

호모 비아토르는 우리말로 길 위의 인간, 여정에 있는 인간, 여행하는 인간, 순례하는 인간 등으로 옮깁니다. 인간 존재를 해석하는 숱한 개념이 있지만, 우리의 인생과 인간의 본질에 대해 이보다 더 절실하고 공감을 불러일으키는 정의도 없다고 생각합니다. 프랑스의 실존주의 철학자 가브리엘 마르셀Gabriel Marcel(1889~1973)은 이 개념을 익숙하게 하였고 철학의 영역을 넘어 널리 사용되게 하는 데 큰 기여를 하였습니다. 인간은 본질적으로 길 위에 있는 존재이며 인생은 여행이라는 생각은 사실 인간 정신이 깨어나고 문화와 문명이 생겨난 이래, 늘 인간과 함께한 원형적 사유에 속합니다. 여정으로서의 인생은 인간의 숙명일뿐더러 인간에게서 제거할 수 없는 근본적 갈망이기도 합니다. 고대에서 현대에 이르는 신화에서 여행하는 인간이라는 주제는 수없이 반복되며, 그 힘을 잃지 않습니다.

인간은 안정을 추구하고 문명은 정주를 전제로 하지만, 동시에 인간은 자신이 길 위에 있다는 의식을 떨치지 못합니다. 인간의 이상과 소망이 투영된 영웅은 자신에게 익숙한 공간을 떠나 길을 떠나는 것을 감행하는 인물로 자주 그려집니다. 인류 최초의 서사시로 일컬어지는《길가메시 서사시》의 주인공 길가메시와 구약성서에 나오는 수많은 설화의 출발점이라 할 아브라함은 모두 길을 떠난 인물이었습니다. 그리스도교 사상의 기초를 놓은 사도 바오로 역시 여행하는 인간이라고 일컬어지기에 부족함이 없습니다. 단순히 문학의 범주를 넘어 서양 정신의 경전이라고 할 호메로스의 《오디세이아》와 베르길리우스의 《아이네아스》와 단테의 《신곡》에서 여행은 단순히 소재가 아니라 주제 그 자체이며, 인간의 한계와 위대함 모두를 상징하고 있습니다. 우리 시대의 고전인 허먼 멜빌의 《모비딕》이나 톨킨의 《반지의 제왕》에서도 이를 확인할 수 있습니다. 고대의 신화와 설화, 그리고 서사시에서 출발하여, 현대에 이르기까지 '여행'은 언제나 삶의 의미를 찾는 인간의 갈망을 드러내는 상징이 되어 왔습니다.

마지막 항해

여행하는 인간은 인간이 삶의 의미를 찾는 여정에 있는 존재라는 것을 표현하지만, 동시에 인간이 죽음을 대면해야 하는 존재라는 사실을 함축하기도 합니다. 인생을 여정이라 일컬으면서도 종종 죽음의 문제를 괄호로 묶어두고 애써 외면하려 하기도 합니다. 그러나 죽음에 대해 생각하지 않을 때, 인생의 전모에 다가갈 문은 닫힙니다. 인간의 필멸성을 진실하게 대면하는 용기 없이는 인생의 온전함과 충만함을 경험할 수 없습니다. 길가메시의 위대한 여정이 벗 엔키두의 죽음에서 시작되었고, 아브라함 이야기의 마지막에서는 그와 아내 사라의 소박한 무덤을 만나게 되며, 바오로는 선교 여행 중에 죽음에 가까운 난파를 당했고, 오디세우스와 아이네아스와 단테가 죽은 이들이 있는 세계를 여행해야 했던 것은 우연이 아닐 것입니다. 여행하는 인간은 삶의 여정을 걸어가지만, 그 여정에는 죽음이 신비로운 방식으로 이미 동반하고 있으며, 그 여정의 마지막 모험은 죽음이라는 사건입니다. 죽음에 대한 우리의 태도가 삶의 의미를 결정하기도 합니다. 여행하는 인간은 길의 끝에서 '마지막 항해'를 준비해야 합니다.

J.R.R 톨킨은《반지의 제왕》대미에서 여행하는 인간이 맞이하는 마지막 항해의 시간을 인상적으로 그려놓았습니다. 대작의 첫 번째 권《반지 원정대》는 호빗들인 프로도, 샘, 피핀, 메리가 활기차게 여행을 떠나는 모습으로 시작하였고, 마지막 권《왕의 귀환》의 마지막 장〈회색 항구〉에서는 이제 지상 세계를 떠나 죽음의 세계를 향한 마지막 항해에 나서는 프로도의 모습을 보여줍니다. 그들의 이별 장면에는 슬픔과 위로와 희망이 공존하고 있습니다.

사실 죽음과 불멸에 대한 명상은《반지의 제왕》의 중요 주제입니다. 톨킨은 마지막 권의 장대한 에필로그에 위대한 왕 아라곤의 아내가 되는 요정 엘프족의 여인 에르윈의 이야기를 통해 필멸하는 인간 운명에 부여되는 고귀함과 비통함을 함께 그려냅니다. 그녀는 불멸하는 엘프의 특권을 스스로 포기하고 사랑하는 연인의 평생의 동반자가 됩니다. 그들은 행복하게 긴 세월을 해로하지만, 역시 인간의 운명을 피해갈 수는 없습니다. 에르윈에게는 마침내 사랑하는 이가 수명을 다해 쇠약해지고 생을 마감하는 것을 바라볼 수밖에 없는 때가 오고, 얼마 지나지 않아 그녀 자신 역시 죽음의 운명을 맞이합니다. 필멸의 인생을 선택하여 사랑의 충만함에 이르는 에르윈의 모습은 독자들을 숙연하게 합니다. 다가온 마지막 순간에 어린 슬픔은 희석될 수 없지만, 그 슬픔이 진실된 만큼이나 죽음 이후에도 사라지지 않는 희망의 전조 역시 감지됩니다. 반면에 불멸을 사는 요정 엘프족에게도 삶이 반드시 행복한 것은 아니며 오히려 지울 수 없는 쓸쓸함이 그림자처럼 드리워지기도 합니다. 불멸 자체가 유한한 삶에 대한 결정적 답이 되지는 못한다는 상징 같기도 합니다.

이제 저 멀리 피안으로 떠나는 마지막 항해에 나서는 프로도에게는 편안하고 자유로운 분위기가 감돕니다. 남겨진 샘과 피핀과 메리에게 프로도의 부재는 물론 큰 슬픔이지만, 그것이 이제 가정을 이루고 새로운 출발을 하는 그들이 삶에서 기쁨과 보람을 찾는 것을 막지는 않습니다. 톨킨은 자신의 사명을 충실히 다한 사람에게 다가온 죽음은 불행이 아니라 은총이며, 남아 있는 사람들에게 생이 여전히 지속된다는 것 역시 축복이라는 평범하지만 중요한 진리를 말하고 싶었다고 생각합니다. 톨킨은 《반지의 제왕》을 진지하게 대하는 사람조차 이 작품에서 죽음이라는 주제가 핵심이라는 것을 놓치고 있다면서 지인에게 보낸 편지에서 이렇게 말합니다.

"나는 이 이야기의 진정한 주제는 심지어 권력과 지배욕에 대한 성찰도 아니라고 생각하네. 오히려 진짜 하고자 하는 이야기는 나에게 있어 훨씬 더 심오하고 어려운 것이라네. 바로 죽음과 불멸의 문제이지."

여행하는 인간이 삶의 의미를 찾는 여정은 죽음이라는 마지막 항해를 준비하는 진지한 노력 없이 이루어질 수 없을 것입니다. 이제 죽음을 사유하며 좋은 삶을 실천적으로 숙고하는 데 귀중한 동반이 되는 서양의 옛 철학자들의 삶과 글을 만나보려 합니다. 아테네의 고전철학에서 헬레니즘과 로마 시대를 거쳐 중세 그리스도교 철학과 르네상스, 근대를 목전에 둔 바로크에 이르는 시대를 통해 만나는 삶과 사유의 스승들은 우리에게 마지막 항해를 준비하는 데 위로와 용기와 영감을 주리라 믿습니다.

차례

영혼의 여정

이것은 모두 플라톤이 알려준 것이지.

C. S. 루이스, 《나니아 연대기》

죽음을 사유하는 것은 좋은 삶이 무엇인지 깨닫는 길입니다. 죽음의 사유는 삶과 죽음을 포괄하는 인간 존재의 깊은 신비에 다가가려는 시도입니다. 그러기에 죽음의 사유는 영혼에 대한 물음으로 이어지기 마련입니다. 고대 그리스 시대 위대한 철학의 대가들은 인간 존재의 신비를 무엇보다 영혼에서 찾으려 했고, 인간의 본질은 궁극적으로 영혼에 대한 사유를 통해서만 드러난다고 생각했습니다. 영혼에 대한 고대의 철학적 성찰은 넓고 깊어서, 개념과 논증만이 아니라 비유와 신화적 진술까지 포괄합니다. 영혼에 대한 진지한 탐구는 우주에 대한 관심으로도 대신할 수 없는 철학의 본질적 영역입니다. 영혼에 대한 물음이 반드시 감각적 아름다움에 대한 경시를 의미하는 것은 아니며, 오히려 자연과 육체의 아름다움과 즐거움이 가진 가치와 한계를 동시에 인식할 수 있는 기준을 제시합니다.

상고사에 이미 신화와 서사시로 나타나기 시작한 영혼에 대한 사유는 피타고라스에서 시작하여 헤라클리토스와 파르메니데스, 그리고 데모크리토스와 아낙사고라스로 이어지는 초기 그리스 철학의 전통 속에서 괄목할 발전을 이루었고, 마침내 소크라테스에 의해 '영혼의 돌봄'이라는 윤리학적인 전환을 맞았습니다. 이제 소크라테스의 제자이며 위대한 윤리학자이자 형이상학자인 플라톤은 영혼의 불멸에 대해 본격적으로 논하고, 이 문제에 대한 철학적 한계를 확장합니다. 그는 영혼이 죽음을 통해서도 파괴되지 않는다는 철학적 희망과 신념을 위대한 대화편《파이돈》에서 '이야기'의 방식을 통해 강렬하게 전해줍니다. 이후 고대철학의 죽음에 대한 사유는《파이돈》의 주제가 되는 '영혼의 여정'으로 거듭 되돌아오는 것을 볼 수 있으며, 이는 오늘날 우리에게도 삶과 죽음에 대한 철학에 있어 변함없이 깊은 감동과 영감을 줍니다.

플라톤의 제자 아리스토텔레스는 영혼의 불멸을 준비하는 연습으로서 철학을 제시하는 플라톤의 관점에서 출발하여, 역으로 영혼의 불멸이라는 신적인 속성을 인간이 가지고 있다면, 이에 어울리는 삶의 방식은 무엇인지를 묻습니다. 관조적 덕에 따른 행복의 우위성에 대한 아리스토텔레스의 확신은 죽음에 대한 사유가 삶의 사유를 심화시킨다는 사실을 다시 확인하게 해줍니다.

한편, 헬레니즘 철학의 시대를 연 에피쿠로스는 영혼이 불멸하는 존재자가 아니라 육신의 죽음과 함께 해체되는 '원자적' 본성을 가지고 있다는 견해를 제시합니다. 많은 철학자들이 영혼 불멸에 대한 전망을 가지고 있었던 것과 대비되는 그의 영혼에 대한 학설은 로마 시대나 중세 시대에 대체적으로 '이단적'으로 받아들여지지만, 로마 시대의 시인 루크레티우스를 매혹합니다. 루크레티우스의 장엄한 서사시 《사물의 본성에 관하여》를 통해서 에피쿠로스의 영혼론은 이후 르네상스와 계몽 시대에 재발견되어 사상계에 신선한 자극이 되고 초월성에 의지하지 않는 세속적인 실천철학의 가능성을 열어줍니다. 에피쿠로스는 죽은 후의 영혼의 해체를 받아들이는 자세가 오히려 죽음에 대해 초연할 수 있는 근거가 된다고 주장합니다. 그에 의하면 현자는 지금에 충실한 사람이며, 죽음에 대한 불안에서 자유로워져서 마음의 평정을 지키는 사람입니다. 오늘날에도 죽음 앞에서 영혼의 여정을 희망하는 이들과 영혼이 소멸과 해체를 통해 우주와 일체가 되는 것에 위안을 느끼는 이들은 서로 다르지만, 존중의 마음을 가지고 대화합니다.

죽음 연습을
게을리하지 마라

플라톤Platon(기원전 약 428~기원전 약 347)의《파이돈》은 서양 철학사 안에서 '아르스 모리엔디Ars Moriendi'(죽음의 기예)의 시원이 된 위대한 저작입니다. 진정한 의미에서 '죽음의 철학'은 여기서 시작됩니다. 철학의 도움을 얻어 죽음에 대해 성찰하고 사유하고자 하는 이라면 늘 영감을 얻고 새롭게 배울 수 있는 살아 있는 오늘의 고전입니다.

《파이돈》은 플라톤 철학이 무르익고 고유한 독창성에 다다른 중기 대화편에 속합니다.《고르기아스》와《국가》같은 잘 알려진 플라톤의 대화들 역시 이 시기에 속한 걸작들입니다.《파이돈》은 플라톤 철학을 대표하는 중요 대화편들과 어깨를 나란히 할 만한 철학적 깊이와 예리한 논증을 담고 있을 뿐 아니라, 문학적 표현과 구성은 가히 최상의 경지에 이르렀습니다. 플라톤은 스승 소크라테스Socrates(기원전 약 470~기원전 약 399)의 죽음이라는 그의 인생에서 결정적 계기가 된 사건을 오랜 시간 기억하고 성찰하면서 마침내 불후의 철학 드라마《파이돈》을 완성했습니다.《파이돈》안에서 플라톤은 죽음의 의미와 영혼 불멸에 대한 희망이라는 심오한 주제와 대결합니다. 여기에는 철학적 사유와 종교적 갈망이 어우러져 있으며, 이 작품을 읽는 독자는 진지한 질문을 던지는 동시에 깊이 감동하게 됩니다.

플라톤의《파이돈》은 이후 철학이 죽음이라는 주제에 본격적으로 다가가게 하는 두 가지 근본적인 길을 열어놓았다 평가받습니다. 이는 '죽음의 명상'과 '죽음의 연습'입니다. 플라톤이《파이돈》에서 그려낸 소크라테스는 자신이 죽음의 길을 떠나는 이 순간이야말로 그 어느 때보다도 죽음에 대해 철학적 사유를 함께 나누는 것이 어울리는 때라고 말하는, 죽음에 대한 두려움을 넘어선 인물입니다. 그는 감옥에서 독배를 기다리는 자신의 마지막을 함께하기 위해 모여든 제자들을 기꺼이 죽음의 명상으로 초대합니다. 그리고 그는 철학이란 평생에 걸친 죽음의 연습이며, 철학자란 죽음을 연습하는 것을 게을리하지 않는 사람이라고 정의합니다. 소크라테스에게 죽음은 철학 사유에 있어 부수적인 것이 아니라, 그 본질에 해당합니다.

죽음의 명상에서 아르스 모리엔디까지

죽음의 명상meditatio mortis은 고대와 중세에 걸쳐 실천적 철학과 영성에서 중요한 자리를 차지하였고, 아르스 모리엔디 본연의 내용이 되었습니다. 죽음에 대한 명상은 우선적으로 철학자들의 사유와 관조를 뜻했지만, 점차로 일상을 사는 이들이 자신의 삶을 경계하고 살피는 활동에까지 확장되기에 이릅니다. '죽음을 기억하라memento mori'라는 더 잘 알려진 경구 역시 죽음의 명상을 촉구하고 권고하는 것에서 비롯되었을 것입니다. 하지만 예술과 문화에 투영된 '메멘토 모리'라는 주제는 자주 죽음의 공포에 압도되어 있는 집단적 심성을 반영하거나 때로는 이에 따른 격정적인 감정을 과장하거나 조장하는 경향이 있습니다. 이에 반해 소크라테스의 전통에 따라 철학자의 본분으로 이해되는 죽음의 명상은 두려움과 슬픔에 매달리지 않습니다. 죽음의 명상은 죽음의 의미에 대한 존재론적 인식에 이르고 죽음이 주는 선익善益을 진심으로 깨닫고 수용하며, 내면의 평화 같은 긍정적이고 주체적인 감정 상태를 잃지 않는 것을 지향합니다. 이는 죽음에 대한 명상이 개념적 이해에 그치지 않는 이유입니다. 죽음의 명상은 죽음을 받아들이고 준비하는 죽음의 연습meletê thanatou과 분리될 수 없습니다.

가장 심오하며 본질적인 철학적 사유이기에 죽음의 명상은 마땅히 '로고스'(이성, 합리성)의 영역인 성찰적·논증적·사변적

차원 전부를 아우를뿐더러 플라톤이 《향연》에서 그 모범을 보여
준 초월적인 관조에 이르기까지 상승하는 여정이기도 합니다. 그
러나 《파이돈》은 죽음의 명상은 논증과 관조라는 순수철학의 활
동에 머물지 않으며, 매일의 실천과 수련을 요구하는 죽음의 연습
이라는 것을 분명하게 가르칩니다.

소크라테스라는 인물의 힘

죽음의 명상과 죽음의 연습은 추상적이고 객관적인 지식에
그치는 것이 아니라, 한 인간이 삶에서 구체적으로 수행하는 것이
며, 그 결실은 그 인물의 훌륭함과 인격을 통해서만 힘 있게 전달
될 수 있다는 것을 보여주는 것은 플라톤이 《파이돈》에서 시도한
중요한 과제 중 하나입니다. 플라톤은 죽음과 관련된 개념이나 이
념에 대한 숙고, 죽음 너머의 영원에 대한 관조적 명상을 제시하
는 것 이상으로, 죽음의 명상과 죽음의 연습을 실행한 인물상을
생생히 제시하고자 애씁니다. 이를 탁월한 문학적 기법과 인간학
적 통찰을 통해 성취한 것이 《파이돈》입니다. 독자들은 매우 높은
수준의 철학적 논증과 지혜에 감탄할뿐더러, 무엇보다도 감동적
이고 영감을 주고 압도적이면서도 인간적인 매력이 넘치는 소크
라테스라는 인물을 만나게 됩니다.

　플라톤이 이 위대한 작품에서 전해주는 죽음에 대한 확고한 생각들의 힘은 소크라테스라는 이 대화편의 극중 주인공이 가지는 생명력에 전적으로 의존합니다. 이는 죽음의 명상, 죽음의 연습이 순수철학적 개념으로 해명될 수 있는 문제가 아니라, 인간이 온몸으로, 인격과 존재 전체로 대면해야 하는 실존적인 질문에 대한 응답이라는 점을 암시합니다.

　많은 연구가들은 플라톤의 철학 사유에 그의 문학적 재능 역시 본질적 요소라는 사실을 보여주는 가장 대표적인 예로《파이돈》을 드는데, 보편적 진리를 추구하는 철학이 각 개인의 구체성과 인간 정신의 역동성을 잃고 추상적이고 일반적인 차원에 머물지 않도록 해주는 것이 바로 문학이기 때문입니다. 그리고 죽음이라는 주제야말로 철학 사유가 문학을 필요로 하는 가장 확실한 예증이 됩니다. 보편성과 구체성, 인간 모두의 운명과 개인의 실존이 죽음 안에서 교차하고 있기 때문입니다.

　플라톤은 소크라테스라는 인물의 정신적 풍모와 죽음에 이르기까지 멈추지 않은 '철학함'의 여정을 생생하게 형상화하면서, 죽음에 대한 보편적 진리를 모색할뿐더러 독자 스스로 '자신을 위한' 죽음의 사유에 이르도록 적극적으로 초대합니다. 우리는 소크라테스를 통해 죽음을 준비하는 데 있어 삶으로 증언하는 철학적 사유가 얼마나 큰 힘을 지니는지를 발견합니다. 그리고 좋은 삶이야말로 좋은 죽음의 본모습을 보여준다는 것을 깨닫게 됩니다.

그리스 아테네 아카데미 앞의 플라톤 동상. 플라톤은《파이돈》을 통해 죽음에 관한 철학적 논의의 토대를 마련했다.

좋은 삶과 좋은 죽음

죽음의 명상과 연습을 자신의 인격을 통해 생생하게 보여주는 소크라테스의 인물상은 이미 플라톤의 초기 대화편인 《소크라테스의 변론》에서도 엿볼 수 있습니다. 소크라테스는 재판정에서 자기 자신을 변론합니다. 그는 아테네 시민들 앞에서 목숨을 구걸하는 것이 아니라 자신의 철학적 소명과 아테네 시민에 대한 사랑을 역설하고, 그들이 부와 명예와 건강에 앞서 덕과 올바름을 추구해야 한다고 하며, '캐묻지 않는 삶', 즉 자신의 영혼을 성찰하고 돌보는 것을 잊고 사는 것은 살 만한 가치가 없는 삶이라는 쓴 소리를 서슴지 않습니다.

그는 그 결과로 독배를 마시고 죽어야 하는 상황이 올 것이라는 것을 알면서도 의연히 자신이 해야 할 일을 합니다. 그는 죽음이 사람에게 닥치는 가장 나쁜 일이며, 죽음을 피하기 위해서라면 어떤 잘못된 일이라도 할 수 있다 여기는 사람들에게 죽어보지도 못하면서 그런 생각을 갖는 것은 어리석고 주제넘은 일이라 말합니다. 소크라테스는 죽음은 덕의 실천으로서의 '좋은 삶'에 대한 인식을 떠나서는 생각할 수 없다는 것을 보여주고 있습니다. 죽음 앞에서의 초연함은 인생에 대한 체념이나 무모한 자기도취에서 오는 것이 아니라, 자신의 '혼을 돌보고' 선과 올바름을 추구하며 겸허하게 성찰하고 덕을 함양하며 실천한 사람에게 주어진 선물

입니다. 그리고 소크라테스의 마지막 말은 죽은 후의 인간의 운명
은 인간의 지식을 넘어서는 것이지만, 훌륭한 삶을 굳건히 살아온
이라면 신뢰와 희망을 가질 이유가 있음을 증언합니다.

> 이미 가야 할 시간입니다. 나는 죽으러, 여러분은 계속해서 살
> 기 위해 갑니다. 그러나 우리 중에 누구에게 더 좋은 몫이 주어
> 졌는지는, 신 외에는 아무도 모릅니다. 《소크라테스의 변론》, 42a)

《파이돈》은 죽음 앞에 의연했으며, 죽음의 의미를 끝까지 제
자들에게 가르쳐준 스승 소크라테스에 대한 회상입니다. 플라톤
은 철학과 죽음의 관계, 철학에 눈을 뜬 사람에게 죽음이 가지는
의미를 다양한 방식으로 풀어내고 있으며, 그 중심에 모든 이들에
게 더없이 강한 인상과 영감을 남긴 소크라테스라는 인물에 대한
생생한 묘사가 있습니다.

대개의 플라톤의 대화편이 그러하듯 이 책의 제목은 '파이돈'
이라는 등장인물에게서 따왔습니다. 플라톤의 제자인 파이돈은 소
크라테스가 감옥에서 독배를 마시고 죽은 현장에 있었던 목격 증
인이자, 소크라테스가 감옥에서 죽기 직전까지 제자들에게 들려
준 죽음에 관한 마지막 강의에 함께 자리했던 인물입니다. 이야기
는 아테네에서 멀리 떨어진 곳에 살고 있던 피타고라스학파의 일
원, 에케크라테스라는 사람이 파이돈을 만나서 소크라테스의 최

후에 대해 묻고 그 부탁에 따라 파이돈이 소크라테스의 마지막 모습을 전해주는 것으로 시작됩니다. 여기서 플라톤은 그 자리에 없는 것으로 설정되는데, 이는 이야기의 뒤에 숨어 소크라테스를 통해 자신의 철학적 입장을 생생하게 전하는 플라톤의 저술 방식이기도 합니다. 파이돈이 전하는 그날의 전반적인 느낌은 죽음 명상과 죽음 연습을 통해 소크라테스의 인격 안에 스며든 죽음에 대한 태도와 그러한 완전한 인격이 주변에 미치는 감화의 힘을 잘 보여줍니다.

> 사실은 내가 그곳에 들어섰을 때, 놀랍게도 용기가 생겨났어요. 왜냐하면 친구의 죽음에 함께할 때 으레 있을 법한 연민의 기분이 전혀 느껴지지 않았기 때문입니다. 그분은 태도나 말씀에서 행복하게 보였습니다. 그리고 그분의 끝은 너무나 의연하고 고귀하여서, 그분이 결코 신의 보살핌 없이 저승에 가는 것이 아니며, 또한 그곳에서도 내내 행복할 것이라는 생각이 들었습니다. 그러기에 나는 그런 비극적인 일이 일어나는 곳에서 당연히 생겨나야 할 연민의 마음을 전혀 갖지 않게 된 것이에요.
> (《파이돈》, 58e)

이어지는 감옥에서의 소크라테스와 제자들의 대화는 '액자 소설' 형태로 전개됩니다. 그러니까 심미아스와 케베스라는 두 명민한 제자들과 소크라테스가 나누는 철학 토론과 소크라테스의 가르침이 현재형으로 전개되고, 이후에 소크라테스의 죽음 장면이 소크라테스와 그의 오랜 벗 크리톤과의 대화, 파이돈의 회상을 통해 묘사됩니다. 그리고 파이돈이 에케크라테스에게 다음과 같이 말하는 것으로 대화편은 끝을 맺습니다.

> 자, 에케크라테스여, 이것이야말로 우리가 아는 모든 사람 중에서 가장 훌륭하며 전적으로 현명하고 정의로운 사람이라 부를 수 있는, 우리 친구의 최후였답니다. (《파이돈》, 118a)

파이돈의 증언에서 우리는 죽음의 기예가 어디서 시작되고 어디로 향하는지를 다시 확인합니다. 죽음에 대한 질문은 훌륭한 삶에 대한 질문이 됩니다.

죽음은
영혼의 정화다

소크라테스는 의인이고 현자였으나 불의하게 희생당한 위대한 철학적 순교자이자 비극의 주인공으로 자주 언급됩니다. 그러나 플라톤이 《파이돈》에서 그리고 있는 스승 소크라테스는 죽음 앞에 의연할 뿐 아니라, 오히려 철학자로서 평생에 걸친 배움과 소명을 완성하는 사건으로서 죽음을 기꺼이 받아들입니다. 비장함과 비통함은 대화편의 주된 어조가 아닙니다. 독배를 마시기 전, 잠시 형이 유예된 시간을 그는 진지하지만 생기 있고 쾌활하게 제자들과 죽음에 대해 철학적 담화를 나누는 데 바칩니다.

《파이돈》의 독자들은 소크라테스가 죽음의 두려움에서 벗어날 수 있었던 것은 우연이거나 감정을 억지로 자제해서가 아니라 죽음에 대한 그의 이해에서 비롯했다는 사실을 알게 됩니다. 소크라테스에 있어 죽음 이해와 삶의 방식은 서로 긴밀하게 연결되어 있습니다. 그의 말과 행위로, 죽음을 이해하는 사유가 심화되고 죽음을 연습하는 실천이 철저하고 확고해지는 것은 별개의 것이 될 수 없다는 것이 밝히 드러납니다. 《파이돈》을 읽는다는 것은 문학적 구조와 철학적 논변에 대해 분석하고 비판하거나 찬탄하는 것에서 그치지 않습니다. 소크라테스가 몸소 보여주는 죽음의 사유와 실천을 배우는 것이야말로 이 대화편의 참 의미입니다.

정화로서의 죽음

소크라테스는 죽음을 정화katharsis(카타르시스)라고 가르칩니다(《파이돈》, 69b 참조). 우리는 여기에서 출발하여 소크라테스가 평생에 걸쳐 깨닫고 실천한 죽음에 대한 명상과 죽음의 연습의 참 모습에 다가가고자 합니다. 정화라는 것은 영혼과 육신의 관계에 기초합니다. 플라톤이 《파이돈》에서 시도하는 죽음에 대한 이해는 육신과 구분되는 영혼의 관념을 전제하고 있습니다. 이에 따르면 인간에게 있어 영혼은 지상의 삶에서는 감각과 격정과 욕망의 원천인 육신과 결합되어 있지만, 본디 육신과는 구분되는 원리입니다. 이승의 삶에서 인간의 영혼은 육신이라는 감옥에 갇혀 있는 신세라고까지 말합니다. 영혼이 육신의 원리에 물들어버리거나 익숙해지는 대신에 육신으로부터 부단히 자유로워지고 해방되어 가는 것이 철학자의 삶의 방식이 됩니다.

육신에서 벗어나는 것을 정화라고 부릅니다. 죽음이란 영혼이 육신과 분리되는 것이기에, 죽음은 정화인 것이며, 철학자의 실천은 '죽음을 배우는' 것이 됩니다. 그렇다면 철학자에게 죽음이란 평생 해오던 본연의 실천을 궁극적으로 완성하게 되는 사건이기에, 두려워하기보다는 오히려 기다려야 하는 것이 아닌가 하고 소크라테스는 반문합니다. 다만 스스로 죽음을 선택하는 것에 대해 소크라테스는 생명이 신으로부터 부여된 선물이자 사명이고 신적인 기원을 가지고 있기에 인간이 자의적으로 자신의 생명을 포기하는 것은 불경한 것이라는 전통적인 종교심에 동의합니다.

죽음을 영혼과 육신의 분리로 이해하는 것은 그리스 문화와 종교에 대한 가장 오래되고 중요한 증언이라 할 수 있는 호메로스의 서사시에도 당연하게 묘사될 정도로, 그리스인들의 집단적이고 원초적인 직관입니다. 영혼의 관념은 그리스 문화가 전통으로 보존하고 세대를 거쳐 공유한 정신적 유산이며, 아테네의 고전 철학을 대표하는 소크라테스, 플라톤, 아리스토텔레스와 그들을 잇는 후기 고대의 그리스 철학자들 대부분이 자신들의 인간학을 이러한 영혼 이해에 기초해 정립합니다. 그리스 철학에서 정립된 영혼의 개념은 고대와 중세 이래 그리스도교 문화를 거쳐 오늘날까지도 보편적으로 인류의 정신사에 큰 영향을 끼치고 있습니다. 영혼을 통해 인간을 정의하고 이해하는 것은 특정한 철학이나 종교에만 국한되고 있지 않으며, 여전히 영혼은 인간의 삶이 생존과 쾌락을 넘어서는 의미를 가지고 있음을 상징하는, 인지과학의 세대에도 결코 포기할 수 없는 말로 남아 있습니다.

영혼의 돌봄과 덕

소크라테스에게 있어 영혼은 덕을 추구하는 좋은 삶을 상징하는 개념이기도 했습니다. 그가 실천한 철학의 삶은 매일 자신의 생활과 가치관을 묻고 성찰하는 '캐묻는 삶'이자, 이는 곧 '영혼의 돌봄'이기도 했습니다. 플라톤은 실천적·윤리적 차원에서 영혼의 중요성을 강조한 스승 소크라테스에 비하면 형이상학적 존재론과 영혼의 존재 방식에 보다 관심을 많이 가졌고 이에 대한 심오한 통찰력과 탁월한 논증 능력을 갖춘 사변적 철학자였습니다. 그는 육체와 영혼을 분명하게 대비시키고자 합니다. 《파이돈》은 소크라테스라는 실제 인물의 말과 행위와 인품에 대한 플라톤의 사랑과 외경심에서 태어난 걸작이지만, 동시에 소크라테스라는 작중 인물을 통해 플라톤의 철학적·종교적 관점이 생생하게 표현되는 철학 드라마이기도 합니다.

《파이돈》에 깔려 있는 영혼과 육신의 이원론과 육신으로부터 영혼을 정화하고자 하는 종교적 갈망은 당시 아테네에서도 영향력이 컸던 엘레시우스와 오르페우스 비교秘教, 그리고 피타고라스의 철학이 배경이 되고 있습니다. 이들의 종교적 실천은 모두 금욕을 통한 영혼의 정화 의식을 강조한 것으로 알려져 있습니다. 그중에서도 피타고라스학파의 철학과 종교 사상에 플라톤은 많은 영향을 받았고 적잖이 공감하였던 것으로 보입니다. 피타고라스가 물질이 아니라 수학적 질서라는 형상에서 우주의 원리를 찾은 것은 플라톤이 기하학과 수학, 음악과 천문학을 철학의 준비 단계로 삼는 데 모범이 되었습니다.

수학만이 아니라 피타고라스의 영혼에 대한 견해들 역시 플라톤의 영혼 이해에 큰 영감을 주었습니다. 피타고라스는 영혼이 육신에 귀속되는 것이 아니라, 죽음으로 육신이 사멸하더라도 영혼은 '떠돌게 되며' 마침내, 다른 육신을 찾아서 '환생'한다고 생각했습니다. 환생을 위해서는 생전에 이미 영혼이 육신의 욕망에서 벗어나는 과정이 필요하며 이는 금욕적인 실천이 피타고라스 철학의 중심에 자리한 이유가 됩니다.

플라톤이 피타고라스학파의 견해들을 중요하게 여기고 있다는 사실은 파이돈에게 소크라테스의 최후를 알려달라고 부탁하는 인물인 에케크라테스를 비롯하여 감옥에서 소크라테스와 철학 토론을 벌인 심미아스와 케베스 모두가 피타고라스학파에 속한 인물들로《파이돈》안에 설정되는 것에서 암시됩니다. 물론 플라톤과 대화편 안에 등장하는 소크라테스가 피타고라스학파에게서 유래한 영혼에 대한 중요 견해들에 대해 어느 정도 거리를 유지하고 때로는 비판적인 질문을 하는 것은 사실입니다. 하지만 영혼이 육신에서 독립된 실재로서 죽은 후에도 존속하며, 살아 있을 때 영혼이 자유로워지도록 육신에 속한 욕망들에서 정화되도록 부단히 금욕과 수련을 해야 한다는 피타고라스학파의 기본적 가르침들에 대해서는 플라톤 역시 동감하고 있었고,《파이돈》은 이러한 견해에서 출발하여 전개된다고 하겠습니다.

《파이돈》에 나타난 이원론의 문제

《파이돈》에서 소크라테스는 죽음을 정화 과정의 완성으로 가르칩니다. 그는 죽음의 자리에서도 제자들에게 영혼이 욕망에 지배받지 않도록 끊임없이 도야하라고 격려합니다. 예나 지금이나《파이돈》을 읽는 이들은 이러한 소크라테스에게 깊이 감명받으며, 그에게서 철학자의 원형을 발견합니다. 그러나 이 대화편에서 플라톤이 제시하는 극단적인 영혼과 육신의 이원론에 대해서는 공감하기 어렵습니다. 플라톤의 다른 저서들과 비교해서도《파이돈》은 유독 강하게 육체에 대해 부정적인 입장을 보이며, 금욕주의적 실천이 철학에서 차지하는 역할을 지나치게 강조하고 있습니다. 이는《파이돈》과 비슷한 시기에 쓰였고 여러 면에서 같은 주제들을 공유하고 있는《향연》과 비교해보면 잘 알 수 있습니다.

《향연》에서 플라톤은 소크라테스와 그의 스승인 여성 철학자 디오티마와의 대화에서 철학자가 에로스의 인도를 통해 어떻게 감각적이고 육체적인 경험과 인식으로부터 초월적인 이데아로까지 상승하게 되는지를 아름답게 보여줍니다. 이는 애초부터 경험과 감각, 육체적 즐거움이나 아름다움과의 단절을 철학자에게 부합하는 활동으로 규정하는《파이돈》의 입장과는 큰 차이가 있습니다.

또한 초기 대화편에 나오는 소크라테스의 모습이나 플라톤 철학의 전반적인 내용을 고려해보면 두 사람의 윤리학은 육신과 욕망의 전적인 부정과 초탈에까지 이르는 금욕주의를 이상으로 삼는 것이 아니라 적절함과 조화를 추구하는 절제 혹은 분별의 덕(소프로쉬네sophrosyne)을 권고하고 있습니다. 나아가 플라톤의 후기 철학서에는 인간 육체의 긍정적 측면을 조명하고 육신의 단련이 가지는 의미를 이야기하는 대목들이 나오며 심지어 형이상학적 대상뿐 아니라 현실에서의 구체적인 국가 정체와 법 체계에 대해 집중적으로 탐구하는 것을 볼 수 있습니다.

《파이돈》에서 전개되는 육신과 영혼의 철저한 구분은 학적으로 표현하자면 '인간학적 이원론'을 뜻하는데, 이는 결코 플라톤 철학 전체에 적용될 수 있는 것이 아니라는 점을 기억할 필요가 있습니다. 완전히 성숙한 시기에 이른 플라톤은 인간학적 이원론이 아니라 완전한 이데아의 세계와 이데아의 불완전한 모상이자 그림자로서의 현상 세계를 구분하는 '형이상학적 이원론'을 통해 인간과 세계를 이해하고 설명하려 했습니다. 형이상학적 이원론 안에서 이데아와 현상은 분명히 구분되나 완전히 단절되는 것은 아니며, 현상 세계에 사는 인간은 이데아의 인식을 향해 나아가고 이데아에 참여할 가능성과 사명을 지닙니다.

《파이돈》의 영혼론이 가지고 있는 또 하나의 한계는 영혼을 오로지 철학적 진리에 대한 인식 능력에 해당하는 이성과 동일시하고, 그 외의 부분은 육신에 물들어 순수한 지성 활동을 위해 정화되지 못한 단계로 폄하하기에, 생명 현상이나 감정과 같은 영혼의 또 다른 역할에 대해 제대로 주목하지 못하는 점입니다.《국가》나《파이드로스》같은 플라톤의 다른 대화편을 보면 플라톤 역시 영혼에 대해서 이보다 훨씬 더 심층적이고 복합적으로 바라보고 있었다는 것을 확인할 수 있습니다.

반면,《파이돈》에서는 영혼에 대한 일차원적 이해 때문에 육신에서 정화되는 것이 감정과 행동을 필요로 하는 윤리적 덕을 실천하는 것과 어떤 관계를 맺고 있는지를 제대로 설명하지 못하고 있으며, 영혼이 생명 원리라는 전통적 관념과 영혼의 분리를 통한 생명의 중지라는 죽음의 정의 사이에 어떤 모순이 있는지에는 관심을 기울이지 않습니다. 이러한 여러 이유 때문에 많은 학자들은

《파이돈》이 문학적으로 탁월하게 소크라테스라는 인물의 매력을 형상화했다고 칭송하면서도 철학적으로는 미완성이고 결함이 많다고 평가하기도 합니다.

그럼에도《파이돈》이 죽음을 영혼의 정화라는 관점에서 접근하고 이를 위한 죽음의 명상과 연습을 철학자의 삶으로 정의한 것은 매우 큰 의미가 있습니다. 이는 육신에 결부된 쾌락과 고통의 원리에 따라서만 삶과 죽음을 이해하는 시간을 교정할 수 있는 가능성을 열어주었습니다. 고대철학에서 쾌락주의적 원리는 윤리학에서 까다로운 논제가 되었는데, 영혼의 정화로서의 죽음이라는 관점은 쾌락의 추구와 고통의 회피가 좋은 삶의 궁극적 기준이 될 수가 없다는 확신을 보다 강화하는 역할을 하게 됩니다. 지나친 금욕주의나 육신에 대한 폄하, 이원론적 사고의 위험은 경계할 필요가 있지만 다른 한편으로는 현대인들이 행복, 좋은 삶 등 기본적인 가치들에 대해 가지고 있는 물질주의적이고 피상적인 통념들을 떠올려본다면 영혼의 정화 과정 안에서 인생의 의미를 발견하고, 언젠가는 다가오는 죽음을 그러한 의미 있는 삶의 완성으로 받아들이는 태도는 오늘날에도 중요한 가치를 가집니다. 그리고 이제《파이돈》은 죽음을 영혼의 정화로 이해하는 것을 넘어, 죽은 후 영혼의 불멸에 대해 말합니다.

신화가 말하는
불멸

플라톤의 대화편 《파이돈》은 오늘날까지도 죽음이라는 무거운 주제를 피하지 않고 진지하게 대면하고자 하는 이들을 위한 으뜸가는 철학의 위안이자 철학으로의 초대라 할 만합니다. 플라톤은 《파이돈》에서 죽음의 문제를 에토스, 로고스, 뮈토스라는 세 가지 차원에서 다루고 있습니다. 죽음에 대한 사유에서 그 초점은 철학자의 삶의 방식인 죽음의 연습에서 시작하여 점차 불멸하는 영혼으로 옮겨갑니다. 플라톤은 '죽음이란 무엇인가'에 대한 질문의 답은 결국 영혼 불멸에 대한 확고한 입장에서 얻을 수 있다고 암시하는 듯합니다. 플라톤은 경외하는 스승 소크라테스가 죽음을 앞두고 옥중에서 제자들을 위해 기꺼이 마지막 강의를 들려주는 평생 잊지 못할 광경을 터전으로 삼아 영혼 불멸에 대한 자신의 확

신을 에토스와 로고스와 뮈토스의 방식으로 다른 이들에게 설득
하고자 시도합니다.

에토스, 인격이 가진 설득의 힘

'에토스ethos'는 품성, 기품, 태도, 도덕성 등 여러 가지 번역어
로 새길 수 있지만, 대화편의 저술 방식과 관련해서 본다면 소크
라테스라는 인물의 형상화로 나타납니다. 소크라테스의 윤리적 가
르침은 플라톤이 문학적으로 탁월하게 그려낸 소크라테스의 됨됨
이와 별개가 아닙니다. 소크라테스가 남긴 철학적 증언의 신빙성
은 그의 인격에서 우러나오는 행위와 말에 기초하며, 이는 사람들
에게 깊은 영향을 미칩니다. 대화편을 읽는 독자들이 죽음과 함께
영혼이 소멸하는 것이 아니라 불멸한다는 이 작품의 핵심 주장에
귀 기울이게 되는 것은 그것이 작품 속에 '살아 있는' 소크라테스
의 '말'을 통해 전해지기 때문입니다. 소크라테스의 철학자로서의
삶, 무엇보다 귀감이 되는 죽음 앞에 선 그의 모습은 그의 말들과
하나가 되어 제자들에게 잊지 못할 인상을 남겼습니다. 플라톤은
대화편이라는 문학적 양식을 통해 독자들 역시 생생하게 소크라
테스를 만나게 하도록 애씁니다. 목격 증인인 파이돈이 소크라테
스에 관하여 듣고 싶어 하는 에케크라테스에게 소크라테스 최후

의 장면을 전해주는 데서 이 대화편이 시작하는 것은 우연이 아닙
니다.

소크라테스의 철학적 활동에서 영감을 받은 초기 대화편들
은 소크라테스의 인품과 윤리적 성찰이 떼어놓을 수 없이 연결되
어 있음을 증언하며, 소크라테스의 경건성이 당대 전통 종교 의례
의 실천을 넘어 내면에 자리한 도덕적 책임감에 뿌리내리고 있다
는 것을 보여줍니다. 플라톤의 철학이 정립되어 가는 중기 대화편
인《파이돈》은 초기 대화편과 마찬가지로 소크라테스라는 인물의
인격을 철학적 주장의 중심에 두고 있습니다. 그러기에《파이돈》
의 앞부분은 이제 배심원이 아니라 제자들을 청중으로 하여 펼쳐
지는 소크라테스의 두 번째 변론이라 부를 수 있습니다.《소크라
테스의 변론》과 마찬가지로 여기서도 소크라테스는 죽음 앞에서
더없이 의연하고 고결한 모습을 보여주고, 이는 제자들이 죽음을
두려움과 비통함과 연민의 감정으로만이 아니라 다른 관점으로
대하는 길을 열어줍니다. 소크라테스는 다음과 같이 죽음이 불행
이 아니라 오히려 행복이 될 수 있는 희망을 가지고 있음을 고백
합니다.

> 그러기에 나는 죽음을 그렇게 꺼리기보다는, 죽은 이들을 위해
> 무엇인가가 있으며, 더구나 예전부터 사람들이 말하듯이 훌륭
> 한 사람들을 위해서는 나쁜 이들보다 훨씬 더 나은 것이 주어

진다는 것을 확고하게 희망하네. 《파이돈》, 63c)

플라톤이《파이돈》을 저술했을 때는 이미 소크라테스의 죽음으로부터 제법 긴 세월이 흘렀고 그 역시 성숙하여 스승과 구분되는 고유한 철학적 경지에 이르게 되었습니다. 이제 그는 초기 대화편에 영감을 주었던 소크라테스의 모범적인 삶과 죽음에 대한 기억을 터전으로 삼아 인간 존재에 있어 죽음의 의미에 대한 근본적인 깨달음을 드러내고자 합니다. 죽음은 궁극적으로 육체적이고 지상적인 삶에서 해방되는 것이므로, 죽음을 준비하고 연습하는 것은 삶에서의 도피가 아니라 오히려 도덕적 책임과 덕의 실천이 순수한 영혼의 기쁨으로 열매 맺는 좋은 삶을 향한 도전입니다. 죽음을 의식하고 명상하는 것은 실천적 활동에서 물러서게 하는 것이 아니라 오히려 지혜의 인식으로부터 시작되는 윤리적 실천의 더 높은 차원의 동기를 지니게 합니다. 죽음의 의미를 인식하고 덕을 실천하는 사람은 지상에서 육신과 감각을 통해 영위하는 무상하고 유한하며 소멸할 고통과 쾌락에 매여 있는 삶과 다른, 순수하며 온전하고 영원한 세계를 그리워하는 것을 멈추지 않습니다. 그는 세상에서 도피하지 않으나, 세상에 최종적으로 구속되어 있지 않습니다. 영혼 불멸에 대한 희망은 좋은 삶을 향한 도덕적 수양과 실천이라는 윤리적 차원과 지상을 넘어선 가장 깊고 순수한 세계에 대한 갈망이라는 종교적 차원을 포괄합니다.

플라톤은 '영혼 불멸'의 희망 안에 철학적 사유와 실천, 종교적 경건과 갈망이 서로 모순되거나 충돌하지 않고, 오히려 서로가 서로를 완성하고 있다는 것을 보여주고 있습니다.《파이돈》에 서서히 등장하는 순수한 형상(이데아)의 세계라는 형이상학은 아직 소크라테스에게서는 실천의 영역에서만 통합되었던 도덕성과 종교성을 그 존재와 본질의 차원에서 불가분의 관계이게 합니다. 그리고 영혼의 불멸은 인간이 이러한 형상의 세계에 참여하게 되는 것을 보증하는 역할을 하고 있습니다.

죽음을 통해 육체에서 풀려난 영혼이 결국은 소멸하거나 사라져버리는 것이 아닌가 하는 두려움과 의심은 당시 대중에게 널리 퍼져 있었습니다. 소크라테스는 이런 두려움을 윤리적 실천 속에서 서서히 조형되는 희망을 통해 넘어서는 길을 가리킵니다. 소크라테스는 최선을 다해 윤리적으로 좋은 삶을 살고자 애쓴 사람이라면 불멸하는 영혼에 대해 희망하는 것이 헛된 것이 아니라는 것을 그 인물 됨 자체를 통해 보여줍니다.

로고스, 죽음의 사유를 위한
철학적 논증의 필요성과 한계

'로고스logos'는 여러 뜻을 가진 그리스어 개념입니다. 철학 안에서는 논증, 논리, 말 등으로 주로 옮겨지는데, 사실은 철학 자체를 의미하는 개념이라 해도 과언이 아닐 것입니다. 로고스는 지혜와 깨달음에 다가가는 철학의 길입니다. 철학의 탄생은 로고스의 방식으로 세계를 보고 설명하려는 시도에서 비롯하였습니다. 플라톤은 소크라테스를 계승하여 로고스의 길을 확장하고 심화합니다.《파이돈》에서 플라톤은 영혼 불멸을 로고스의 방식으로 논증하고 설득하고자 시도합니다. 문학적으로 유려하게 짜인《파이돈》의 전체 구조 안에서 영혼 불멸에 대한 논증은 가장 많은 분량을 차지합니다. 여기에서 우리는 철학적 논증의 진수를 만날 수 있습니다. 소크라테스가 심미아스와 케베스라는 두 제자들과 나누는 대화에서 철학적 논증이 얼마나 대화적이고 개방적이면서 철저할 수 있는가를 배우게 됩니다. 그리고 가장 어려운 주제와 질문에 대하여 답을 찾는 철학자들이 모름지기 가져야 하는 용기와 겸허함의 덕목을 이후 철학의 역사에서 더 나은 예를 찾기 어려울 정도로 탁월하고 생동감 있게 보여줍니다.

《파이돈》에서 소크라테스가 시도하는 로고스를 통한 영혼 불멸에 대한 증명은 소크라테스 본인의 안내에 따라 네 가지 유형으로 나누어볼 수 있습니다. 이 논증들은 철학사적 의미만을 가지고 있는 것이 아니라 오늘날에도 여전히 수많은 연구자들이 각각 그 전제들과 정합성에 대해 비판적인 분석을 행하고 있고, 그 논증들의 한계와 의의에 대해 활발한 토론이 이루어질 만큼 매력적이고 예리합니다. 흥미롭게도 대화편 안에서 소크라테스 자신이 이 논증들에 대해 때때로 거리를 유지하는 인상을 주고 있으며, 대화편의 특성상 플라톤이 화자인 소크라테스가 주장하는 논거들에 대해 동의하지 않을 수 있는 가능성도 남아 있습니다. 이러한 문학적 장치는 로고스만을 통해 영혼 불멸을 완전히 증명하고 설득할 수 있는 것은 아니라는 중요한 사실을 함축하는 것으로 해석할 수 있습니다.

다른 한편으로는 최선을 다해 논증하고 토론하는 소크라테스의 모습에서 로고스를 통해 이 중요한 문제에 접근하는 노력을 포기해서도 안 된다는 사실 역시 배우게 됩니다. 플라톤에게 철학적 논증은 인간 영혼이 감정과 육체적 욕망에서 자유로운 상태에서 가장 '순수하게' 활동하는 것으로서 '영혼을 돌보는' 탁월한 방법이기에 조금도 소홀히 해서는 안 됩니다. 그럼에도 죽음과 불멸하는 영혼에 대한 질문은 인간의 실존적이고 존재론적인 갈망에 속하고 본질적으로 종교적이기에 객관적이고 사변적인 사유의 대상으로만 남을 수 없습니다. 로고스는 에토스와 만나야 합니다. 소크라테스는 영혼 불멸이 윤리적 실천과 종교적 심성에 있어 근본적인 문제라는 것을 다음과 같이 이야기합니다.

자, 이제 죽음이 모든 것으로부터 벗어나는 것이라면, 이는 나쁜 사람들에게는 더 바랄 바 없는 이익이겠지. 그들은 죽음으로써 그들의 육신에서 분리될 뿐 아니라 온갖 나쁜 것을 포함하는 그들의 영혼에서도 분리되는 것일 테니까. 그러나 이제 영혼이 불멸하는 것이 분명한 것 같으니, 이제 할 수 있는 만큼 훌륭하고 사려 깊게 사는 것 외에 악에서 벗어나고 구원받을 수 있는 길은 없는 것이지. (《파이돈》, 107cd)

뮈토스, 논증할 수 없는 대상을 위한 사유의 길

이윽고 소크라테스는 에토스와 로고스에 이어 '뮈토스mythos'를 통해 영혼 불멸을 이야기합니다. 흔히 '신화'로 번역되는 뮈토스라는 개념을 올바로 이해하고 사용하는 것은 그리 쉬운 일이 아닙니다. 호메로스 이래 여러 그리스 철학과 문학의 주요 작품들에서 로고스와 뮈토스 모두 진술 혹은 이야기라는 뜻을 가지는 용례를 자주 발견할 수 있기 때문입니다. 물론 로고스와 뮈토스가 분화 과정을 겪는 것을 그리스 사상사에서 볼 수 있습니다. 그래서 때때로 그리스 철학의 탄생을 '뮈토스에서 로고스로'라는 어구로 요약하는 것을 보게 됩니다.

철학이란 세계를 '신화적'으로가 아닌 '이성적'으로 설명하는 것이며, 철학과 함께 그리스 문화가 신화적 세계상을 넘어서는 결정적 계기를 맞이했다는 뜻입니다. 이는 편리한 범주이긴 하지만 조심해서 살펴야 하는 진술이기도 합니다. 철학의 시대 이후에도 뮈토스와 로고스를 단절해서 이해하기 어려운 경우가 많이 있기 때문입니다. 소크라테스와 플라톤은 철학적 성찰에 입각해서 신화의 신관과 종교 사상에 대해 자주 비판을 한 인물들이지만, 그들이 뮈토스를 단지 허구적 이야기로 이해해서 진실과 논리적 진리를 표현하는 로고스와 반대되는 개념으로 삼은 것은 아닙니다. 오히려 뮈토스는 로고스가 미처 다다르지 못하는 가장 고귀한 지혜로 사람들을 이끄는 이야기가 되기도 하며 당당한 철학의 방법에 속합니다. 플라톤은 자신의 철학을 위해 논증인 로고스를 예리하게 갈고 닦을 뿐 아니라 가장 어렵고 중요한 철학의 주제에 접근하기 위해 신화 창조자가 됩니다.

죽음과 사후 세계와 관련해서 플라톤은 《파이돈》만이 아니라, 《고르기아스》와 《국가》에서도 깊은 철학적 통찰과 문학적 천재성으로 스스로 창조한 신화를 들려줍니다. 윤리적·정치적 차원의 훌륭한 삶이 주제가 되는 《고르기아스》와 《국가》에서 사후 세계의 신화는 정의와 불의를 행한 자에 대한 심판이 주된 주제가 되며 여기서는 덕과 도덕적 책임이라는 윤리학과 정치철학의 맥락이 두드러집니다. 반면, 《파이돈》에서 플라톤이 들려주는 죽은 자들이 가게 되는 '참된 세계'의 지형학과 죽은 이들의 영혼이 겪게 되는 운명에 관한 신화는 죽음과 영혼 불멸이라는 주제에 집중합니다. 《파이돈》이야말로 가장 위대한 종교철학을 담고 있는 대화편이라고 평가할 수 있는 이유입니다. 뮈토스는 과학적·철학적 증명은 아니지만 사람의 마음을 움직일 수 있습니다. 신화를 들려주고 나서 소크라테스는 이렇게 말을 맺습니다.

> 내가 지금 한 이야기 때문에라도 우리는 인생을 살면서 덕과 지혜를 자신의 것으로 하기 위해 모든 노력을 해야 하네. 그 상급은 아름답고 희망은 크기 때문이지. 당연히 이성적인 사람이라면, 내가 들려준 내용이 있는 그대로라고 확언할 수는 없겠지. 그러나 영혼이 의심할 바 없이 불멸해 보이니만큼, 우리의 영혼과 그것이 있는 곳에 관련한 이러한 믿음은 자신의 것으로 삼고자 감행할 만큼 정당하고 가치 있는 것일 수 있네. 이러한 도전은 고귀한 것이니까. 《파이돈》, 114cd)

이제 소크라테스는 의연하게 독배를 받을 준비를 합니다. 그리고 너무나 유명한 소크라테스의 죽음이 묘사됩니다. 찬찬히《파이돈》을 읽어온 사람이라면 소크라테스라는 인물의 에토스와 최선을 다해 따져보는 로고스와 논증적 인식이 닿지 못하는 지혜를 향하는 위대한 이야기를 담고 있는 뮈토스를 통해 죽음의 의미를 밝히고 영혼 불멸에 대한 순수한 희망을 드러내는 이 대화편이 주는 위로와 영감이 얼마나 큰지 실감할 것입니다. 🌿

아리스토텔레스가 전하는
행복의 참된 모습

플라톤의 제자이자 그에 필적할 영향을 철학사에 남긴 아리스토텔레스Aristoteles(기원전 384~기원전 322)가 죽음에 대해 보이는 태도는 플라톤과 큰 차이가 있습니다. 그는 죽음의 연습과 죽음의 명상을 권고하지 않으며, 영혼 불멸에 대한 희망을 철학의 중심에 두지도 않습니다. 아리스토텔레스의 윤리학은 죽음이 아니라 철저히 '좋은 삶'에 관해 논하고 가르칩니다. 좋은 삶을 지향하는 그의 윤리학은 플라톤과 달리 '선의 이데아'라는 초월적 원형을 필요로 하지 않습니다. 아리스토텔레스 역시 도덕과 윤리의 규범성을 강조하지만 플라톤이 그러했듯 이데아 세계를 상정하고 여기에 참여함으로써 도덕의 근거를 얻고자 하는 대신에 이를 인간의 이성과 공동체성 자체에 세우고자 합니다. 아리스토텔레스에게 도덕과 윤리는 실천적 이성을 통해 실현되는 공동체적 삶을 통해서 드러나고 이해되고 가르쳐지는 것이지 수학의 형상이나 존재론의 원리처럼 경험에 대해 전적으로 앞서거나 독립적이지 않습니다.

아리스토텔레스에게 윤리적이고 도덕적인 판단과 행위는 좋은 삶에 통합되는 것이자 좋은 삶을 내용적으로 규정하는 핵심적 요소입니다. 행위를 통해 현실화되는 좋은 삶이란 인간사와 관련됩니다. 여기서 윤리와 도덕은 생존과 생활에 필수적인 재화나 욕구, 정서적 필요 등과 분리되어 있지 않고 마치 견고한 구조를 가진 건축물처럼 이들과 적절하게 관계를 맺고 질서를 부여합니다. 아리스토텔레스의 윤리학은 인간의 한계를 넘어서는 갈망을 포괄하는 것이 아니라 인간에게 속한 자연적 본성과 가능성이 생애에 걸쳐 올바로 실현되게 하는 데 목적을 두는 '내재적' 경향을 가지고 있습니다. 그러기에 육신이라는 감옥에서 벗어나 영혼이 온전히 자유를 얻고 불멸하여 인간의 육체적 본성과 필멸의 조건을 넘어서는 사후 세계에 대한 형이상학이나 종교철학으로 나아가지 않습니다.

소크라테스와 플라톤에게 죽음이 인간의 숙명적 조건이면서도, 역설적으로 인간이 자기 자신의 한계를 넘어서는 가능성에 대해 사유하게 하는 계기가 된다면, 아리스토텔레스에게 죽음은 인간 존재에게 그런 도약을 주는 것으로 여겨지지 않습니다. 죽음은 인간에게 필연적이지만 윤리학의 주제인 좋은 삶과 관련해서는 핵심적인 차원이 아니라 부수적이고 우연적인 사건입니다. 인간사에서 원리에 해당되는 것은 지성을 가진 인간의 행위이며, 죽음은 그 본질에 속하는 것이 아닙니다. 생명체로서 인간을 본다면 탄생과 죽음은 본질적인 요소이지만, 정신적 원리와 육체성이 함께 결합된 행위자이자 좋은 삶을 추구하는 존재로서 인간을 조명하게 되면 죽음이 철학에 큰 의미를 가지기 어렵습니다. 그러기에 아리스토텔레스가 인간사에 관한 윤리학이 아니라 자연과 우주의 현상과 원리를 탐구하는 '자연학'의 영역에서야 죽음을 우연적인 것이 아니라 필연적인 것으로 다루고 주제로 삼을 수 있었던 것은 당연한 귀결입니다.

행위가 아닌 현상과 본질을 탐구하는 자연학의 분야에서 아리스토텔레스는 죽음을 자연학의 기본 원리인 생성과 소멸의 관점에서 살핍니다. 영혼 역시 정신적이고 인격적인 차원 이전에 일차적으로 생명체들의 생명 원리로서 접근하고 있습니다. 이런 아리스토텔레스가 죽음을 대하는 관점은 오늘날의 의학이나 생명과학과도 상통합니다. 영혼에 대해 과학주의나 자연주의적 입장을 가지며, 죽은 후 영혼 불멸에 대한 인간의 본성적 갈망에 대해 비판적으로 접근하는 이들에게도 아리스토텔레스의 입장은 죽음에 대한 과학적이고 자연적인 관점의 모범이 될 것입니다. 종교가 현세에서의 '좋은 삶'이 아니라 죽은 후의 행복과 구원에만 관심을 갖는다고 비판하거나, 플라톤에게 영향을 받은 유력한 철학들이 죽음이라는 주제에 있어서는 종교적 신앙과 깊은 친화력을 갖는 것에 불만을 갖는 이들에게도 아리스토텔레스는 죽음의 문제에 대해 플라톤의 사유 방향에서 벗어날 길을 보여주는 대안으로 여겨질 수 있습니다.

좋은 삶, 행복, 현명

아리스토텔레스가 죽음을 자연적·생물학적 현상으로 접근하고 있는 것은 사실이지만, 그렇다고 그가 죽음이 인간이 도덕적·윤리적으로 살아가고 좋은 삶을 추구하는 데 있어 큰 의미가 있다는 것을 부정하는 것은 아닙니다. 아리스토텔레스는 학문을 대상의 성격에 따라 이론적 학문과 실천적 학문으로 나누고, 그 대상에 적합한 접근법이 필요하다는 입장을 가지고 있었습니다. 이 역시 플라톤과 구분되는 점이고, 아리스토텔레스가 거의 모든 서양 분과 학문의 시조가 되는 이유이기도 합니다.

그는 이론적 관점에서는 인간의 죽음을 생성과 소멸에 속한 자연 원리의 하나로서, 생명 현상의 원리인 영혼의 소멸로 살펴보고 있기에 우리가 죽음이라는 주제에 대해 일반적으로 철학에서 기대하는 실존적 추구나 위로에 대해 관심을 보이지 않습니다. 하지만 실천적 관점에서는 죽음이 인생에서 갖는 의미에 대해 숙고한 흔적을 볼 수 있습니다. 아리스토텔레스는 윤리학과 정치학을 축으로 하는 실천 학문의 완성자이기도 하며, 당연히 죽음이 인간 존재의 삶과 행위, 공동체에 미치는 큰 영향을 간과하지도 않았습니다. 하지만 그는 플라톤에 비하자면 훨씬 더 죽음을 지금 현세의 삶에 입각해서 사유합니다. 피안을 갈망하거나 죽은 후에 완성되는 완전한 삶에 비추어 지상의 삶을 폄하하는 모습을 보기 어렵습니다. 그런 의미에서 아리스토텔레스는 세속적 철학의 모범을 제시했다고 할 수 있겠습니다.

아리스토텔레스가 사후 세계나 피안의 세계가 아니라 지상의 현실적인 삶과 구체적 인간 존재의 삶에 집중했다고 해서 단순히 생존이나 쾌락 원리에 따른 삶을 행위의 준거로 삼은 것은 아닙니다. 그는 소크라테스와 플라톤의 전통을 따라 좋은 삶을 인간이 추구하고 살아야 하는 삶으로 확신했습니다. 좋은 삶은 단지 주관적 욕망에 따라 결정되는 것이 아니라 이미 객관적인 규범성을 전제합니다. 다만 그는 플라톤에 비해 보다 현실적이어서 인간의 정신성만이 아니라 육체성에 필요한 요소들을 도덕적으로 훌륭한 행위와 삶의 방식에 결부시키고 통합코자 합니다. 이렇게 객관적으로 바람직하고 주관적으로도 개인에게 만족을 주는 삶의 길을 아리스토텔레스는 '행복'이라 말합니다.

아리스토텔레스의 행복론은 윤리학의 역사 안에서 가장 큰 영향력과 중요성을 가진 잘 알려진 가르침이지만 여전히 이에 대한 오해가 있습니다. 행복이라는 말이 너무나 일상적으로 사용되기 때문일 것입니다. 아리스토텔레스는 사람들이 일상 언어적 경험에서부터 시작하여 점점 더 행복의 참 의미를 내용적으로 잘 규정할 수 있도록 독자를 초대합니다. 그에게 행복 개념은 사람들의 통념이 말하는 쾌락이나 외적인 성공, 쾌적한 삶, 부와 인정, 지위의 차원에서 멈출 수 없습니다. 덕을 도야하고 좋은 행위를 실천하며 공동체 안에서 자기 자신과 다른 이에게 선을 행하여 올바른 공동체를 건설하는 것이야말로 행복의 참된 모습입니다. 다만 아리스토텔레스는 덕이 행복의 본질이지만 단지 덕만으로 행복하기는 어렵고 여러 다른 종류의 필요와 욕구들이 적절한 수준으로 충족되어야 한다는 것을 인정합니다. 이러한 여러 다른 필요들을 적절하게 추구하고 사용하는 내적 역량이 현명함의 덕입니다. 아리스토텔레스에 따르면 현명함 없이는 어떠한 덕도 없고 인간은 행복할 수 없습니다.

죽음과 행복

아리스토텔레스의 윤리학에서 죽음은 행복과 연관되어 비로소 의미 있는 개념으로 등장합니다. 죽음이 행복에 어떤 영향을 주는지, 아리스토텔레스는 그의 실천철학을 대표하는 저서이자 서양철학사 전체에서도 플라톤의 《국가》와 함께 가장 중요한 윤리 철학의 고전인 《니코마코스 윤리학》 첫 번째 권에서 묻고 있습니다. 1권 말미에서 그는 그보다 앞선 시대로부터 격언처럼 전해져 온 죽음과 행복에 관한 가르침을 언급하며 독자들을 숙고하게 하고 토론하도록 이끌어갑니다. 이는 고대 그리스 시대의 일곱 현자 중 하나로 일컬어졌으며 아테네에 훌륭한 법을 입법했다고 전해지는 솔론의 이야기입니다.

이 이야기의 전모를 우리는 고대 그리스의 고전에 속하는 헤로도토스의 《역사》에 나오는 솔론과 리디아의 왕 크로노소스가 나눈 대화를 전하는 일화에서 확인할 수 있습니다. 솔론은 권세와 부를 자랑하는 크로노소스에게 인생의 운이 다하는 시기가 올 수 있음을 겸허하게 생각해야 한다고 권고하며 '인간들 중 어느 누구도 그가 살아 있는 동안에는 행복하다고 말할 수 없고, 그 끝을 보아야 한다'고 훈계합니다.

이러한 질문은 인간 조건에 대한 심오한 질문을 끊임없이 던진 그리스 비극작가들에게 있어 매우 중요한 것이었고, 아리스토텔레스 역시 자신의 윤리학에 있어 인간 조건에 대한 그리스 비극의 인식은 큰 영감이자 도전이 되었습니다. 죽음과 행복 사이의 충돌에 대한 가장 장엄하면서도 요약적인 결론은 아리스토텔레스 역시 가장 위대한 비극이라고 말한 소포클레스의 《오이디푸스 왕》 마지막의 코러스가 노래하는 구절에서 발견할 수 있습니다.

테베의 시민들이여 보라, 여기 오이디푸스가 지나간다.
그는 죽음의 수수께끼를 풀었으며, 모든 필멸의 인간 중 가장
강한 자였다.
행운은 그를 사랑했으며, 시민들은 그를 우러러보았다.
자, 그는 몰락하였고 가공할 풍파와 격랑에 휘말렸다.
인간들이여, 그러니 일의 끝이 어떻게 되는지,
마지막 순간까지, 마지막 날까지 지켜보고 기다려라.
그리고 결코 어떤 인간의 삶도 행복하다고 말하지 말라.
그 삶의 끝에 이르러 고통 없이 어둠을 맞이하기까지는.

그러나 아리스토텔레스는 온갖 운명과 불운 앞에 속절없이
서게 되는 필멸의 인간이 지닌 인간 조건의 엄숙함 앞에서 사람들
이 종종 죽음에서야 궁극적인 안식을 얻는다 말하고, 그것이야말
로 행복이라고 탄식하고 체념하는 태도에 동의하지 않습니다. 비
극이라는 예술의 대단한 애호가이자 비극에 대한 위대한 이론서
인《시학》의 저자이기도 한 아리스토텔레스는 당연히 비극의 문
제의식을 존중하고, 비극을 통한 정화(카타르시스)를 통해 고상한
도덕적 인식과 열망을 가지게 된다고 인정하였지만, 이성의 덕을
통해 평정심을 가지고 보다 담담하게 인간의 운명을 대하라고 권
고하는 것으로 보입니다. 그리고 행복은 인간의 훌륭한 가능성을
성장시키고 실현하고 실천하는 데 있으며, 이는 모든 인간에게 가

베니네 가녜로의 〈눈먼 오이디푸스가 자식들을 신들에게 맡기다〉. 오이디푸스는 테베의 왕이 되어 권세를 누리지만 결국 비극적인 운명으로 인해 몰락한다.

능한 일이라는 입장을 확고하게 가지고 있습니다. 인간이 덕을 지니고 훌륭한 행위를 한다고 해서 필멸의 운명을 벗어날 수는 없지만, 유한한 삶이라 하더라도 행복은 가능하며, 죽음이 결코 좋은 삶을 소멸시키는 것은 아니라는 것을 보여주고자 합니다.

죽음을 인정하면서도 좋은 삶과 행복을 허무함과 두려움 없이 추구하는 태도는 소크라테스가 보여줬듯이 이론적인 지식으로만 얻을 수 있는 것은 아닙니다. 실제로 덕을 함양하고 훌륭한 행위를 수행하고 인생에 걸쳐 삶의 방식이 덕의 실천에 부합되도록 애쓰고, 그 보람을 즐기는 가운데, 마침내 자기 자신을 설득하고 편안함에 이릅니다. 죽음이 없어야 좋은 삶이 있는 것이 아니라, 좋은 삶이 죽음을 자연스럽고 초연하게 대할 수 있는 길을 열어줍니다. 아리스토텔레스 철학의 관점에서 보자면 죽음이 좋은 삶을 추구하게 하는 동력으로서 적극적인 역할을 하는 것은 아닐 수 있습니다. 그러나 죽음을 대하는 태도야말로 그가 좋은 삶을 살아왔는지를 보여주는 중요한 시금석인 것은 분명합니다.

아리스토텔레스는 영혼 불멸이라는 죽음 후의 영속적 삶에 희망을 두지 않고서도 죽음을 자연스럽게 수용하는 길을 보여주고 있습니다. 그런 의미에서 아리스토텔레스 철학은 좋은 삶은 죽음과 모순되거나 대립하지 않는다는 사실을 우리에게 가르치고 있습니다.

고대의 위대한 철학자들에 대한 가장 중요하고 유명한 전기를 쓴 디오게네스 라에르티오스가 전해주는 아리스토텔레스의 유언장을 보면, 그가 말로써만이 아니라 실제로 좋은 삶을 살고 실천한 사람이라는 인상을 받게 됩니다. 중병에 든 그는 매우 지혜롭고 담담하게 주변 사람들에 대한 지극한 배려를 보이며 죽음을 준비하고 있습니다. 아리스토텔레스의 철학은 우리에게 필멸의 인간에게 허락된 덕과 행복이 얼마나 가치 있는 것인지, 그것을 일상에서 최선을 다해 추구하는 것이 얼마나 소중한 것인지를 알려주고 있습니다.

지상의 삶에서
초월을 사는 법

플라톤과 달리 아리스토텔레스에게 영혼의 불멸은 중요한 문제가 아니었습니다. 그의 자연주의적 관점에서 보면 인간은 육신과 영혼의 합일체이고 인간 영혼은 생장, 감각, 인식에 있어 물질적 육신에서 독립적인 것이 아니기에 육신의 소멸과 함께 인간의 영혼 역시 사멸하는 것이 당연한 귀결입니다. 아리스토텔레스는 영혼에 대한 학문적 탐구에 있어 죽은 후에 영혼 불멸을 옹호하는 철학적 근거에 동의하지 않을뿐더러, 인간의 최종적 행복이나 도덕적 삶의 의미를 위해 이를 '희망'해야 한다는 입장을 명시적으로 보이지도 않습니다. 그에게 행복은 윤리적이고 육체적·정서적 차원을 포괄하는 범위에서의 '인간적 좋음'이며, 여기에는 반드시 죽게 되어 있는 필멸의 인간 조건이 이미 전제되어 있습니다. 그에게 행복은 죽음을 초월하는 가능성이 있을 때만 가능한 것이 아니며, 지상의 삶 안에서 좋은 삶을 실현하는 것 자체로 완성되는 것이라 할 수 있습니다.

아리스토텔레스는 영혼이 초월적인 것이 아니라 다른 자연학의 연구 대상들과 마찬가지로 생성과 소멸이라는 변화의 과정에 있다고 보았지만, 영혼이 '부드러운 원자'로 구성되어 있다고 본 레우키포스나 데모크리토스와 같은 원자론자처럼 영혼을 유물론적으로 정의하지 않습니다. 그에게 영혼은 비물질적인 것이고, 인간의 영혼 역시 물질로 이루어진 육신과 구분됩니다. 이것이 때때로 영혼을 육체에 부수적이거나 수반되는 현상으로 규정하는 현대의 일부 철학자와 인지과학이 주장하는 자연주의나 환원주의를 아리스토텔레스의 자연주의와 구분해야 하는 이유입니다.

다만 그는 육체를 영혼의 집 또는 감옥 등으로 비유하는 플라톤을 비롯한 여러 고대 그리스 철학자나 신화에 나타나는 사고와는 달리 육체와 영혼은 개념적으로는 나누어 살필 수 있지만 존재론적으로는 떨어져 있을 수 없다고 보았습니다. 영혼이 육체 이전과 이후에 따로 또는 홀로 존립할 수 없다는 것입니다. 영혼과 육체가 서로 의존하고 있긴 하지만 그럼에도 아리스토텔레스의 영혼론에 있어 영혼이 우위성을 지니는 것은 분명합니다. 영혼은 원리로 작용하며, 육신에 대해 형상이고 현실태입니다. 반면에 육신은 질료이고 가능태입니다. 아리스토텔레스가 영혼과 육신의 관계를 규정한 방식과 내용은 이후 철학사에서 오랫동안 정신과 물질의 상호 작용에 대한 가장 유력한 설명으로 받아들여집니다.

한편, 아리스토텔레스는 영혼을 세 가지 단계로 구분합니다. 모든 생명 있는 존재들은 생명 원리인 영혼을 지니고, 이를 통해 무생물과 구분됩니다. 이어서 감각과 운동을 가능하게 하는 영혼이 있는가에 따라 동물과 식물이 구분됩니다. 마지막으로는 지성이라는 가장 높은 차원의 영혼이 있고, 인간은 지성을 지니기에 다른 동물과 구분됩니다. 아리스토텔레스에게 인간이 지성을 가지고 있다는 사실은 매우 중요하지만 그가 인간을 순전히 지성을 가진 존재로서만 규정하는 것은 아닙니다. 인간이 영혼의 하위 단계들과 높은 단계의 영혼인 지성을 아우르는 존재라는 사실이 아리스토텔레스 인간학의 출발점입니다. 아리스토텔레스 인간학에서 인간은 지성의 활동을 수행하는 정신 존재이지만, 인간 정신의 실현 방식은 육체를 지닌 인간의 존재 방식과 합일되어 있습니다.

영혼의 기능과 행복의 개념

아리스토텔레스가 말하는 영혼의 각 단계는 마치 사물처럼 따로 병립해서 존재하는 부분이 아니며 각기 고유한 기능을 지시하고 있습니다. 그렇다고 아리스토텔레스의 영혼론이 단지 기능주의에 머무르는 것은 아닙니다. 생명, 감각, 지성과 같은 영혼의 구분은 인간의 본질을 가리키는 개념이기도 하기 때문입니다. 인간 존재를 알기 위해서는 그 본질을 드러내는 영혼의 여러 의미를 통합적으로 이해해야 합니다. 인간에게 고유한 영혼의 기능을 가능한 최상의 방식과 수준으로 실현하는 삶을 영위하는 것이 행복의 본질이라는 아리스토텔레스 윤리학의 행복론은 인생사의 경험에서 우러나온 통찰이기도 하지만, 학문적으로는 이러한 영혼론에 그 토대를 두고 있습니다.

지성은 정신으로서의 인간이 지닌 고유함과 위대함을 드러내는 가장 탁월한 영혼의 단계이지만, 지성에 이르기 위해서는 먼저 생존하고 성장하는 생명 현상을 수행하는 영혼의 단계가 현실화되어야 하며, 지성의 기능 역시 감각을 통해 지성 활동의 재료가 되는 표상들을 받아야 비로소 활성화될 수 있습니다. 이런 점에서 지성은 수동적인 성격을 가집니다. 생명과 감각은 어떤 형태로든 육체에서 독립될 수 없으며, 그런 의미에서 인간의 지성 활동 역시 육체에 종속되어 있다고 볼 수 있습니다. 그러기에 아리스토텔레스의 철학을 따르자면 육신의 죽음은 영혼 활동의 소멸이라는 것이 일관성 있는 결론입니다.

그런데 아리스토텔레스는 인간 지성의 인식 과정을 탐구하면서 육체의 감각 기관에서 유래한 감각적 표상에 의지하지 않고 전적으로 능동적이며 창조적인 지성 활동의 영역이 있다는 것을 인정합니다. 아리스토텔레스 이후 이러한 지성 개념은 철학사에서 '능동지성'이라 일컬어졌고, 중세 그리스도교 철학의 인식론에서 매우 큰 의미를 가지게 됩니다.

아리스토텔레스가 예외적으로 인간 육신의 죽음 이후에도 분리되어 불멸할 것이라고 하는 능동지성에 관하여 말하는 자리는 《영혼론》 3권 5장입니다. 아리스토텔레스가 단 한 번 여기서만 언급하고 있는 능동지성의 개념이 정말로 자연주의적인 아리스토텔레스의 영혼에 대한 학설들 전반과 충돌하는 초월적인 영혼 개념을 요구하는 것인지, 또 이 주장을 전해주는 본문의 맥락과 전승 과정을 어느 정도나 신뢰할 수 있을 것인지에 대해서는 여전히 많은 토론과 이견들이 있습니다.

하지만, 분명한 것은 아리스토텔레스가 육신과 물질을 초월하고 있는 능동지성에 대해서 인간이 아니라 신에 관련된 속성을 부여하고 있다는 사실입니다. 여기서 가장 높은 차원의 사유야말로 신적이라 일컬어지며, 신에 어울리는 본연의 활동이라는 것이 분명하게 언급됩니다. 그렇다면 인간의 사유 안에 신적인 요소가 있는 것이며, 인간은 사유를 통해 신적인 활동에 참여하고 있다고 말할 수 있습니다. 이제, 인간 영혼에 대한 자연철학적 탐구는 지성에 대한 심오한 성찰을 통해 신에 대한 사유와 만나게 됩니다. 이는 죽음의 문제에 대해 비교적 말을 아끼고 있다 할 아리스토텔레스의 죽음에 관한 철학 사유를 이해하는 데도 큰 의미가 있습니다. 신에게 죽음은 없기에, 신의 활동에 참여하는 것이 인간에게 허락이 된다면, 죽음을 '넘어서는 것'이 인간의 자기 실현과 완성에 있어서도 중대한 의미를 갖는 것이 아닌가 하는 질문을 하게 되기 때문입니다.

영혼 불멸과 존재신학

아리스토텔레스는 서구 지성사에서 학문 체계와 구분을 정립한 인물로 인정됩니다. 그는 여러 기예와 관련된 제작술과 구분되는 시학을 비롯한 진정한 철학을 그 대상 영역에 따라 실천철학과 사변(이론)철학으로 나누고 각기 다른 방법론이 필요하다고 가르쳤습니다. 인간사와 인간의 행복, 덕, 도덕, 공동체, 정의와 법 등을 다루는 실천철학은 윤리학과 정치학으로 나뉩니다. 실천철학에도 원리와 원칙이 발견되기는 하지만, 엄밀하게 논증적일 수 없고 언제나 경험에서 오는 개별성과 개연성을 포괄합니다.

사변철학은 본질과 법칙의 인식이 가능한 세계를 대상으로 하며, 본연의 의미의 학문입니다. 사변철학은 자연과 우주의 모든 존재들을 탐구하기에 자연학(피시스physis)이기도 합니다. 오늘날 자연과학에 속하는 모든 분야가 이 사변철학에 속해 있습니다. 사변철학의 사유와 연구는 엄밀함과 법칙성을 추구하지만 그 대상은 자연에 속한 존재이기에 생성과 소멸이라는 변화의 세계에서 벗어날 수는 없습니다.

그런데 아리스토텔레스에 따르면 사변철학은 자연철학을 넘어 '존재를 존재로서' 탐구하는 존재론에서 완성됩니다. 아리스토텔레스가 '존재의 학'을 본격적으로 다루는 논고에 아리스토텔레스의 계승자들은 형이상학(메타 피시스)이라는 명칭을 붙였고, 오늘날까지도 감각적 대상과 개별과학과 철학을 '넘어서서'(메타), 존재 자체를 '실체'(희랍어로 '우시아ousia')로서 근본적으로 탐구하는 철학을 형이상학이라 부릅니다. 아리스토텔레스는 형이상학에서 다루게 되는 최종적이며 고귀한 대상을 신이라고 생각했습니다. 아리스토텔레스의 형이상학의 정점에는 존재신학이 있습니다. 아리스토텔레스에게 영혼의 불멸성은 자연철학의 관점에서는 철학적 의미를 가지지 못하겠지만, 형이상학의 정점인 신학에서는 그렇지 않습니다.

아리스토텔레스는 《형이상학》 12권(희랍어로는 '람다lambda')에서 존재신학을 본격적으로 다룹니다. 그는 이 책의 전반부에서 변화와 운동에 대한 일반적 고찰을 하고 나서, 후반부에 접어들어 스스로는 운동의 대상이 아니며, 다른 실체들을 '영원히 운동시키는 원동자'를 상정하며 신론神論을 시작합니다. 아리스토텔레스는 이러한 부동의 원동자를 '신적인 실체'인 별들의 운동과 관련지어 논의하고 있는데, 천계는 감각적 지각과 가장 멀리 있다는 점에서 자연학의 대상 중 가장 숭고하고 '신적'입니다. 원동자로서 신을 규정할 때, 신은 운동의 최종적 목적이자 원인으로 이해할 수 있습니다. 그러기에 언뜻 보면 아리스토텔레스의 목적은 운동을 탐구하는 자연학을 존재신학을 통해 완성하는 것이라 할 수 있습니다.

그러나 사실 아리스토텔레스의 신론은 이러한 차원을 넘어섭니다. 이어서 그가 신의 본성을 운동이 아니라 사유를 통해 규정하기 때문입니다. 신은 생성, 변화, 소멸하지 않기에 가능태나 운동의 영역에 있지 않습니다. 가능태에서 현실태로 옮겨가는 변화와 운동이 아니라, 완전하며 스스로를 향유한다는 의미에서 활동 중에 있습니다. 중세철학에서는 이런 의미에서 아리스토텔레스의 신관을 요약하여 '순수 현실태'라고 불렀습니다. 신은 생성, 소멸, 물질성에서 자유로우며, 수동적으로 사유의 자료를 수용하는 단계가 필요 없다는 것입니다. 신의 활동은 형이상학적 사유여야 합니다. 아리스토텔레스는 이러한 활동이야말로 가장 좋고 복된 것이고 생명으로 충만한 것이며, 영원한 것이라고 말합니다. 이어 아리스토텔레스는 신의 사유에서 중심에 있는 것은 사유 자체인 신 자기 자신일 것이라는 심오한 신론을 전개합니다. 신은 사유 그 자체이기에 '사유하는 사유'로 정의할 수 있으며, 신의 사유 활동과 신의 존재는 서로 다른 것이 아닙니다.

인간 행복과 관조의 역할

아리스토텔레스의 존재신학에는 아직까지도 해명되지 않은 논점들이 많이 있습니다. 분명한 것은 그가 종교적 경신의 대상으로서 신이 아니라 철학 사유의 가장 높은 대상으로서 신론을 제시하고 있다는 점이고, 존재신학은 그의 인간학과 윤리학에 있어서도 간과할 수 없다는 사실입니다. 아리스토텔레스는 인간이 이러한 신적 활동에 참여할 수 있는 가능성이 있다고 분명하게 확신합니다. 그는 《형이상학》 12권의 신론에서 인간 역시 신이 항시 누리고 있는 사유라는 복락의 활동을 '한순간'이지만 누리고, 그에 참여한다고 확언합니다. 인간은 비록 본성상 필멸의 존재이지만 지성이라는 불멸의 요소를 가지고 있기에, 죽음을 넘어서는 삶에 참여하는 존재이기도 합니다. 앞서 살펴본 사멸하지 않는 능동지성이 신적이면서도 동시에 인간의 인식 작용에서 활동하고 있다는 주장은 이러한 의미에서 이해할 수 있을 것입니다.

아리스토텔레스는 존재신학에서 신적 차원으로 논의한 사유 활동을 윤리학에서는 인간의 행복을 위한 가장 탁월한 존재 방식이자 자기 실현의 길로 제시합니다. 이를 관조觀照(희랍어 '테오리아 theoria')라 부릅니다. 그는 《니코마코스 윤리학》 첫 번째 권에서 실천(희랍어 '프락시스praxis')과 함께 인간의 탁월성이 지속적으로 수행하는 활동을 통해 영위하는 좋은 삶, 곧 행복한 삶의 형태로 관조를 제시합니다. 아리스토텔레스는 관조는 신과 가장 닮은 활동이고 가장 훌륭한 것이지만, 다른 실천적 활동―육체적 섭생과 감정적 욕구 등이 필요한 인간의 본성에서 오는 조건 때문에, 신과 달리 제한적으로만 누릴 수 있다고 선을 긋고 있습니다. 동시에 다른 한편으로는 가능한 한 더 관조의 활동에 매진해야 한다고 말하며 《니코마코스 윤리학》 마지막 권에서 다음과 같이 권고합니다.

> 이와 같은 삶은 인간에 어울리는 것보다 더 높은 것이다. 인간이 인간인 한에 있어 이러한 삶을 누리는 것이 아니라, 인간 안에 신적인 것이 있는 한에서 행할 수 있는 것이기 때문이다. 그리고 신적인 것이 그것과 결합되어 있는 것보다 우월한 만큼이나, 그에 따른 활동 역시 성품의 덕에 따른 여타의 활동보다 더 우월하다. 직관적 지성이 인간보다 더 신적인 것이라면, 그에 따른 관조의 삶 역시 여타 인간의 실천보다 신적이다. 그럼에도 우리는 인간으로 인간적인 것만을 생각하고, 또 필멸의 존재로서 필멸의 것만을 생각하라는 충고를 따라서는 안 된다. 오히려 우리는 우리에게 가능한 만큼 불멸의 것을 추구하며, 우리 안에 있는 최상의 것과 조응하도록 모든 노력을 해야 한다. 이 최상의 신적인 것이 비록 그 범위와 양은 적더라도, 그 위대함과 고귀함에 있어서는 다른 모든 것을 넘어서기 때문이다. (《니코마코스 윤리학》 10권, 1177b25~1178a2)

아리스토텔레스는 관조의 삶이 인간의 본성을 넘어서는 것이라고 말하면서도, 한편으로는 이것이 오히려 인간이 '지성'을 가진 존재로서 자신의 본성에 부합하며, 가장 행복한 삶을 가능하게 하는 것이라 확인합니다. 신적 본성에 속하는 활동에 제한적이지만 부단히 노력하여 참여하는 것 역시 인간의 본성에 속하며 좋은 삶을 위한 과제입니다. 그런 점에서 인간은 지상의 삶 안에서 초월을 사는 존재라고 할 수 있습니다.

아리스토텔레스가 말하는 관조의 구체적 내용이 무엇인가에 대해서는 역시 많은 해석이 가능하겠지만, 그보다 더 중요한 것은 평범한 일상을 살아가는 사람들이 관조를 통해 일상에서 초월을 만나는 것의 의미를 새겨보는 것입니다. 초월은 강렬하고 특별한 종교적인 체험이나 학문, 창작에서 드물게 나타나는 몰입만을 뜻하는 것이 아니라, 우리가 삶과 세계에 가지는 기본적인 태도와 관련됩니다.

아리스토텔레스는 《니코마코스 윤리학》 6권에서 인간 지성의 탁월함의 종류를 그 대상 영역에 따라 섬세하게 고찰합니다. 여기에는 학자의 삶에 어울리는 인식과 학문, 정치가에게 필요한 정치적 판단력, 예술과 기술의 기예에 필요한 지적 능력 등과 실천적 삶 전체에 관여하는 현명함 등이 있습니다. 마지막에 아리스토텔레스는 이 모든 것들보다 더 탁월한 지성의 덕으로 지혜(희랍어 '소피아sophia')를 언급하고 있습니다. 관조의 삶은 그 정점에 지혜에 대한 명상이 있습니다. 그 지혜는 신과 다르지 않을 것이며, 아리스토텔레스에게 그 신은 동시에 초월적 사유로 정의될 수 있습니다. 지혜와 만나야 다른 지성적 활동들이 올바로 자리를 찾고 그 목적을 이룹니다.

아리스토텔레스에게 지혜를 관조하는 것은 지혜에 대한 신화적·종교적 인식과는 구분되며 앞서 살펴본 존재신학과 관련되어 있습니다. 그가 말하는 신은 인격적이거나 인간사에 개입하는 신은 아니지만, 신에 대한 명상을 통해 인간의 좋은 삶의 지평이 열리기에 인간의 삶과 무관한 것은 아닙니다. 뛰어난 고대철학 연구가 프리도 릭켄Friedo Ricken 신부의 통찰을 따르자면, 초월에 대한 사유를 통해 인간은 일상의 염려와 실용적인 활동으로 소진될 수 없는 좋은 삶의 본질을 깨닫게 되며, 이 우주에는 경험과 감각에 종속된 인간사의 실천 영역만이 중요한 것이 아니라 더 고귀한 것이 있다는 겸허한 마음을 잃지 않을 수 있습니다.

죽음에 대한 좋은 사유는 인간 삶의 지평을 열어주고 초월에 대한 개방적인 태도를 갖게 합니다. 겸허하면서도 진취적인 삶의 태도를 갖게 합니다. 아리스토텔레스의 영혼론과 존재신학은 죽음을 자연주의적으로 받아들이면서도 초월에 개방된 삶을 살아가는 길을 배우게 합니다.

죽음에 흔들리지 않는 현자의 길

아리스토텔레스는 소크라테스에서 시작되고 플라톤에게서 심화된 고전 그리스 철학의 윤리학을 완성하였습니다. 아리스토텔레스의 행복과 덕, 관조와 실천의 윤리학은 그 이후 철학자들에게도 큰 영향을 미쳤습니다. 하지만 알렉산드로스 대왕을 통해 그리스 문화권이 확장된 헬레니즘 시대와 그 이후 지중해를 지배하며 유럽을 포괄하는 제국이 된 로마 시대를 아우르는 '후기 고대' 시대에 활동했던 여러 철학자들은 점차 행복한 삶에 대하여 아리스토텔레스가 완성한 아테네를 중심으로 한 고전 그리스 철학과는 구분되는 새로운 길을 제시하기 시작합니다.

플라톤과 아리스토텔레스는 현실 정치의 타락과 한계를 비판하면서도 구체적인 실천의 공간으로서 폴리스(도시국가)라는 철학의 장을 중시하였습니다. 그들은 공동체 안에서 개인이 좋은 삶을 실현하고 공동체적 차원에서 보다 좋은 사회를 건설하며 정의와 우애와 같은 공동선을 증진하는 목적을 철학의 중심에 놓았습니다. 후기 고대 시대의 철학은 이와 다릅니다. 이미 헬레니즘 세계와 로마 세계라는 '제국'이 자리 잡고 철학자가 정치적 차원의 선과 정의를 실현하는 데 기여하기 어려워진 시대에 철학자들은 개인의 내면적 차원의 깨달음과 실천에 의미를 두게 됩니다.

헬레니즘과 로마 시대 철학의 유파는 다양했지만, 공통점은 철학의 궁극적 목적을 사변과 이론과 학문이 아니라 행복한 삶을 위한 지혜에 두고 철학을 이를 위한 실천이자 수양으로 바라본 것입니다. 그들의 철학을 '삶의 기예techně tou biou'라고 부르는 이유입니다. 철학사의 거장 피에르 아도Pierre Hadot(1922~2010)는 후기 고대철학의 다양한 철학들을 단지 사변적인 학설이 아니라 삶의 방식이자 정신적 수양이라는 실천으로 바라봐야 한다고 주장하기도 했고 이는 후기 고대철학 이해에 있어 획기적인 전환을 가져왔다고 평가할 수 있습니다.

후기 고대 시대 여러 철학자들이 삶의 기예로서 가장 중요한 목적으로 삼은 것은 무엇보다 부정적 감정에 동요되지 않는 평정심이었다고 할 수 있습니다. 죽음에 대한 두려움이 주는 불안에서 벗어나는 것 역시 당연히 이러한 삶의 기예와 수양으로서의 철학에 중요한 과제가 되었습니다.

후기 고대 철학의 가장 중요한 철학적 흐름으로는 피론주의, 신플라톤주의, 스토아주의, 에피쿠로스주의를 들 수 있습니다. 피론주의는 소아시아 엘레아 지방의 철학자 피론Pyrrhon(기원전 약360~기원전 270)에게서 시작되며 흔히 회의주의라 알려져 있는데 이른바 '판단 중지'(에포케epochē)를 좋은 삶을 위해 꼭 필요한 자세이자 덕목으로 제시하였습니다. 우리의 감정이 요동치고 판단이 흐려지며 평정을 잃는 것은 자주 선입견과 특정 견해에 고착되기 때문입니다. 그러기에 피론은 섣불리 결론을 내리지 말고, 판단은 가정적이고 일시적이라는 입장을 견지하라고 권고합니다. 이러한 입장을 가지는 사람은 예기치 않은 사태에 대해 동요되지 않고 유연하게 대응할 수 있기 때문입니다.

신플라톤주의는 플라톤 철학의 유산을 형이상학적이고 종교적·신비적으로 해석하는 후기 고대의 중요한 철학입니다. 이후 고대와 중세의 그리스도교 철학과 신학, 영성과 수도 생활에 매우 큰 영향을 미쳤습니다. 신플라톤주의는 기원전 1세기 정도부터 형성된 이른바 '중기 플라톤주의'를 거쳐 기원후 3세기경의 위대한 철학자이자 신비가인 플로티노스에게서 그 기본 구도와 개념이 완성됩니다. 신플라톤주의는 아리스토텔레스의 철학은 물론이고 플라톤의 철학과 비교해도 형이상학과 존재론에 있어 초월적이고 신비적인 측면을 매우 강조하며 물질의 세계를 넘어선 정신적 차원의 상승과 신적 깨달음을 추구합니다. 후대의 철학자 포르피리오스가 남긴 플로티노스의 전기에서 드러나듯 신플라톤주의는 육신에서 자유로워지고 물질적 세계 너머의 우주의 기원인 '일자一者'와 합일하기 위한 철학적 수련과 신비 체험을 플라톤보다도 훨씬 더 강조하기에, 그들로부터 철학은 점차 종교적 성격을 가지게 됩니다.

스토아주의와 내면의 평정

후기 고대에 가장 큰 영향력을 가졌던 철학은 무엇보다도 스토아주의입니다. 전문적 철학자만이 아니라 수많은 사람들이 삶의 기예로서 스토아주의를 받아들였고, 스토아주의는 일상적 실천에까지 파고들었습니다. 키티온의 제논Zenon(기원전 약 334~기원전 약 262)에게서 시작된 스토아주의는 이후 논리학, 인식론, 심리철학에 있어 심화되고 정교한 이론을 제시한 헬레니즘 시대 중기 스토아주의를 거쳐 마침내 로마 시대에 출현한 세네카Seneca(기원전 4~기원후 65), 에픽테토스Epiktētos(약 55~약 138), 마르쿠스 아우렐리우스Marcus Aurelius(121~180) 등 유명한 저술가들을 통해 대중에게까지 널리 퍼집니다. 로마 시대 대표적인 스토아주의 철학자가 시인이자 정치가(세네카), 노예 출신의 철학 교사(에픽테토스), 황제(마르쿠스 아우렐리우스)였다는 점은 이 철학이 얼마나 다양한 계층에 호소력을 가지고 있었는지를 엿보게 합니다.

많은 사람들이 번아웃과 스트레스를 호소하는 우리 시대에 스토아주의의 가르침이 회복탄력성과 자기계발과 관련된 수많은 저서와 강연에서 각광받고 자주 언급되고 있다는 점은, 스토아주의가 인간의 삶의 방식과 감정 상태에 관하여 겪는 문제들에 대해 보편적이면서도 실제적인 도움을 준다는 사실을 알려줍니다.

스토아주의 윤리학은 덕과 행복을 동일시합니다. 불운을 인내로이 견디면서 감정에 흔들리지 않고 초연하게 아파테이아(부동심)를 유지하도록 매일매일 자신을 살피며 수련하기를 권고합니다. 로고스라는 세계지성이 우주를 주재하며 세계가 필연적 법칙에 의해 움직인다는 스토아주의의 우주론은 이러한 삶의 철학에 존재론적 근거를 제시합니다. 스토아주의의 이상은 세계지성의 법칙과 일치하고 자연의 섭리와 인간의 도덕적 본성에 부합하도록 행동하고 결정하는 삶입니다. 스토아주의자들은 운명애(아모르 파티)를 강조하는데 이는 숙명론이 아니라 내면의 도야를 통해 어떠한 경우에도 내면의 평정을 잃지 않고 후회, 슬픔, 우울, 분노, 원망, 욕망과 같은 부정적 흔적을 남기는 감정에 휩싸이지 않으며, 고귀한 인간의 품위를 지키고자 하는 인생관을 의미합니다.

스토아주의자들은 내면의 평정을 잃지 않는 인생관을 강조했다. 번아웃과 스트레스를 호소하는 현대인들이 스토아주의에 관심을 갖는 이유이다.

에피쿠로스주의와 쾌락의 문제

아테네 이주자 집안 출신으로 사모스섬에서 태어난 철학자 에피쿠로스Epicouros(기원전 341~기원전 약 271)에서 유래한 에피쿠로스주의는 행복을 쾌락과 동일시합니다. 에피쿠로스주의 역시 스토아주의처럼 후기 고대에 많은 추종자를 가진 철학이었고, 스토아주의와 일종의 대립 관계에 있는 것으로 여겨졌습니다. 에피쿠로스주의는 대중적으로 인기가 있는 철학이었지만, 동시에 후기 고대 시대부터 고대와 중세의 그리스도교 시대에 걸쳐 많은 오해와 비판의 대상이 되기도 했습니다. 에피쿠로스주의가 도덕적으로 타락하여 쾌락을 추구하고, 무신론적이며 불경한 철학이라는 부당한 평판을 얻게 된 것은 쾌락을 행복의 본질적 내용으로 규정하고, 영혼의 불멸을 부정했으며, 사후 심판 등 종교에 있어 신화적 요소를 거부했기 때문입니다.

에피쿠로스는 분명히 소크라테스, 플라톤, 아리스토텔레스, 스토아철학과는 달리 덕이 아니라 쾌락이 행복의 본질이라 주장했습니다. 그리고 그 쾌락에 감각적 차원이 포함되어 있는 것도 사실입니다. 하지만 그가 쾌락을 행복의 본질이라고 말하는 것이, 무절제나 맹목적인 본능을 따르라는 것은 아닙니다. 행복을 위한 쾌락 추구는 자신의 몸과 감정과 정신에 대한 사려 깊은 관찰과 명료한 사유에 바탕을 두고 있습니다. 쾌락의 추구는 이성과 덕에 따른 생활과 양립할뿐더러 오히려 자제와 성찰을 필요로 합니다. 행복한 삶을 가져오는 쾌락의 본질은 감각적 쾌락의 극대화가 아니라 고통의 제거이며, 무엇보다 감정을 통한 흔들림과 괴로움에서 자유로워지는 것이기 때문입니다. 에피쿠로스는 불안, 두려움, 분노, 과한 슬픔, 터무니없는 욕망 등의 감정에서 벗어나서 흔들리지 않는 평정의 마음을 갖는 것이 진정한 쾌락이며 그것이 행복의 길이라 가르쳤습니다.

그런 의미에서 에피쿠로스는 철학이란 잘못된 감정과 관념에 대한 치료제의 역할을 해야 하며, 사람들이 평정심(아타락시아 ataraxia) 속에서 살 수 있도록 이끌어야 한다고 생각했습니다. 에피쿠로스는 소박하며 명예나 부에 집착하지 않는 전원에서의 검소한 삶을 권유했고, 명상을 즐기고, 우정을 나누는 소수의 친구들과 정갈한 음식을 앞에 두고 나누는 격조 높은 대화야말로 인생에서 얻을 수 있는 최고의 쾌락이라 가르쳤습니다. 그는 스스로 '정원'을 얻어 이러한 삶을 실천하는 공동체를 만들었고, 그의 이러한 인생관에 공감한 여러 사람들이 그 이후에도 이를 따랐습니다. 에피쿠로스주의자들의 생활 신조가 적혀 있는 문서나 유적을 보면 그들이 육체적 향락을 추구하는 사람들이 아니라는 것을 바로 알 수 있습니다.

에피쿠로스는 소크라테스보다도 앞서 태어났던 고대 그리스의 위대한 자연철학자 데모크리토스Democritos(기원전 약 460~ 기원전 약 370)의 원자론을 지지했기에 영혼 역시 원자로 구성된 것이며 따라서 죽은 후에는 해체되는 것이라 보고, 영혼이 불멸한다는 오랜 종교적·철학적 전통을 거부했습니다. 그리고 스토아철학자들처럼 우주를 창조하고 지배하는 지성적 법칙을 믿는 대신 혼돈 속에서 우연성에 따른 원자의 운동에 따라 세상이 생겨났다고 생각했습니다. 에피쿠로스는 죽은 후의 삶이나 신의 심판에 대해 부정했지만, 그렇다고 신의 존재를 거부한 것은 아니었고, 신들이 인간사에 개입하고 응보를 내리거나 심판을 하는 감정적 존재라는 일반적 통념을 받아들이지 않고, 신들을 복되고 불멸하며 지성적인 존재로서 이해했습니다. 에피쿠로스의 원자론적이고 유물론적인 영혼관이나 인간에 대한 분노나 연민을 갖지 않으며 개입이나 심판을 하지 않는 신관은 근대 계몽주의 사상가들이 가진 생각들과 많은 공통점이 있고, 실지로 근대철학의 계몽주의나 경험주의 철학자들은 중세까지 많은 비난을 받았던 에피쿠로스의 철학을 다시금 긍정적으로 재평가합니다.

에피쿠로스가 죽음에 관해 주는 권고

평정심을 추구하는 에피쿠로스의 철학은 좋은 삶을 위해서 죽음을 어떻게 대해야 하는가 하는 질문에 있어 매우 중요한 접근 방법을 보여줍니다. 그는 소크라테스가 《파이돈》에서 죽음이야 말로 철학의 가장 중요한 주제라고 말하며 죽음의 연습을 권고하는 가르침에 대하여 이의를 제기하는 것으로 보입니다. 죽음에 대한 에피쿠로스의 가장 중요한 관점들은 후기 고대의 철학전기 작가 디오게네스 라에르티오스를 통해 전해지는 그의 〈메노이케오스에게 보낸 서신〉에 실려 있습니다. 그는 인간의 쾌락과 고통은 모두 감각에 귀속된다는 것을 강조합니다. 그러기에 이렇게 말합니다.

죽음은 우리에게 아무 의미도 없다는 것을 생각하는 데 익숙해져라. 모든 좋은 것과 나쁜 것은 감각 안에 있고, 죽음은 감각의 중지일 뿐이다.

그리고, 철학사에서 지대한 영향력을 남긴 다음과 같은 논증을 통해, 인간이 죽음에 많은 의미를 부여할 필요가 없음을 보여주려 합니다.

가장 끔찍한 악이라 할 죽음은, 그러므로 우리에게 의미가 없다. 우리가 존재할 때는 죽음이 임재하지 않으며, 죽음이 와 있을 때는 우리가 존재하지 않기 때문이다. 그러기에 죽음은 살아 있는 이들에게나 죽은 이들에게나 의미가 없다. 산 자에게는 의미가 없고, 죽은 자는 이미 존재하지 않기 때문이다.

에피쿠로스는 그럼에도 사람들이 죽음을 마치 가장 큰 불행이고 고통인 것처럼 여겨서 맹목적으로 두려워하고 피하거나, 또는 반대로 죽음을 삶의 고통에서 벗어나는 길로 여겨 갈망하는 것을 어리석은 착각이라고 생각합니다. 에피쿠로스에 따르면 현자는 죽음을 잘 준비하는 사람도 아니고, 죽음을 두려워하는 사람도 아니며, 죽음을 대수롭지 않게 여겨 그 앞에서 흔들리지 않는 사람입니다. 그에 따르면 잘 죽는 것을 준비한다는 것은 의미 없는 노력이며, 오직 잘 사는 것만이 잘 죽는 것을 의미합니다. 오히려 삶의 불행은 인간이 지금의 삶을 충분히 즐기지 못하고, 죽지 않기를 바라며 죽음을 두려워하고 고통스러워하는 데 있습니다. 그는 이렇게 말합니다.

죽음이 우리에게 무의미하다는 올바른 인식은 우리가 인생의 필멸성조차 즐길 수 있는 것으로 만들어준다. 이는 무한한 시간을 인생에 덧붙여주기 때문이 아니라, 불멸에 대한 갈망에서 벗어나게 해주기 때문이다.

죽음의 기예

최고선은 영혼 불멸이라는 전제 아래서만
실천적으로 가능하다.
영혼 불멸은 도덕법과 떼어놓을 수 없게 결합된,
순수한 실천이성의 요청이다.

이마누엘 칸트, 《실천이성비판》

헬레니즘 시대와 로마 제정기를 아우르는 후기 고대의 철학이 근대 이후 자연과학과의 대결 속에서 정립된 '학으로서의 철학'과는 달리 실천적 관심에 집중하였으며, 실제 삶에 깊이 착근한 '삶의 기예'이자 '좋은 삶을 위한 수련'이었다는 사실을 20세기 후반 이후 많은 고대철학 연구가들이 주목하였습니다. 이는 천 년이 훌쩍 넘는 시간차에도 오늘날 많은 독자들이 후기 고대철학에 공감하고 호소력을 발견하는 이유입니다.

불안과 욕망과 분노와 같은 삶을 흔드는 원초적인 감정의 격동에 대해 후기 고대철학은 때로는 현대의 심리학보다도 더 근원적이며 효과적인 치료제가 되기도 합니다. 후기 고대철학 중에서도 스토아학파의 사유와 실천은 평정심과 자기 자신의 고유함을 유지하고 복잡한 도시 생활에서 오는 스트레스에 대해 평정심을 얻고자 애쓰는 독자들에게 큰 도움이 됩니다.

스토아철학은 죽음의 문제에 있어서도 깊은 사유로 이끄면서도 삶에 적용되는 실천적인 사고와 태도의 지침을 제시합니다. 죽음이라는 주제가 인간의 가장 근원적인 불안감과 대면하는 것이라는 사실을 생각하면 어쩌면 이는 당연하다고 생각할 수 있습니다. 죽음에 대해서 평상심과 의연함을 유지할 수 있는 마음의 수련이 된 사람이라면, 인생의 여타의 동요에 대해서는 더 쉽게 대처할 수 있을 것이기 때문입니다. 그러기에 스토아학파는 '죽음의 기예'로서의 철학을 추구하였고, 생활에서 실천하였습니다. 이는 플라톤이 《파이돈》에서 제시한 전통을 따른 것이기도 하며, 또한 이후 고대와 중세 그리스도교 문화에서 중요한 역할을 하는 아르스 모리엔디를 위한 직접적 원천이 되기도 합니다.

죽음의 기예로서의 철학을 위한 이론적·심리학적 탐구는 이미 헬레니즘 시대 스토아철학자들에 의해 이루어졌지만, 이를 명료하고 설득력 있는 문장으로 대중화시킨 것은 로마 제정기의 스토아철학자들입니다. 비록 스스로를 스토아철학자로 내세우지는 않았지만, 죽음과 불안, 평정심의 추구라는 주제와 관련해서 스토아철학에 크게 공감했던 키케로는 죽음의 기예를 위해 준거가 되는 빼어난 대화집을 남겼습니다.

그의 다음 세대인 스토아철학자 세네카는 진정으로 죽음의 기예로서의 철학의 모범을 보여줬습니다. 그는 인간적인 약점도 많이 가지고 있었던 사람이지만, 그만큼 현대인들과 공감대를 형성하는 면도 많이 있습니다. 편지와 논설을 통해 표현된 그의 철학은 그 전체가 정치적 영광과 몰락이 스쳐가는 위태로운 삶과 시대를 살면서 '매일의 죽음' 가운데 '별을 추구하는 마음'을 지키며 사는 길이 무엇일까 고민하고 실천한 '죽음의 기예'라고 할 수 있습니다.

끝으로 로마 제정기의 마지막 빛나는 시기를 지탱한 황제 마르쿠스 아우렐리우스는 그의 불멸의 명저《명상록》을 통해 존경받는 스토아철학자로서 역사 안에 자리하게 됩니다. 전쟁의 위기감이 감도는 전장에서 밤마다 적어가는 내면의 성찰은 근본적으로 인간의 유한성과 우주의 무한함, 그리고 죽음 앞에 서 있는 인간 존재에 대한 실천적이면서도 형이상학적인 관조입니다. 때때로 냉정하게도 읽히는 이 글은 죽음을 진지하게 대하는 사유를 인간 영혼에 주는 '영약'으로 느끼게 하는 묘한 위로를 줍니다.

스토아철학과
나의 존재 이해하기

요즈음 고대철학 중에서 유독 스토아철학에 대한 관심이 커지고 있는 것은 흥미로운 현상입니다. 여러 영상이나 강연, 자기계발서에 등장하는 조언들을 가만히 살펴보면 스토아철학자들의 가르침에서 따와서 현대인들의 상황에 적용한 경우들이 많습니다. 모르는 사이에 스토아철학이 일반인들에게도 제법 친숙해진 것을 발견합니다. 근래 들어 스토아철학을 소개하는 책들이 우리말로도 제법 여러 권 소개된 것도 우연이 아니라고 생각합니다. 빠르게 변화하는 사회와 경제 환경 속에서 삶은 점점 더 불확실하고 복잡해집니다. 예전같이 지지해주거나 함께 의논할 가까운 사람들과 맺고 있는 연결망이 튼튼하지도 않습니다. 많은 사람들이 소진과 우울감, 결정 장애, 방향 상실 등에 시달리는 게 이상한 일이 아닙니다. 이런 어려움은 밖에서 닥쳐오는 현실이 버겁고 경쟁은 심해지고 인간관계가 삭막해져서 생기는 것만은 아닙니다. 감정의 혼란과 가치의 충돌 같은 내적인 문제들 역시 큰 원인입니다. 이를 사람들은 자주 '마음'이라는 말로 포괄해서 표현합니다. 우리는 상처 입은 마음을 돌보고 새로운 의욕을 가지고 살아갈 마음의 힘을 키우는 것이 절실한 시대를 살고 있습니다.

스토아철학은 고대철학 중에서 감정을 치유하고 올바른 가치를 선택할 수 있는 판단력을 수련하고 연습하는 데 가장 관심을 두고 체계적으로 접근한 학파라고 할 수 있습니다. 스토아철학자들은 철학의 목적을 삶을 대하는 태도를 변모시키고, 평정平靜하고 적절한 감정 상태를 유지하는 데 두었습니다. 이제 일반인들에게도 익숙해진 상담심리학의 용어인 회복탄력성 역시 근본적으로 스토아철학이 감정과 정서의 치료법으로 철학을 이해하는 것과 통합니다. 스토아철학은 '자기 자신과의 관계'를 올바르게 맺는 법을 매우 세심하고 복합적이면서도, 원리에 입각하여 명료하게 제시합니다. 타인과 맺는 관계가 힘겹거나 주변의 상황과 환경에 좌절하고 무력감을 느낄 때, 그 해결의 시작은 다름 아니라 자신의 마음을 추스르고 감정을 적절히 조율하며 자기 자신의 존재를 제대로 이해하여 자유와 평정이 있는 내면의 공간을 마련하는 데 있다는 깨달음이 스토아철학에 담겨 있습니다.

부동심에 이르기 위해

스토아철학이 권고하는 자유와 평정, 자기 자신을 온전히 찾고자 수련하는 삶에서 죽음이 처음부터 중요한 주제로 떠오른 것은 아닙니다. 그러나 마음을 흔들고 올바로 인식하고 판단하는 것을 어렵게 하는 감정의 동요 등은 그 뿌리를 들여다보면 죽음 앞에서의 불확실성과 불안이 있다는 것을 깨닫게 됩니다. 현대 정신분석학의 개척자 지그문트 프로이트는 인간의 정신병증과 원초적 불안을 연구하면서 인간이 본능적으로 쾌락 원리를 추구할뿐더러 타나토스라고 이름 붙일 수 있는 죽음에 관한 근원적 체험이 '무의식적'으로 인간의 세계관과 행위에 영향을 준다고 말했습니다.

스토아철학은 피상적이 아니라 인간 본성의 차원에서 감정과 격정에서 자유로운 '부동심'(아파테이아)에 이르고자 하기에 죽음을 철학의 주제로 삼고, 그 앞에서 느끼는 감정적 동요를 넘어서려고 하였습니다. 죽음에 대한 이해는 욕망의 대상들에 대하여 거리를 가지고 상대화시킬 수 있는 태도를 가질 수 있게 하고, 집착에서 벗어날 수 있는 가능성을 주기에 격정이라는 감정의 문제를 적절하게 대할 수 있게 합니다. 이처럼 스토아철학의 죽음에 대한 명상은 인간의 심리적 체험에 대한 치유의 차원을 포함하고 있기에 오늘날에도 상담 등을 통해 개인의 트라우마를 치유하는 데 적용될 수 있는 요소를 많이 가지고 있습니다.

스토아철학자 중에서 명시적이고 탁월하게 죽음에 대한 명상을 통해 내면의 자유와 평정을 추구한 이들은 세네카와 마르쿠스 아우렐리우스 황제입니다. 네로의 스승으로 유명한 세네카와 이른바 오현제 시대의 마지막을 장식한 마르쿠스 아우렐리우스는 로마 제정의 철학자들이고 스토아철학의 역사에서는 후기에 속합니다. 후기 고대에서 시작되어 로마 제정기의 마지막 시기까지 이어진 스토아철학은 거의 오백 년에 걸쳐 발전된 학파입니다.

스토아철학과 죽음의 명상을 위한 이론적 기초

스토아철학은 시초부터 헬레니즘 시대의 중심 철학으로 자리 잡았던 것으로 보입니다. 스토아철학의 시조는 키티온의 제논으로 알려져 있습니다. 부유한 상인이었던 그는 아테네에 왔을 때 철학에 매료되어서 다양한 철학을 섭렵하고, 마침내 자신이 직접 아크로폴리스 건너편의 '주랑'(스토아stoa)이 있는 장소에서 강의를 시작합니다. 소크라테스에게 많은 영감을 받은 것으로 알려진 그는 플라톤을 이은 아카데미아학파, 아리스토텔레스를 이은 소요학파와 함께 아테네의 중요학파가 된 '스토아학파'를 이룹니다. 제논의 후계자는 아소스 출신인 클레안테스Cleanthes(기원전 약 331~기원전 약 232)였고, 클레안테스를 이은 후계자인 솔로이의 크리시포스Chrysippos(기원전 약 279~기원전 약 206)로부터 스토아철학은 비로소 플라톤학파와 아리스토텔레스학파와 견줄 만한 철학의 체계와 독자적 학설, 논리적 논증 등을 갖추게 됩니다. 이후 로도스의 파나이티오스Panaitios(기원전 약 180~기원전 약 109)와 아파데이아의 포세이도니오스Poseidonios(기원전 약 135~기원전 51)가 대표하는 중기 스토아철학은 로마인들의 사상에도 지대한 영향을 미치게 됩니다. 그들은 감정에 대해 세밀한 분석을 하면서, 평정심과 도덕적 판단과 행위를 흐리게 하는 격정과 불안 같은 감정들을 '치유'하는 수준 높은 철학적 방법들을 모색했는데, 로마 제정기의 후기 스토아철학자들이 죽음에 대한 명상을 수행하는 데 이론적 기초가 됩니다.

스토아철학의 우주론

스토아철학은 그 철학 체계를 논리학, 자연학, 윤리학으로 나누고 있습니다. 어떠한 상황에서도 평정심을 유지하는 데 있어 철학은 결정적인 역할을 하며, 윤리학만이 아니라 논리학과 자연학 역시 필요하기 때문입니다. 스토아철학이 궁극적으로는 실천에 관심을 가지고 있었고, 전해지고 있는 초기와 중기 스토아철학의 내용 역시 윤리학적인 가르침이 많지만 스토아학파는 예리하게 논리학을 발전시켰고 매우 방대하고 심오한 자연학의 체계를 건설했다는 것을 잊어서는 안 됩니다. 이는 논리학을 통한 정신 훈련과 영혼과 우주를 포괄하는 자연학 지식들이 감정을 다스리는 데 있어 필수적인 기초가 된다고 생각했기 때문입니다.

스토아철학자들은 플라톤과 아리스토텔레스만이 아니라 초기 자연철학자들의 사유에서도 영향을 많이 받은 것으로 보입니다. 특히 엠페도클레스와 헤라클레이토스의 흔적을 볼 수 있습니다. 스토아철학의 우주론은 로고스(세계이성)와 프네우마pneuma(영혼)가 중심이 됩니다. 엠페도클레스의 선례를 따라 세계를 네 개의 원소인 불, 공기, 물, 흙으로 구성된 것으로 보며, 물과 흙은 수동적 원리로, 불과 공기는 능동적 원리로 명명합니다. 능동적 원리인 불과 공기는 로고스가 지배하는 영혼을 낳고 물과 흙은 로고스가 작용하지 않는 영혼의 영역에 속합니다. 이는 '자연스러운 것'을 따르는 것이 올바르다고 말하면서도, 인간에게는 욕망과 감정에 자연스러운 것만이 아니라 이성에 자연스러운 것이 있으며, 이성을 따르는 것이야말로 인간에게 고유한 것이라 말할 수 있는 이론적 기초가 됩니다.

스토아철학자들은 헤라클레이토스 우주론에서의 로고스 역할을 이어받았고, 또한 헤라클레이토스와 마찬가지로 불이 세상을 주재하면서 파괴하는 원리라고 강조하면서, 세계의 주기적 파괴와 창조를 통한 '영원 회귀'를 말합니다. 한편, 인간의 영혼은 육신의 죽음과 함께 불 또는 빛과 일체가 된다는 견해를 취하며, 개별적 영혼의 불멸에 대해 믿지 않습니다. 또한 우주적 이성 역시 초월적으로 이해하는 것이 아니라 세계 안에서 작용하는 원리로 규정하면서 범신론의 시작이 됩니다.

스토아철학의 우주론은 윤리학에 비해서 일반적으로는 자주 논의되지 않습니다. 하지만 도덕적 선의 실천을 인생의 최종 목적으로 확고하게 규정하는 데까지 도달하게 되는 심리적·정신적 도야의 과정에서는 세계와 운명에 대한 명상이 중요한 역할을 합니다. 이는 죽음의 문제에 있어서도 마찬가지입니다. 마르쿠스 아우렐리우스의 죽음에 대한 명상들을 깊이 살펴보면, 초기 스토아철학에서 정립된 우주관이 얼마나 큰 영향을 미치고 있는지를 생생하게 느끼게 됩니다. 스토아철학을 통해 죽음에 대한 이해와 세계관의 관계에 대해 깊이 생각해보게 됩니다.

키케로와
철학의 위안

후기 고대철학자들은 철학을 순수하게 이론적이고 학술적인 연구 활동이라고 생각하지 않았습니다. 철학은 좋은 삶에 어울리는 삶의 방식이자 기예이며, 좋은 삶의 요체인 지혜와 현명함과 덕을 습득하기 위한 수양이고 연습이었습니다. 그들은 현명하고 덕에 따라 행동하는 좋은 삶을 가로막는 가장 큰 '영혼의 병'을 격정과 근심을 야기하는 억견, 곧 잘못된 믿음에서 찾았는데, 철학을 한다는 것은 이에 대한 '치료'의 과정이었습니다. 이들 역시 철학이 여가에 가장 잘 어울리는 자유롭고 정신적인 즐거움을 주는 활동이자 가장 고귀한 정신적 즐거움을 주는 도락이라고 주장하는 아리스토텔레스의 전통을 거부하지는 않았지만, 보다 실천적으로 철학을 이해했습니다. 철학은 이제 난관 속에서도 존엄을 지키며 살아가는 쉽지 않은 삶의 과제를 위한 실제적이고 필수적인 지식이 자, 슬픔과 고통에 가장 적절한 '위로'를 주는 인생의 동반자여야 했습니다.

'철학적 위로'는 후기 고대에서 시작하여, 중세까지 많은 이들에게 끊임없이 사랑받았던 가장 대중적인 철학 저술의 형식이라 할 수 있습니다. 철학이 주는 위로를 아는 이들은 '운명의 타격'에서도 의연하게 인간적 품위를 지키는 힘을 철학 안에서 찾을 수 있었으며, 인간 존재와 삶에 대한 근원적 신뢰를 지닐 수 있었습니다. 철학사에서 가장 유명한 철학적 위로이자 이러한 철학 양식의 원형으로 언급되는 저서는 보에티우스Boëthius(약 480~524)의 《철학의 위안》입니다.

보에티우스는 로마가 몰락하고 고트족이 서유럽을 장악하던 격동의 시대에 '최후의 로마인'으로 불리며 후기 고대의 교양과 학문을 대표하던 인물이었습니다. 그는 아리스토텔레스 논리학의 기본 개념과 범주들을 서유럽에 소개한 사람이자, '인격'이라는 중요한 개념에 대한 철학의 역사를 시작한 인물이기도 합니다. 보에티우스는 동고트족 테오도리쿠스 왕에게 발탁되어 젊은 나이에 재상에 오르지만, 왕실의 음모에 휘말리는 바람에 정치적으로 몰락하여 투옥되고 처형되는 운명을 맞습니다.

그가 처형을 기다리며 감옥에서 쓴 책이 《철학의 위안》입니다. 분노와 불안과 허무로 낙담한 그에게 '철학의 여신'이 찾아와 그가 평생 익힌 철학 안에서 위로와 용기를 얻도록 일깨우고 인도하는 대화편의 형식으로 쓰여진 이 책에서 보에티우스는 철학의 여신과 치료로서의 철학의 의미와 최고선, 신의 섭리에 대해 토론하고 배우며 무너졌던 마음과 정신을 점차로 회복합니다. 지성과 덕성으로 칭송받고 고위직의 권력과 영광까지 얻었던 인물이 한순간에 몰락하여 이제 사형수로서 죽음을 목전에 둔 처지가 된 보에티우스의 극적인 상황, 그럼에도 그 가운데 철학이 주는 위로를 통해 인격적 존엄을 새롭게 발견하는 감동적인 반전, 높고 풍부한 철학적 식견과 유려한 문체, 가톨릭 정통 신앙에 충실한 그리스도인으로 알려진 보에티우스의 신학적 입장 등이 합쳐져서 중세 그리스도교 신학자와 철학자들에게 《철학의 위안》은 가장 사랑받고 중요하게 여겨지던 후기 고대의 철학서 중 하나였습니다.

고대철학이 철학을 진정한 위로를 주는 원천으로 이해한 것은 근대 이후 잊혀진 철학의 소중한 전통이며, 오늘날 고대철학이 다시금 재발견되고 높이 평가되는 이유이기도 합니다. 보에티우스가 전하는 철학적 위로는 죽음이라는 인간 존재를 뒤흔드는 주제를 대면하고 그 의미를 실존적이면서도 온전하게 살피는 데 있어 철학이 얼마나 유용한지 생생하게 깨닫게 합니다. 그런데 철학사에서 철학적 위로의 계보를 따라가보면, 보에티우스의 《철학의 위안》에 비해 널리 알려져 있지 않지만, 그에 못지않은 저서를 만나게 됩니다. 그보다 훨씬 이른 시기에 쓰여진 키케로의 《투스쿨룸 대화》입니다.

키케로의 삶과 사유의 여정

마르쿠스 툴리우스 키케로Marcus Tulius Cicero(기원전 106~기원전 43)를 철학자로 언급하는 것은 좀 의외일 수 있습니다. 로마 역사에 조금만 관심 있는 사람이라면 대개 카이사르의 집권으로 결말에 이른 카이사르, 폼페이우스, 크라수스의 1차 삼두 정치와 카이사르의 암살 이후 브루투스, 안토니우스, 레피두스가 결성한 2차 삼두 정치를 거쳐 마침내 옥타비아누스가 최종 승자로서 아우구스투스라는 이름으로 황제(카이사르)의 자리에 올라 로마 제정을 시작하게 되는 격동의 시기에 일관되게 공화정과 원로원의 입장을 옹호하다 결국 살해당한 비운의 정치가로 키케로를 알고 있을 것입니다.

또한 귀족 출신이 아닌 그가 정치인으로서 화려한 공적 경력을 이룰 수 있었던 것은 법률가이자 연설가로 얻은 명성이 결정적이었으며 그의 명문장들이 카이사르의《갈리아 전기》와 함께 고전 라틴어의 모범으로 꼽힌다는 것도 잘 알려진 사실입니다. 하지만 정치가이자 연설가로서의 키케로 당대의 영향력보다 후대인들의 관점에서 더 중요한 것은 그가 '여가'의 시간에 이룬 학문적이고 문화적인 업적이라 하겠습니다.

키케로는 라틴 세계의 정신적, 인문학적 수준을 그리스 문화에 필적하는 성숙한 차원에 오르게 하는 데 기초를 놓았습니다. 그의 저서들은 라틴어 문화권에서 긴 세월 동안 교양 그 자체로 인정받았고 역사적 의미를 넘어서 오늘날까지 여전히 라틴 고전 문학과 사상의 정수로 남아 있습니다. 그는 뛰어난 연설과 명문장을 남기고 정치사를 증언한 저술가를 넘어 아마도 처음으로 등장한 '로마인' 철학자였습니다.

키케로는 평생 동안 철학에 대해 강한 열정을 가지고 있었고, 로마인들이 자신들의 언어인 라틴어로 그리스 철학 수준에 버금가는 훌륭한 철학적 작업을 해내도록 촉구하고 스스로 많은 노력을 기울였습니다. 그러나 동시에 정치가로서의 역할이 자신의 주된 소명이라는 것에 대해 확신했기에 현실 정치에 깊이 관여한 시기에는 철학에 전념할 시간을 가질 수 없었습니다. 그래서 철학자로서의 황금기는 그가 정치인으로서 불우한 시기에야 꽃필 수 있었습니다. 그의 주요 철학 저서들은 그가 정치 일선에서 밀려난 두 번의 시기에 집중적으로 쓰였습니다.

먼저 기원전 50년대 중반부터 초반까지 그는 중요한 저서인 《공화국》, 《법률론》, 《연설가론》 등을 완성합니다. 이 시기의 저서를 보면 아직 관심사가 정치철학과 정치와 직접적 관련이 있는 수사학 이론에 경도되어 있는 것을 볼 수 있습니다. 이후 키케로에게 사실상 정계를 은퇴해야 하는 시기가 찾아옵니다. 카이사르, 폼페이우스, 크라수스의 삼두 정치 와중에 그는 카이사르의 요청에도 불구하고 폼페이우스의 편에 섰는데, 결국 카이사르가 절대 권력을 차지하고 폼페이우스는 비참하게 목숨을 잃는 것으로 정치적 혼란기는 마무리됩니다. 평소 키케로의 문장을 높이 평가한 카이사르가 관용을 베풀어 키케로를 로마에 거처할 수 있게 했지만, 그의 정치적 역할은 더 이상 기대하기 어렵게 되었습니다.

그때부터 키케로는 자신의 투스쿨룸 별장에서 철학 저술에 몰두하기 시작합니다. 기원전 46년에서 44년에 걸친 이 시기에 키케로는 당대 철학 사조를 정리하고 평가하거나 철학의 가치와 유용성을 널리 알리고 권유하는, 순수하게 철학적인 주제의 여러 책을 씁니다. 그리고 그를 윤리학사에 남게 한 윤리학의 주저들 역시 이 시기에 완성합니다. 한편으로는 노년의 삶이나 우정의 문제들처럼 인생을 잘 살아가는 데 필요한 크고 작은 주제들에 대한 인상적인 철학적 조언을 남기고 있는데, 여기에는 그가 인생의 말년을 맞은 이 시기에 정치적·개인적으로 겪어야 했던 여러 고통과 고민들이 잘 녹아 있어서 현대의 독자들에게까지도 큰 공감을 줍니다.

기원전 44년 카이사르가 암살된 후, 새로운 삼두 정치가 시작되는 시기에 키케로는 옥타비아누스를 끌어들여 공화정의 복원을 꿈꾸고, 카이사르의 자리를 차지하려는 안토니우스를 탄핵하

려 시도했지만, 기원전 43년 삼두 정치의 한 축이자 그의 정적이었
던 안토니우스에 의해 죽임을 당합니다. 옥타비아누스 역시 이를
묵인한 것으로 알려져 있습니다.

사유를 통한 고난과 죽음의 연습: 키케로의 《투스쿨룸 대화》

《투스쿨룸 대화》는 키케로의 말년이자 철학적으로 가장 풍
성했던 시기에 쓰인 작품입니다. 키케로는 철학을 '올바르게 사는
법'에 관한 모든 것을 다루는 활동이라 정의하며 글을 시작합니다.
그리고 그리스 철학자들의 모범을 따라 그의 투스쿨룸 별장에서
여가를 향유하는 가장 아름다운 방식인 철학의 대화를 스승과 제
자가 다섯 번에 걸쳐 나누었고 이를 기록한 것이 이 책이라고 밝
히고 있습니다. 이는 물론 가상의 대화이며 플라톤 이래의 전통에
서 철학적인 깨달음에 가장 적합한 문학 형식으로 인정받은 '대화'
를 통해 독자가 인생에서 겪는 고통과 불안에 대해 철학이 줄 수
있는 위로를 발견하게 하고, 무엇보다 덕에 따른 삶을 예찬합니다.
첫 번째 대화에서 곧바로 죽음과 영혼의 문제를 다루고 있는
데, 가히 고대철학의 대가들이 다룬 주제들의 종합이라고 할 만
합니다. 여기에는 플라톤과 아카데미아, 아리스토텔레스와 소요

학파, 에피쿠로스학파와 스토아학파까지 등장하여 키케로의 폭넓고 정확한 철학적 식견을 볼 수 있습니다. 키케로는 이미《공화국》에 실린 유명한 〈스키피오의 꿈〉이라는 장에서 죽음 이후 의인들이 누리는 불멸의 영원한 세계에 대한 희망을 아름답게 묘사한 적이 있습니다. 하지만 여기에서 죽은 후 불멸한 영혼의 여정은 여전히 '정의로운 국가'라는 정치철학의 주제를 탐구하기 위한 문학적 장치라는 인상을 줍니다. 키케로는《투스쿨룸 대화》에서야 본격적으로 각 개인에게 있어 덕스럽고 좋은 삶을 살도록 인도하는 윤리학의 맥락에서 죽음이 가진 의미를 실존적이면서도 보편적으로 논합니다.

첫 번째 대화의 시작에서는 '죽음은 악이 아니다'라고 선언하며 이를 설득하고자 합니다. 학생은 스승과 죽음에 대해 길고 철저하게 대화를 이어가며 마침내 죽음이 악이 아니라는 것에 동의하게 됩니다. 이 대화는 논증적이고 이성적인 차원, 철학사의 다양한 견해들의 고찰일 뿐 아니라 각 개인의 내면에 자리한 본성에 따른 갈망과 희망까지도 포괄하고 있습니다. 이 대화는 죽음을 생각할 때 갖게 되는 불안과 허무, 두려움과 낙담이 인생에 끼치는 부정적인 감정에서 자유로울 수 있는 길을 모색하는 치유와 위로의 여정이라 할 수 있습니다. 그리고 죽음에 대해서 진지하게 숙고하기 위해서는 영혼이 무엇인가를 물어야 한다는 점이 분명하게 언급되어 있는 것도 주목할 필요가 있습니다.

철학적으로 《투스쿨룸 대화》가 흥미로운 것은 키케로가 여러 고대철학의 견해들을 비판적이면서도 긍정적으로 경청하고 있으며, 어떤 특정 학파에 경도되는 것이 아니라, 자신의 고유한 방식으로 종합하고 있다는 사실입니다. 그는 자신이 속한 아카데미아학파의 회의론에 충실하여, 영혼과 죽음에 대한 여러 철학적 논증들이 전적으로 확고한 것이 아니라 개연적이며, 그 논증들이 갖는 설득력은 한계가 있다는 것을 전제하면서도 자신이 플라톤에게 깊이 감화를 받아, 플라톤이 말하는 죽은 후의 영혼의 복된 불멸에 동감하고 있다는 것을 숨기지 않습니다. 그러면서도 플라톤이 기꺼이 원용하였던 죽은 후의 영혼이 만나게 되는 세계에 대한 신화적 진술들엔 거리를 두고 있습니다. 키케로는 죽은 후의 영혼의 소멸이나 불멸 모두 철학적으로 완전하게 논증할 수는 없지만 인간의 깊은 갈망이나 존중할 만한 장례와 추모의 풍습, 국가를 위해 자신의 목숨을 아낌없이 희생하는 이들의 의연함 등에서 영혼이 불멸한다는 견해가 더 설득력을 가지고 있다고 밝힙니다.

그러나 동시에 죽음이 악이 아니라는 사실이 영혼의 불멸에 전적으로 종속되는 철학적 직관이 아니라는 것을 분명하게 합니다. 그는 영혼은 육신의 죽음과 함께 해체되거나, 개인의 영혼은 육신과 분리되어 어느 정도 존립하지만 결국은 시간이 지나면 소멸된다는 에피쿠로스학파와 스토아학파의 보다 '자연주의적'인 영혼에 대한 견해 역시 개연성이 있다고 인정합니다. 그리고 플라톤과는 다르게 영혼이 불멸하지 않는다는 견해를 갖고 있더라도, 죽음이 결코 악이 아니라는 확신에 이를 수 있음을 그들의 철학을 통해 보여줍니다. 영혼이 소멸된다고 한다면 이는 육체의 죽음 이후 죽음은 더 이상은 인간이 감각할 수 있는 차원이 아니므로 어떤 고통도 겪게 되는 것이 아니고, 악도 아니라는 에피쿠로스학파의 주장과 덕스러운 삶이야말로 행복과 최고선 자체이며 죽음이 이를 훼손할 수 없다는 스토아학파의 가르침을 이러한 차원에서 자세하게 살펴보고 있습니다.

키케로의 죽음과 영혼에 대한 철학은 소크라테스가 보여준 죽음에 대한 의연한 태도와 신에 대한 신뢰와 희망, 영혼 불멸과 의인의 영원한 행복에 대한 플라톤의 확신에 기초하고 있다고 할 수 있습니다. 죽음에 대한 이러한 관점은 키케로에게 단순히 철학적 학설이 아니라 그의 실천적 삶을 이끄는 실존적 자세가 되고 있으며, 죽음의 연습은 키케로에게도 철학의 본질입니다. 그러나 그는 여기에 후기 고대철학의 주요 학파인 에피쿠로스학파, 스토아학파, 아카데미아학파 모두가 지향하는 '평정심'을 위한 철학적 기예들을 죽음에 대한 태도와 연결시키고 있습니다.

《투스쿨룸 대화》에서 죽음 앞에서 올바른 태도를 취하는 것은 덕에 따른 삶을 사는 것과 상관되어 있습니다. 대화편의 마지막 다섯 번째 대화는 '덕을 갖춘 사람은 행복하다'라는 주제를 논의합니다. 그리고 덕을 가로막는 상심과 격정은 잘못된 이해와 인식인 억견에서 유래하였다는 것이 그 사이 대화들의 주요 주제입니다. 억견에서 벗어나 악이나 해로움이 아니라 인간에게 자연스러운 것이자 신이 허락했을 때는 선물이기도 한 '좋음'으로 죽음에 대한 인식을 옮겨가도록 용기를 주고 위로를 주는 것이 철학적 대화의 목적이라 할 수 있습니다. 이는 학문적 논증이 아니라 초대로 보입니다. 그러기에 여기서 전개되는 철학의 대화들은 학생들에게 전달하기 위한 목적을 넘어, 이제 가까운 많은 이들의 죽음으로 슬픔과 아픔을 겪고 지친 키케로가 무엇보다 자신 스스로를 위로하고 삶의 의미에 대해 확신을 주기 위한 '위로의 책'으로 썼다는 인상을 줍니다.

노년의 삶은 결코 불행하지 않다

《투스쿨룸 대화》와 함께 죽음에 대한 키케로의 인상적인 저술은 이보다 더 나중에 쓰인 《노老 카토 노년론》입니다. 그의 절친한 친구 아티쿠스에게 헌정된 이 저서는 짧지만 노년에 대한 역사상 가장 유명한 책 중 하나입니다. 그리고 이 책의 마지막 부분은 아마도 노년에 맞는 죽음에 대해 예찬하는 가장 아름다운 글 중 하나라 평가할 수 있을 것입니다. 노년에 이른 카토가 젊은 라일리우스와 스키피오와 대화하며 노년의 삶이 결코 불행한 것이 아니라는 점을 깨우치는 구조로 되어 있습니다. 역시 가상의 대화를 통해 여러 철학적인 주제들이 논해지지만,《투스쿨룸 대화》에 비해 철학사의 이론들보다는 훨씬 더 친숙한 일상의 경험과 사람들의 일반적 상식, 옛 사람들의 고사가 많이 언급되고 있습니다.

이 책에서 죽음과 관련해 잘 음미할 만한 내용은 죽음을 자연스럽게 받아들이라는 권고입니다. 많은 이에게 노년은 죽음이 어느 정도 자연스럽게 다가오는 시기이기에, 키케로는 노년의 삶을 논하고 죽음을 대하는 바른 태도를 일깨우면서 사실 인생에서 죽음 자체가 근본적으로는 자연적인 것이라는 인생의 진리를 조용히 깨우치고 있습니다. 그는 '다 무르익은 사과가 저절로 떨어지는 것처럼' 노인은 다 익어 삶을 마치게 되는 것이고, 죽음에 다가가는 것은 긴 항해를 마치고 마침내 항구에 들어서는 것이며 그러기에 심지어 '즐거운' 일이라고 쓰고 있습니다.

그러나 동시에 생의 마지막까지 노년이라 할지라도 생에 집착하지는 않되, 죽음을 가볍게 여기지 말고 자신의 의무와 과업에 충실한 것이 좋은 삶이라고 권고하기도 합니다.《투스쿨룸 대화》에서와 마찬가지로 여기서도 자신이 영혼 불멸에 대한 희망을 간직하고 있다는 것을 밝히고 있습니다. 카토의 입을 통해 키케로가 《노老 카토 노년론》 마지막 장에서 밝히는 생각은 키케로가 죽음에 대해 가장 깊이 간직한 확신이라 할 수 있을 것입니다.

만일 내가 인간의 영혼이 불멸한다는 것을 믿는 것이 오류였
다면, 나는 기꺼이 오류를 택하겠고, 내가 살아갈 때 나를 기쁘
게 하는 이 오류를 나에게서 제거하기를 바라지 않는다네. 그
러나 만일 어떤 하찮은 철학자들이 생각하듯 내가 죽으면 아
무것도 느끼지 못한다 해도, 나는 죽은 철학자들이 나를 비웃
는 게 두렵지 않네. 우리가 불멸의 존재가 아니라면, 각자에게
적절한 때에 소멸하는 것은 바람직한 일이겠지.

세네카, 혹독한 시대에
평정심 유지하기

철학자를 주제로 한 대가들의 미술 작품 중 대표적인 걸작은 바티칸의 시스티나 성당에 있는 라파엘로의 〈아테네 학당〉(1509~1511)입니다. 웅장하면서도 균형미가 빼어난 이 작품에는 철학의 시원이 된 자연철학자들에서 시작하여, 헤라클레이토스와 파르메니데스, 소크라테스 그리고 에피쿠로스와 제논 등 헬레니즘 시대의 철학자들까지 주요 그리스 철학자들이 회랑과 계단 등 곳곳에 자리해서 사유에 몰두하거나 제자들과 철학을 논하는 모습들이 생생하게 표현되어 있습니다. 그 중심에는 함께 대화를 나누며 학당 건물 한가운데를 여유 있게 걸어나오는 플라톤과 아리스토텔레스가 있습니다. 우주의 생성, 형태, 수학적 구성 원리를 주제로 삼고 있는 자신의 대화편 《티마이오스》를 한 손에 들고 다른 한 손의

검지로 하늘을 가리키는 플라톤과 행복과 덕을 비롯한 인간사의 철학을 탐구하는 《니코마코스 윤리학》을 들고는 플라톤과는 달리 손바닥이 땅을 향하고 있는 아리스토텔레스의 모습은 초월과 경험이라는 두 사람의 서로 다른 철학의 기본 방향을 구현합니다. 사실 두 철학자들에 대한 대중의 일반적인 인식이 많은 부분 여기에서 유래했다 할 만큼 라파엘로의 작품은 후대에 큰 영향을 미쳤습니다. 라파엘로는 탁월한 예술적 기법으로 르네상스 시대 말기를 대표하는 미술사의 명작을 선사했을뿐더러, 그리스 철학자에 관심 있는 이들이라면 흥미롭고 꼼꼼히 살펴볼 가치가 있는 철학의 도상학에 도달했다고 할 수 있습니다. 무엇보다도 철학자란 누구인가라는 질문에 대해 시각적으로 확고하게 플라톤과 아리스토텔레스를 그 전형으로 제시했습니다.

플라톤과 아리스토텔레스 이상으로 철학자의 초상 자체로 받아들여지는 인물을 들자면 당연히 소크라테스일 것입니다. 프랑스 대혁명 시기 파란만장한 삶을 산 화가이자 신고전주의를 대표하는 자크-루이 다비드의 〈소크라테스의 죽음〉역시 라파엘로의 〈아테네 학당〉과 함께 철학자를 주제로 삼고 있는 대표적인 작품입니다. 다비드는 플라톤의 대화편 《파이돈》의 묘사를 따라 독배를 마시고 세상을 떠나는 소크라테스를 주제로 한 압도적이며 인상적인 작품을 남겼습니다. 그림의 중앙에 영웅적으로 묘사된 소크라테스의 자세와 표정에서 죽음 앞에서도 당당했던 소크라

라파엘로의 〈아테네 학당〉에서 중심에 자리한 플라톤과 아리스토텔레스. 두 사람의 철학
이 나아가는 방향처럼 플라톤의 손가락은 하늘을 가리키고 있고, 아리스토텔레스의 손바
닥은 땅을 향하고 있다.

테스의 크고 높은 인격이 잘 느껴집니다. 주변의 슬퍼하며 눈물을 흘리는 제자들을 통해 죽음이 인간에게 얼마나 큰 상실을 주는지 그 인간적인 측면 역시 간과하고 있지 않습니다만, 전반적으로는 비통함보다는 용기와 희망적 분위기가 그림을 채우고 있습니다.

루키우스 안나이우스 세네카Lucius Annaeus Seneca(기원전 약 4~기원후 65)는 소크라테스, 플라톤, 아리스토텔레스 반열의 위대한 철학자는 아니지만, 그들과는 조금 다른 의미로 고대부터 근대까지 철학자의 표상으로 역사 안에 각인되어 있습니다. 그를 그린 바로크 시대 미술의 위대한 거장 루벤스의 〈세네카의 죽음〉 역시 라파엘로와 다비드의 작품만큼 유명하지는 않지만, 철학자를 그린 회화를 꼽을 때 빼놓을 수 없는 명화입니다. 루벤스는 로마 여행 때 유명한 빌라 보르게세에서 당시 세네카의 흉상으로 잘못 전해졌던 로마 시대 조각을 보고 깊은 인상을 받아 이 작품을 그렸다고 전해집니다. 그가 자신의 조국인 네덜란드의 철학자들을 그린 작품에도 이 세네카 흉상이 배경으로 등장합니다. 아마 그에게는 세네카야말로 철학자의 모범으로 다가왔던 것 같습니다.

루벤스는 세네카가 네로에게서 자결하라는 명령을 받고 세상을 떠나는 마지막 장면을 격정적이고 장엄하게 그려냅니다. 소크라테스의 죽음과 같은 주제이지만, 훨씬 더 비장한 느낌입니다. 튀어나올 듯 묘사된 세네카의 몸 근육에는 힘과 고통이 함께 꿈틀대는 듯하고, 그를 둘러싼 군인들의 모습은 폭군의 강요에 의한

자크-루이 다비드의 〈소크라테스의 죽음〉(왼쪽)과 페테르 파울 루벤스의 〈세네카의 죽음〉
(오른쪽). 두 작품 모두 죽음 앞에서 의연한 철학자의 모습을 그렸다.

죽음이 가져오는 폭력성을 보여주는 듯합니다. 세네카의 얼굴에는 흔들리지 않는 강한 의지와 인내가 잘 표현되어 있지만, 다비드가 그려냈던 소크라테스의 죽음 자리에서 느낄 수 있었던 평화나 초탈함에 비한다면 여기에는 인간사의 비극성과 한 인간의 내면적 위대함이 충돌하는 격렬한 투쟁이 지배적입니다. 타키투스의《연대기》같은 사료에서 확인하게 되듯 세네카는 소크라테스의 죽음을 평생에 걸쳐 모범으로 삼았고, 마지막 순간에 자신도 이를 재현하고자 하였지만, 실제로 죽음의 과정은 물리적으로 그리 쉽지 않았고 길고도 고통스런 시간이었습니다. 그렇지만 최선을 다해서 자신이 다짐하고 가르쳐온 것처럼 철학자에게 어울리는 품위를 가지고 죽음을 맞이하려 애썼던 것으로 보입니다.

빛과 그림자가 공존하는 삶

세네카는 오늘날에도 덕을 익히고 자신을 성찰하는 데에 인생의 가장 중요한 가치를 둔 스토아철학을 상징하는 인물로 남아 있습니다. 그는 스토아철학의 기본 원리를 일상에 적용할 수 있는 권고와 위로를 담은 유려한 저서들을 많이 남겼고, 이를 통해 로마 시대 이후 스토아철학이 대중적이게 되는 데 누구보다도 큰 기여를 하였습니다. 그에 비하여, 그의 삶과 됨됨이에 대해서는 그의 당대에 많은 논란이 있었습니다. 세네카에 대한 평가는 폭군에 의해 죽음을 강요당한 철학적 '순교자'에서부터 철학자답지 않게 입신양명에 몰두하고 많은 재산을 소유했던 '위선자'에 이르기까지 심하게 엇갈립니다. 철학자로서 일찍부터 존경을 받기도 했지만 권력의 중심에 있었던 그의 일생과 행복에 있어서 오직 덕만이 필요하다는 스토아철학의 가르침에 충실한 그의 저술들은 서로 모순처럼 보이기도 합니다.

현대에 들어 역사학이 발전하면서 자연스럽게 여러 역사학자들은 보다 더 비판적으로 그에 대해 조명하였습니다. 연구자들이나 여러 저자들은 때로는 세네카의 사생활에 관한 오래된 의혹과 함께 정치적 기회주의, 과시적 태도들을 강조하기도 하고, 그의 철학적 서간들 행간의 정치적 의도나 자기 정당화의 시도들을 파고들기도 합니다. 하지만 그가 평생에 걸쳐 절제된 삶의 태도를 유지하기 위해 애썼고, 당시 로마 황실과 귀족 사이에 만연한 과한 향연과 육체적 쾌락의 추구를 경멸하며 거리를 둔 것은 사실이었습니다. 또한 그가 진심으로 철학에 몰두하고 자신이 깨달은 철학을 실천하려 노력한 것 역시 의심할 필요는 없을 것입니다.

세네카는 그의 형처럼 공직에 종사하는 데만 전적으로 투신한 것은 아니었습니다. 그렇다고 그의 동생처럼 아예 정치에 나서지 않고 낙향하여 가정을 돌보고 철학을 벗 삼아 조용한 삶을 사는 것을 선택하지도 않았습니다. 그는 정치 활동과 철학 탐구를 모두 중요하게 여기고 조화시키려 했습니다. 철학자이면서 세속에서의 활동에도 적극적으로 참여한 세네카의 생애에는 여러 비판받을 행적이 있었던 것이 사실입니다. 그러나 세네카의 인간적 약점을 굳이 미화하지 않는다 해도 그가 철학적 도야와 세속적 성공을 동시에 추구하며 빚어낸 빛과 그림자는 오히려 우리 시대의 독자에게 철학자 세네카를 더 흥미롭고 공감하게 하는 인물로 만드는 면이 있습니다.

세네카는 그리스 스토아철학을 무비판적이지는 않지만 전폭적으로 받아들였고 스스로를 스토아철학자로 이해했습니다. 하지만 그의 글을 읽다 보면, 그는 세상의 재화와 명성에 무관심하며 감정에서 자유로운 평정과 초탈에 도달한 사람으로서 우리에게 스토아철학의 덕목을 권고하는 것이 아니라, 이를 위해 끊임없이 애쓰고 투쟁하는 사람으로서 격려하고 함께 위로를 나누는 것 같은 인상을 받게 됩니다. 그는 철학이 치유이자 치료의 의미를 가지고 있다는 그리스 스토아철학의 통찰에 누구보다도 깊이 공감하고 이를 철학의 방법으로 삼고자 했습니다. 이는 그가 인간의 삶이 그만큼 복잡하고 힘겨우며 뜻대로 되지 않는다는 것을 경험했기 때문일 것입니다.

위태로운 시대를 사는 철학자의 길

세네카는 로마 제정 초창기 음모와 혼란이 일상이었던 로마 황실의 한복판에서 정치인의 삶을 살았습니다. 티베리우스, 가이우스(칼리굴라), 클라우디우스, 네로로 이어지는 폭력적이고 혹독한 시대에 주목받는 자리에서 정치인으로 살아간다는 것은 마치 외줄타기를 하듯 위태로운 일이었다는 것은 쉽게 짐작할 수 있을 것입니다.

그는 로마 원로원을 기반으로 한 중앙 귀족 집안은 아니었지만 큰 재산을 지닌 지금의 스페인 코르도바 지방의 부유한 기사 계급 출신이었습니다. 그의 아버지 노老 세네카는 당대의 뛰어난 수사학자이기도 해서 세네카를 일찍부터 로마로 보내 수사학과 여러 교양 학문에 대한 훌륭한 교육을 받게 했습니다. 세네카에게는 젊은 시절부터 로마 정치계의 힘 있는 후원자들이 있었고, 그중에는 황제의 친척인 유력한 여인들도 있었습니다. 이는 그의 정치 역정을 파란만장하게 한 이유가 되기도 합니다. 세네카는 그중 가장 중요한 후원자 중 한 명이었던 네로의 어머니 아그리피나에 의해 네로의 스승으로 임명되었고, 네로의 집권 초기에는 정치적으로 가장 큰 영향력을 끼치는 인물이기도 했습니다. 네로가 아그리피나마저 살해하고 폭정에 빠져들었을 때 세네카는 여러 번 청한 끝에 황실에서 물러나 두문불출하는 은거의 삶을 살며 철학 저술에 몰두합니다.

하지만 네로가 결국 세네카에게 죽음을 명하는 것은 세네카의 정치적 위상을 잘 보여줍니다. 세네카의 재산이 황제를 능가한다는 소문은 그를 모함하기 위한 과장된 내용이겠지만, 그가 매우 부유했던 것은 사실이었습니다. 그는 재산에 대해 일관되게 '무관심'이라는 철학자로서 합당한 태도를 가졌다고 하지만, 다른 사람들의 눈에는 위선으로 보일 수 있었을 것입니다. 세네카는 철학 수련에 대한 열망을 가지고 있으면서도 세상 안에서의 공적인 지위와 업적에 대한 인정욕구를 포기하지 못하는 인간적인 모순을 생의 마지막까지 가지고 살아갔다고 할 수 있습니다. 모순과 역설과 불일치가 자주 보이는 삶이지만, 그만큼 끊임없이 노력한 삶이기도 합니다.

세네카의 글들이 철학사에 관심 있는 사람뿐 아니라 많은 이들에게 위로이자 경종이 된 것은 무엇보다 평생에 걸쳐 그가 죽음에 대해 사유했기 때문입니다. 권력과 명성과 부의 정점에서도 철학적 탐구와 도야에 게으르지 않았던 것은 죽음을 배우며 가까이하는 것이 그에게 삶의 방식이었기 때문이었을 것입니다. 그는 어린 시절 천식에 시달리며 죽음의 고비를 넘기고 긴 시간 이집트에서 요양을 해야 했습니다. 칼리굴라의 치세하에서는 그의 수사학적 재능을 질투한 황제에 의해 처형 직전까지 갔다가 건강이 안 좋으니 오래 살지 못할 것이라는 주변의 만류로 목숨을 건지기도 했습니다. 이후 클라우디우스 황제 시절에는 황실의 음모에 말려들어 수년간 코르시카에 유배돼 있기도 했습니다. 그때 그와 통정한 것으로 지목된 칼리굴라의 여동생 율리아 리빌리는 유배지에서 처형되었습니다. 네로 시대에는 높은 정치적 지위에도 불구하고 폭군의 변덕을 늘 근심해야 하는 처지였고, 은거에도 불구하고 마침내 죽음의 전갈을 받아야 했습니다. 그는 이러한 삶의 여정에서 늘 죽음 가까이에 있었으며, 어느 스토아철학자보다도 더 죽는 것을 배우는 데에 철학의 의미를 두고자 했습니다.

그가 철학에 입문한 초창기에 주로 유배지에서 쓴 글들은 위로의 글들입니다. 이는 로마 사회 안에서 문인이자 철학자로서 세네카의 명성을 드높이는 역할을 했습니다. 자식을 잃은 귀족 여인 마르키아, 어머니 헬비아, 형제를 잃은 당시 황실의 실력자 폴뤼비우스에게 보내는 서간들을 보면 세네카는 죽음을 직면하는 것을 두려워하지 말고, 그 안에서 적절한 슬픔을 배우고 감사한 기억을 간직하라고 권유하고 있습니다. 그는 인간사의 불행에 대한 모든 위로는 죽음에 대한 성찰이 있는 이에게만 제대로 치료이자 치유의 역할을 할 수 있다고 보았을 것입니다.

그는 일반적인 스토아철학자와는 다르게 감정을 강렬하게 대면하는 비극을 쓰는 작가이기도 했습니다. 그의 작품 중 〈트로이아 여인들〉은 같은 주제를 다룬 그리스의 위대한 비극작가의 작품에 비할 만큼 높이 평가받고 있습니다. 비극작가 세네카와 스토아철학자 세네카가 서로 모순되는 것은 아닙니다. 그는 감정을 무조건 억누르거나 무심한 경지를 강요하는 것이 아니라, 자신의 죽음과 사랑하는 이와의 사별을 숙명으로 지닌 인간 존재를 받아들이고 그 가운데 자유와 고귀함을 지키는 길을 모색합니다.

세네카에게 있어 '죽음의 철학'은 죽음의 본질을 탐구하는 사변적 차원이 아니었습니다. 필멸의 인간이 죽음을 받아들이고 일생에 걸쳐 평정심을 유지하며 삶을 살아가는 태도를 찾는 데에 가장 큰 관심을 가졌습니다. 그래서 이러한 평정에 이를 수 있도록 자신과 독자를 이성적으로 설득하기 위해서, 스토아철학만이 아니라 소크라테스와 플라톤, 에피쿠로스학파나 소요학파의 자연학이나 윤리학의 요소들도 받아들였습니다. 이는 다양한 우주관과 종교관을 가진 여러 철학자와 사상가들에게 공감을 주고, 또한 철학을 연구하지 않는 일상을 사는 사람들 역시 세네카의 철학에서 배움을 얻게 합니다. 무엇보다 세네카는 삶의 여정과 죽음을 조화롭게 연결 짓고 있습니다. 죽음은 최종 결론입니다. 그에게 죽음을 준비하는 것은 삶을 잘 사는 방법이 됩니다. 그는 삶을 어떤 어려움과 난관과 실패가 있더라도 지속해가야 하는 항해라고 말합니다. 죽음은 그 항해가 마침내 쉼을 얻게 되는 항구와 같다고 할 수 있을 것입니다. 🌿

마음이 평온한 사람은
왜 자유로운가

항해를 잘 마치려면 바다의 상태가 중요합니다. 인생을 항해라 은유할 때 평온한 바다에 해당하는 것이 마음의 평정입니다. 세네카의 죽음 이해는 평상심을 지키는 삶의 태도에 기초합니다. 진지하게 마음의 평정을 추구하고 실천하는 사람에게 있어 좋은 삶과 죽음에 대한 올바른 이해는 서로 모순되는 것이 아니라 긴밀히 결합되어 있습니다.

세네카는 마음의 평정에 이르는 길이 쉽지 않다는 것을 잘 알고 있었고, 또한 수련을 통해서 감정을 완전히 초월할 수 있다고 본 것도 아닙니다. 바다가 늘 평온하지만은 않은 것에 비유할 수 있겠습니다. 세네카가 격렬한 감정에 휩쓸리는 인간의 본성을 잘 알고 있었다는 것은 그의 비극 작품들에서 확인할 수 있습니다.

예를 들어 세네카의 비극 중에서도 높이 평가받는 〈트로이아 여인들〉에서 세네카는 죽음을 직면하고, 사랑하는 이들을 잃게 되는 상황에서 불가피하게 사로잡히게 되는 깊은 슬픔과 절망에 대해 인상적으로 그려내고 있습니다. 젊은 시절부터 죽음을 늘 생각했던 세네카에게 죽음을 둘러싼 감정적 동요는 결코 쉬운 도전이 아니었지만, 이러한 죽음의 의식을 온전하게 대면하면서 영혼과 내면의 평정을 찾고 지키는 것은 그만큼 가치 있는 일이었습니다.

클라우디우스 황제의 황후 아그리피나가 아들 네로의 스승으로 세네카를 선택하면서 그는 정치적으로 복권되었고, 네로가 집권한 후 젊은 새 황제의 후견인 역할을 하며 친위대장 바루스와 함께 두 명의 집정관 중에 한 명으로 임명되며 로마에서 가장 중요한 지위에 올라 권력과 부와 명성을 누리게 되었습니다. 하지만, 이러한 정치적 성공은 불행이기도 했습니다. 네로의 폭정이 시작되면서 높은 지위에 오르는 것은 폭군의 변덕과 황실에서 일상이 된 정치적 음모에 의해 언제라도 몰락하고 목숨을 잃을 수 있는 위태로운 삶에 종속되는 것이기도 했기 때문입니다.

세네카는 자신이 처한 상황을 냉정하게 자각하고 있었고, 공직의 의무를 수행하면서도 점점 더 철학에 의지하고 위안을 얻었던 것으로 보입니다. 놀랍게도 세네카는 정치 경력의 정점에 이르렀던 바쁜 시기에도 대표작에 속하는 여러 윤리학 논고들을 지속적으로 저술합니다. 이처럼 철학에 몰두하는 모습은 그가 인생에 있어 가장 중요한 것이 무엇인지를 숙고하고 확신을 찾아가던 여정을 반영하고 있습니다. 세네카에 따르면 철학의 숙고가 열매를 맺기 위해서는 죽음을 두려워하지 말고 평온하게 받아들이는 자세가 바탕이 되어야 합니다. 마음의 평정은 이러한 죽음에 대한 태도를 가능하게 해주며, 또한 죽음에 대한 적절한 이해는 마음의 평정에 이르는 길을 열어줍니다. 이는 결국 운명과 폭군과 욕망에게서 어떻게 자유를 얻을 수 있는가 하는 문제이기도 합니다. 언제 올지 모르는 죽음을 받아들이며 평상심을 가진 영혼만이 난세에도 자유롭게 살아갈 수 있는 힘을 지니기 때문입니다.

인생의 짧음을 기억하기

이 시기에 쓰인 논고 중에서 〈인생의 짧음에 대하여De Brevitate Vitae〉는 오늘날까지도 많은 사람들에게 사랑받고 있습니다. 세네카의 죽음 이해에 있어서 중요한 출발점이 되는 글이기도 합니다. 파울리누스에게 보낸 편지의 형식을 취하고 있는 이 작품에서 세네카는 인생의 의미를 반추하는 성찰에서 죽음을 담담히 받아들이는 자세가 우러나올 수 있다는 것을 보여줍니다. 이 글에서는 분주함에 대해 경계할 것을 권고하는 내용에 주목할 필요가 있습니다. 그에 의하면 방탕한 생활 방식만이 아니라 정치적 업적과 성과에 취한 인생 역시 분주함의 위험에 처해 있습니다. 오늘날 현대인들이 빠져 있는 성과주의나 소진증후군 등과 관련해서도 매우 흥미로운 대목입니다.

스토아철학자로서 세네카는 공공의 유익을 위해 의무를 다하는 것은 인간의 중요한 덕에 속하며 좋은 삶의 본질이라는 것을 잘 알고 있었습니다. 그러나 세네카는 극단적인 폭군의 지배하에서 이것이 불가능해진다면, '여가otium와 은둔'의 시간을 갖고 철학 속에 머물며 지혜를 추구하고 영혼을 치유하는 것이 현자의 태도라고 고백합니다. 이러한 인식은 그가 끊임없이 네로의 황실에서 벗어나 고요와 은둔의 삶을 얻고자 했던 현실적 고민과 겹치고 있습니다.

세네카는 암울한 현실을 부정하면서 맹목적으로 지위와 권력을 유지하려 안달하거나 시대에 절망하는 대신 정말로 좋은 삶이 무엇인지를 절박하면서도 차분하게 묻고 탐구하고 있습니다. 많은 일들에 분주하기보다는 정말 중요한 일이 무엇인지를 정확히 인식하고, 수행하고자 합니다. 세네카는 분주함에 빠져 산만해진 정신은 인생에서 숭고한 것을 보지 못한다고 말합니다. 인생을 잘 사는 법을 배우는 것은 결코 거저 되는 것이 아니라, 각고의 노력이 필요한 어려운 일이기도 합니다. 그리고 사는 법을 배우는 것이 평생에 걸친 과제인 것처럼 '죽는 법' 역시 평생 동안 배워야 할 일이라 가르칩니다.

세네카는 먼저 인생을 '양적'으로만 바라보는 태도가 얼마나 어리석은지를 깨쳐주고자 합니다. '인생의 짧음'을 한탄하면서도 정작 시간의 소중함을 알지 못하고 낭비하는 사람들의 모습을 지적합니다. 세네카에 눈에 그들은 모순적입니다. 사멸하는 존재라는 것을 그토록 두려워하면서도 어리석게도 마치 불멸의 존재처럼 세상 모든 것을 욕망하면서, 정작 마지막 날이 될 수도 있는 '오늘'을 충실하고 소중하게 사용할 줄 모르기 때문입니다. 이런 사람들에게는 천 년이 넘는 수명이 주어진들 소용이 없습니다. 세네카는 악덕의 삶은 그 세월을 다 집어삼키는 것이라 말합니다.

인생은 멈추지 않고 흐르지만, 현명한 사람은 자신의 삶을 온전하고 훌륭하게 사용할 줄 알기에 충분한 시간을 누릴 수 있습니다. 세네카는 그러기에 시간이 물리적으로 얼마나 주어졌는가는 본질이 아니라 말합니다. 햇수가 아니라 얼마나 인생의 목적에 부합하고 덕과 인간의 정신적 본성에 어울리게 살았는가가 중요하다고 강조합니다.

누군가 머리가 세거나 주름이 많다 하여 오래 살았다고 생각할 이유가 없습니다. 그는 오래 살아온 것이 아니라, 그저 오래 존재하고 있었을 뿐입니다. 어떤 사람이 항구를 떠난 후에 곧바로 심한 폭풍에 붙잡히고, 이 방향 저 방향으로 사방에서 계속해서 불어오는 거센 바람에 이쪽저쪽으로 끌려다니다 결국은 같은 자리를 뱅뱅 돌았는데, 그가 긴 항해를 했다고 생각할 수 있겠습니까? 그는 오랜 항해를 한 것이 아니라, 단지 떠밀려 다녔을 뿐입니다. 《《인생의 짧음에 대하여》)

인생을 사는 법을 배운다는 것은 시간에 대해 깨닫고 그 깨달음에 따라 실천하며 살아가는 것을 말합니다. 그런데 시간에 대한 이런 깨달음을 위해서는 죽음에 대한 분명한 인식이 있어야 합니다. 세네카의 가르침은 결국 다음과 같은 조언으로 요약됩니다.

결국 무슨 일이 닥치겠습니까? 그대는 바쁘게 살았고, 인생은 금방 지나갑니다. 그러는 동안 죽음은 어느새 도착할 것이고, 당신은 원하든 그렇지 않든 죽음을 위해 시간을 내주어야 할 것입니다. 《《인생의 짧음에 대하여》)

자신의 시간을 살지 못한다면

세네카는 죽음의 의미에 시간에 대한 사유를 심화해가며 더 깊이 접근합니다. 그는 인생을 희생하며 미래에 올 목표에만 마음을 쏟는 것은 큰 손실이며, 현재를 살지 못하게 하는 이유라는 것을 밝혀주고 있습니다. 많은 이들이 미래에 대한 기대에 매여 오늘을 잃고 있지만, 앞으로 올 일은 모두 불확실한 것이기에 현명한 사람은 현재에 충실한 법이라고 말합니다. '카르페 디엠Carpe diem'이라는 경구는 로마 시대에 널리 알려져 있었지만 세네카가 현재를 강조하고 오늘에 충실하라는 것은 단지 지금을 즐기고 거기에 안주하라는 뜻이 아닙니다. 그는 현재라는 시간은 찰나이며, 언제라도 사라질 수 있고, 잡아놓을 수도 없어 많은 이들이 분주한 가운데 그냥 흘려보내게 된다는 것을 알고 있었습니다.

그래서 현재에 머물기 위해서는 단단하게 발 디딜 곳이 필요합니다. 세네카는 과거에 이루어진 일과 이에 대한 철학적 숙고가 현재를 충실히 살 수 있게 하는 원천이라 말합니다. 분주한 이들은 과거에서 배우거나 의지하지 못하지만 평정심을 가진 이들은 과거를 살피며 현재를 잘 살아갈 길을 찾을 수 있습니다.

결국 세네카에게 기억은 과거를 통해 배우고 성찰하는 것을 가능하게 하는 인간의 중요한 능력입니다. 인간은 기억하기에 시간을 붙들어 현재에 이용할 수 있고, 미래의 시간을 기약합니다. 이처럼 모든 시간이 하나로 결합된다면 인생은 길어진다고 할 수 있습니다. 현자의 인생이 그러합니다.

세네카에게 있어 철학을 한다는 것은 자신의 시간을 사는 것이고 과거를 기초로 하여 인생을 허무하게 흘려보내지 않으며 미래를 두려워하지 않는 법을 배우는 것입니다. 그리하여 수명의 길고 짧음과 상관없이 삶은 충분하고 충만해집니다. 이러한 철학의 실천은 무엇보다도 죽음에 대한 태도에서 결정적으로 드러납니다. 자신의 시간을 살지 못하며 과거에서 성찰을 길어내지 못하고 현재를 분주함 속에 흘려보내면서 미래에 대해 헛된 기대를 하거나 불안에 사로잡힌 사람은 어느 순간 막다른 골목처럼 죽음을 맞이하게 될 것입니다. 세네카는 이러한 사람은 삶을 '마치는 것'이 아니라 삶에서 '쫓겨나는' 비참한 처지에 놓인다고 말합니다.

현자가 죽음을 맞이하는 방식

세네카에 따르면 현자는 마지막 날에 '망설이지 않고 당당하게' 죽음을 맞이하며, 이러한 지혜를 얻은 이들이 살아가는 인생은 영원함과 고귀함에 열려 있다고 평가합니다. 이러한 삶은 더 이상 짧지도 허무하지도 않습니다. 이처럼 현자가 죽음에 임하는 자세는 인간에게 희망을 줍니다. 세네카는 이 희망을 다음과 같이 감동적으로 묘사합니다.

선현들이 남긴 작업을 통해서 우리는 어둠으로부터 빛으로 나온 가장 아름다운 것을 볼 수 있도록 인도됩니다. 어떤 시대에서도 우리에게 닫혀 있지 않으며, 우리는 모든 시대에 닿아 있습니다. 그리고 만일 마음의 위대함을 통하여 우리가 인간의 좁은 한계를 초월하려는 소망을 가지기만 한다면, 우리가 거닐 광대한 시간이 펼쳐집니다. 《인생의 짧음에 대하여》

세네카는 철학이 죽음에 대해 숙고하는 것은 죽음에 대한 두려움이나 우울함을 더해주는 것이 아니라, '잘' 죽는 법을 가르쳐주는 것이고 이는 다름 아니라 한정된 시간 안에서 풍성한 삶을 사는 행복의 길을 알려주는 것이라 말합니다. 철학을 통해 죽음을 올바로 사유한 인간은 시간의 덧없음에만 사로잡히는 것이 아니라, 오히려 온 힘을 다해서 영원하고 고귀한 것을 추구하고 헌신할 용기를 지니게 됩니다. 세네카에 따르면 죽음의 철학은 인간이 유한한 삶을 허비하지 않게 이끌기에 시간을 더해주는 셈입니다.

운명에게서 빌린 것

세네카가 공직에 있던 시기에 쓴 주요 저작 중 후기에 속하고 가장 중요한 작품이 〈마음의 평정에 관하여De Tranquillitate Animi〉입니다. 여기서 세네카는 철학의 주요 목적을 마음의 평정에 두고 있으며, 이는 신분과 부유함에 상관없이 인간이라면 너 나 할 것 없이 매여 있는 운명의 사슬에서 풀려나 자유를 얻는 길이라는 것을 보여줍니다. 이는 인생의 짧음을 넘어서는 유일한 방법이기도 합니다.

　세레누스에게 충고를 전하는 서간의 형식을 가진 이 논고에서 세네카는 먼저 각자 처한 외적 상황이나 스스로를 힘들게 하는 욕망에서 인내와 절제를 통해 평상심을 찾고 위안을 발견하는 방법을 살펴보고 있습니다. 이어서는 공무를 통해 공동체에 기여하려는 의도에서 시작했지만 어느새 명예가 혹은 업적이 또 다른 '운명의 사슬'이 되어버린 처지들을 냉정하게 분석합니다. 그리고 자신이 소유하고 있는 것은 운명으로부터 선사받은 것이기에 잠시 맡아두고 있는 것이며, 그것을 돌려주는 것을 두려워하거나 불평하지 않는 자세에서 현자가 누리는 마음의 평정이 온다는 가르침을 주고 있습니다. 현자는 그러기에 운명과 맞서며 두려워하지 않고 그 앞에서 물러나지 않을 수 있습니다.

　현자가 운명에 의연하다는 것은 운명을 자유롭게 수용하는 태도를 체득했기 때문입니다. 운명이 '돌려달라는 명령'을 할 때, 불평하지 않는 것이 현자의 자세입니다. 세네카에 의하면 현자는 자신의 재산이나 지위뿐 아니라 신체, 나아가서 자기 자신까지도 자신의 소유가 아니라 일시적으로 운명에게서 빌린 것으로 여길 줄 알기 때문입니다. 그리고 자신이 자기 것이 아니라는 것을 인식하면서 오히려 자신의 진정한 가치를 발견합니다.

　이러한 자세는 죽음을 받아들이는 태도에서 완성됩니다. 죽음에 대한 두려움은 그 자체로 삶을 이미 죽은 것으로 만듭니다.

세네카에 따르면 죽음을 두려워하는 사람은 결코 살아 있는 사람답게 살 수 없습니다. 그는 태어난다는 것은 이미 죽음을 받아들이는 계약서에 서명한 것과 같은 것이라는 사실을 받아들이자고 권고합니다. 그리고 올바로 살기 위해 제대로 죽는 법을 배우자고 촉구합니다.

나아가 그는 마음의 평정을 가진 사람에게 죽음은 가장 큰 가르침과 유익을 줄 수 있다고 믿습니다. 죽음에 대해 진지하게 사유하는 사람은 자신의 운명에서 평정심을 배우게 됩니다. 이 여정은 죽음의 순간 때까지 이어집니다. 이는 소크라테스나 카토 같은 위인들이 보여준 진정한 덕의 완성입니다. 그러기에 세네카에게 죽음은 유한한 존재인 인간에게 영원과 불멸의 가능성을 열어주는 사건이 됩니다. 그는 이러한 인식을 다음과 같이 장엄하게 선언합니다.

이 모든 사람들은 결국 지나갈 시간 동안 고통을 겪음으로써 불멸에 이르는 길을 발견하였고, 죽음을 통해서 불멸성에 이르렀습니다. 《마음의 평정에 관하여》

별에 이르는
쉬운 길은 없다

《도덕적 서한*Epistulae Morales ad Lucilium*》은 세네카의 철학을 원숙한 차원에서 집대성하고 있는 대작이자, 비록 완성하지는 못했지만 그가 구상하고 있었던 철학 체계의 전모를 엿볼 수 있는 작품입니다. 그는 네로에게 정치에서 물러나겠다고 거듭 청한 후 은거하면서 이 작품을 저술하였고, 얼마 지나지 않아 네로에 의해 자결을 강요당하는 최후를 맞이하였기에 결국 이 서한집은 그의 마지막 저술로 남게 되었습니다. 세네카의 기본적인 사유의 방향은 초기와 달라지지 않았지만,《도덕적 서한》을 포함한 후기의 작품에서는 보다 다양하고 구체적인 사례와 심화되고 예리한 논증을 통해 중요 주제들에 접근하고 독자들에게 확고하면서도 폭넓은 전망을 제시합니다. 동시에 자기 자신의 윤리적 태도를 철학적 가르침에 비추어보고 반추하고 있으며 스스로에 대해 엄격하고 비판적으로 평가하고 있습니다.

세네카의 《도덕적 서한》이 가진 철학사에서의 의미를 제대로 평가하기 위해서는 그 내용만이 아니라 형식과 수사학과 논증의 방식에도 관심을 가질 필요가 있습니다. 세네카는 자신이 철학을 하는 목적은 새로운 철학적 이론의 정립과 발견이 아니라, 이미 전수되고 있는 현자들의 가르침에 담긴 도덕에 관한 진리를 제시하고 실천하는 것이라고 거듭해서 말합니다. 그는 새로운 진리를 발견하기보다는 오히려 이미 주어져 있는 진리를 진심으로 깨닫고 이를 기초로 삶을 변화시키는 데 철학의 의미가 있다고 생각합니다.

이 서한의 표면적인 수신자는 루킬리우스이지만 세네카는 진정한 수신자인 독자들을 분명하게 의식하고 있습니다. 그는 이 글을 읽는 독자들에게 이러한 진리가 얼마나 중요한지 실감하게 하고, 삶의 기준을 여기에 두도록 설득하려 합니다. 124편에 달하는 방대한 《도덕적 서한》은 세네카가 철학자로서 평생에 걸쳐 매진한 철학 작업의 결산이기도 하지만, 한편으로는 그러한 철학의 진리를 독자에게 가장 효과적으로 전달하고자 했던 탁월한 작가로서의 다양한 모색의 결론이기도 합니다. 실제로 《도덕적 서한》에는 비극작가로서의 세네카, 정치가로서의 세네카, 사변적 철학가로서의 세네카, 실천적 철학자로서의 세네카의 모습이 모두 담겨 있습니다.

세네카는 초기에 위로의 편지 형태로 자신의 철학을 전개했습니다. 이후 정치적으로 영향력이 있던 중기에는 '논고'라는 전통적인 철학 형태로 인생과 관련된 실천적인 철학의 주제들을 다루었습니다. 그리고 후기에 들어서는 일련의 종교적·형이상학적·우주론적 논고들을 완성하였고, 이어 편지의 형식을 빌려 윤리 철학을 집대성하고자 합니다.

세네카의 《도덕적 서한》을 수사학적·문학 형식적으로 살펴보면 매우 인상적입니다. 여기서 수신인은 루킬리우스로 설정되고 편지들은 그의 근황을 묻고 그의 질문에 답하는 형식으로 시작되지만, 사실 루킬리우스라는 인물의 실존 여부나 세네카와의 관계, 사적 영역에서의 사건들은 별로 중요하지 않습니다. 이 서한들은 특정 개인을 위해 쓰여진 개인적 편지가 아니라 처음부터 모든 독자들을 향하는 '보편적' 특징을 가지고 있습니다. 이 서한의 철학적 해석에 관해서만 생각한다면, 루킬리우스라는 수신인은 역사적으로 실존한 고유한 한 개인이 아니라 '문학적 인물'로 간주할 수도 있습니다.

세네카는 이 방대한 서간에서 자신의 개인사나 심정을 토로하는 데 관심이 없어 보입니다. 오히려 편지 형식의 힘을 빌려, 보다 친근하게 다양한 역사적 인물들의 일화와 스토아철학자들을 중심으로 한 여러 위대한 철학자들의 가르침을 상세하게 다루면서 삶을 살아가는 올바른 태도를 독자에게 전하고 있습니다. 세네카에게 서한은 철학을 효과적으로 전달할 수 있는 이상적 문학 양식이었습니다. 편지의 형식은 선대 철학자들의 가르침을 독자들이 마치 자신에게 직접 전해주는 말로 받아들이게 하는 장점이 있기 때문입니다. 윤리철학은 올바른 행위로 이어질 때 완성되는 것이기에, 철학적 진리의 전달은 객관적이고 이론적인 차원만이 아니라 각 개인의 내면에 감정적 공감을 일으키고 직접적으로 호소할 수 있어야 합니다. 세네카가 편지의 형식을 선택한 것은 수용자 측면에서 세심하게 수사학적인 고려를 했다고 평가할 수 있습니다.

매일의 죽음

세네카는 감정에 흔들리지 않는 초연함과 평정을 추구하는 스토아철학을 옹호하고 자신이 스토아학파에 속해 있음을 스스로 밝히고 있습니다. 헬레니즘 시대에 스토아철학을 이론적으로 정교화하고 완성한 중기 스토아철학자들과는 다른 점이 있다면 아직 현자의 경지에 이르지 못한 사람들이 자신의 감정을 대하고 조율해가는 방법을 꼼꼼하게 제시하고 있는 것입니다. 그리고 이러한 작업은 끝나지 않을, 평생에 걸친 과제라는 것도 강조하고 있습니다. 그의 철학 방법은 후에 그리스도교 영성에서 핵심적인 방법이 되는 '영적 수련'에 있어서도 선구적인 모범으로 높이 평가됩니다. 그는 스스로를 현자라 부르지 않고, 지혜에 이르고자 부단히 애쓰는 사람으로 겸허하게 평가합니다. 이런 점에서 감정을 극단까지 살피면서 인생의 심연을 보고자 한 비극작가 세네카와 세파와 운명에 자신을 맡기지 않고 인생의 고통에서도 주체성과 내면의 자유를 잃지 않으며 평정에 이르고자 분투한 철학자 세네카는 서로 분리된 것이 아니라 지속적인 수련 속에서 종합됩니다.

세네카는 《도덕적 서한》에서 평생에 걸쳐 중요하게 생각한 인생의 문제들과 철학의 주제들을 다시금 숙고하고 확장하며 심화하고자 합니다. 그리고 그 결실을 독자들이 자신의 삶의 문제이자 답으로서 가깝게 느끼고 받아들이기를 바랍니다. 이러한 주제의 중심에는 죽음이 있습니다. 그리고 모든 철학적 수련은 죽음에 대한 명상을 통해 완성되고, 또 죽음에 대한 명상이라는 토대하에서 진실성을 얻을 수 있습니다.

세네카는 젊은 시절 철학을 처음 시작하면서부터 죽음을 가장 중요한 문제로 여기고 있었습니다. 죽음의 두려움에서 벗어나는 것이야말로 좋은 삶을 위한 관건이며 철학이야말로 이를 가능하게 합니다. 철학 없이는 누구나 불안과 근심 없이 살아갈 수밖에 없으며, 그 불안의 가장 심저에는 죽음에 대한 두려움이 있습니다. 세네카는 생명체인 인간이 죽음에 대해 거부감과 두려움을 가지는 것은 자연스럽다고 여기고 있습니다. 노인이라 할지라도 죽음을 원하는 것은 아니라고 말하기도 합니다. 그러나 죽음에 대한 두려움과 거부감이 과도하다면, 불안이라는 부정적인 감정에 휩싸여 올바른 판단을 할 수 없고, 애써 죽음을 외면하고 찰나의 쾌락에만 빠질 수 있습니다. 세네카는 이는 고귀한 이성을 지닌 인간의 품위를 해치는 것이며 좋은 삶을 불가능하게 한다고 말합니다.

세네카는 삶의 과제를 충실하게 행하고 인격의 원숙함을 얻고 사회에 기여하여 마땅한 존경을 얻은 후 노년에 이르러 자연스러운 죽음을 맞는 것을 행복한 삶으로 제시합니다. 그러나 동시에 젊은 나이에 죽음을 맞거나 갑작스런 사고나 정치적 격변에 따라 죽음을 맞이한다 해도 이를 받아들이는 준비를 하게 돕는 것이 철학의 역할이라 말합니다. 세네카에게 있어 신에게 기꺼이 복종하고 운명에 초연함을 갖는 것은 철학에 정진하는 목적이기도 합니다. 그는 '바다가 한순간에 뒤집히듯 오늘의 잔잔함을 믿으면 안 된다'며 인생의 어려움을 상기시킵니다. 이는 여러 삶의 순간들이 죽음의 그림자 속에 있음을 인정하는 자세이기도 합니다. 그리고 이런 인간 조건을 비극적으로 받아들이는 것이 아니라 '자연스러운' 것으로서 자유롭게 인정하는 것을 의미합니다. 죽음은 도처에 있으며, 나에게도 언제나 닥쳐올 수 있습니다. 세네카는 《도덕적 서한》에서 죽음을 '매일의 현상Cotidie morimur'으로 명명합니다. 인간은 매일 죽어가고 있다고 말해야 하며, 그러기에 죽음의 명상 역시 매일의 과제가 됩니다. 매일 죽어가고 있는 삶을 의연하면서도 긍정적으로 이해하고, 이에 따라 삶을 의미있게 살아가고자 애쓰는 것이야말로 세네카가 생각하는 죽음에 대한 적절한 태도입니다.

세네카는 《도덕적 서한》에서 죽음 앞에서 평정심을 찾는 데 있어 철학적 명상의 중요성을 거듭 강조합니다. 또한 영혼의 위대함과 불멸성에 대해 관조하며, 영원성을 반영하는 형이상학적 진리들을 탐구하고 신성에 대해 명상하는 것이 죽음에 대해서 동요하지 않는 삶의 태도를 갖는 데 중요하다고 이야기합니다. 영혼론과 존재론에 관한 상당히 심도 있고 체계적인 논의를 이 서한집의 핵심적인 중심 부분들에서 보게 되는 것은 이런 의미에서 이해해야 할 것입니다. 그리고 이러한 철학적 관조를 위해서 번잡함에서 자유로운 여가가 절대적으로 필요하다는 것 역시 강조합니다. 《도덕적 서한》 바로 이전에 쓰여진 세네카 후기 철학의 중요한 논고들이 신의 예지, 여가, 자연철학의 문제들을 주제로 삼고 있다는 사실도 기억할 필요가 있습니다.

하지만, 이러한 세네카 후기의 경향과 말년의 은거에도 불구하고, 그의 철학이 향하는 것은 플라톤의 《파이돈》에서 보이는 영혼의 불멸과 영원을 향한 희망이라기보다는 현실 안에서 철저하게 덕에 이르는 인간적 완성과 인격적 존엄이라 하겠습니다.

"별에 이르는 쉬운 길은 없다"

세네카의 신론이나 영혼론에 대해서는 여러 해석이 가능합니다. 그러나 플라톤적인 영원한 피안의 세계를 그리워하는 모습을 찾기는 어려운 것이 사실입니다. 하지만 세네카는 그만큼이나 도덕성을 영원한 가치가 있는 중요한 것으로 여겼습니다. 이는 죽음에 대한 두려움도 침해할 수 없는 것이며, 동시에 일상에 깃든 죽음에 대한 명상과 죽음의 수용을 통해서만이 다다를 수 있는 경지였습니다. 그에게 도덕성은 '영원'의 반영입니다. 세네카는 철학이 제시하는 '영원성'이라는 가치를 평생 마음에 담고 살았고, 이를 실천하려 했지만, 동시에 우리의 삶이 이와는 정반대에 있는 욕망의 대상으로 달려갈 수 있다는 것을 너무나 잘 알고 있었습니다. 그러기에 영원함을 지향하는 올바른 삶의 길이란 결국 매일매일 자신을 살피고 정진하는 것 외에는 없습니다. 《도덕적 서한》에서 그는 이를 깊이 인식하고 사람들에게 권고합니다. 이러한 그의 정신을 잘 담고 있는 라틴어 경구가 그의 비극 작품의 한 구절에서 유래한 "지상에서 별에 다다르는 쉬운 길은 없다Non est ad astra mollis e terris via"입니다. 우리가 세네카에게서 배울 수 있는 것은 별을 향하는 마음을 잃지 않는 것과 별을 향하기 위해 부단히 자신을 영적으로 수련하고자 하는 결심과 실천의 소중함이라 하겠습니다.

철학자 황제,
운명과 대화하다

로마 황제 마르쿠스 아우렐리우스Marcus Aurelius(121~180)는 훌륭한 황제들이 연이어 등장했던 이른바 '오현제' 시대의 마지막 인물입니다. 네르바에서 시작하여 트라야누스, 하드리아누스, 안토니누스 피우스, 그리고 마지막으로 마르쿠스 아우렐리우스까지 이어지는 오현제 시대는 후대의 역사가들에 의해 로마 제정기 중에서 가장 정치적으로 안정되었던 시기로 평가받고 있습니다. 르네상스 시대의 유명한 정치철학자 니콜로 마키아벨리가 일찍이 《로마사 논고》에서 이런 평가를 정립시켰고, 로마사 이해에 있어 학술적으로나 대중적으로나 큰 영향을 준 에드워드 기번(1737~1794) 역시 《로마제국 쇠망사》에서 위의 다섯 황제가 통치한 시대야말로 서양 정치사에 있어 가장 빛나는 순간이라고 이상화하고 있습니다. 물론 오늘날에는 많은 역사 연구들이 오현제 시대를 보다 냉정하게 조명합니다. 외적으로는 안정된 것처럼 보여도 심층적으로는 경제적·군사적 모순이 해결되지 않은 채 점층되고 있었다는 비판입니다. 그럼에도 이 시대가 역량과 인품을 갖춘 황제들이 연이어 통치했던 로마 역사의 유례없는 시기였음은 부인할 수 없습니다.

마르쿠스 아우렐리우스는 오현제 시대의 앞선 황제들과 마찬가지로 입양의 형식으로 황제의 후계자로 선택되어 교육을 받았습니다. 오현제 중에서 로마의 영역을 확장하고 라틴 문화와 그리스 문화를 조화시키는 데 업적을 남긴 하드리아누스 황제는 자신의 후계자로 안토니누스 피우스를 선택하여 입양하면서, 그 조건으로 마르쿠스 아우렐리우스를 안토니누스가 양자로 삼고 후에 황제의 자리를 잇게 하였습니다. 온화한 성품으로 알려진 안토니누스 역시 그 결정을 받아들였습니다. 선정을 펼친 안토니누스 사후 마르쿠스 아우렐리우스는 역시 안토니누스 피우스에게 입양된 이복동생 루키우스 베루스와 공동 황제로서 함께 로마를 통치하게 되었는데, 몇 년 후 이복동생이 병사하면서 홀로 황제직을 수행했습니다.

그의 치세기(161~180)는 앞선 다른 오현제 황제들과 비교했을 때 여러모로 많은 도전이 있었던 위기의 시기였습니다. 도나우강 지방을 중심으로 여러 강력한 게르만 부족들의 지속적인 공격이 로마에 심각한 위험이 되고 있었으며, 황제권을 위협할 만한 내부 반란이 일어나기도 하고, 심각한 전염병도 자주 창궐하였습니다. 마르쿠스 아우렐리우스는 이러한 어려움에 맞서 게르만족과 대결하는 전선에 오랜 시간 직접 머무는 등 최선을 다해 국가의 안위를 유지하는 의무를 다하려 했습니다. 이러한 노력은 결실을 맺어 그가 통치하는 동안 로마의 정치는 안정을 유지할 수 있었습니다.

그러나 그가 오늘날 오스트리아 빈 근처 지역에서 페스트로 추정되는 병에 걸려 사망하고 난 후, 그의 아들인 코모두스가 즉위하고, 이후 로마의 정치 상황은 혼란에 빠져들게 됩니다. 게르만족의 공격을 막기 위해 재위 기간 대부분을 전장에서 보낸 마르쿠스 아우렐리우스와는 달리, 로마로 돌아와 향락에 빠져 폭정을 휘두른 코모두스는 결국 암살당하고, 이후 로마는 수시로 군사권을 가진 세력들이 돌아가며 반정을 일으키고 황제좌에 올랐다가 곧 암살당하는 혼란의 시기에 접어들게 됩니다. 이러한 혼란기는 셉티미우스 세베루스(145~211, 193년 즉위)가 황제가 되면서 어느 정도 수습이 되기는 하지만, 이후 더 이상 오현제 시대에 비길 만한 로마 제정의 부흥이 이루어지지는 않습니다. 마르쿠스 아우렐리우스는 그런 의미에서 사실상 로마 제정기가 도달한 정치적·정신적 기풍의 마지막 절정이라 할 수 있습니다.

철학자 황제, 자기 자신에게 이르는 길을 찾다

마르쿠스 아우렐리우스는 젊은 시절부터 철학에 매료되었고, 철학자로서의 삶의 방식에 큰 가치를 두었습니다. 어렸을 때 이미 미래의 황제로 정해졌지만, 철학에 뜻을 둔 마음은 변하지 않았습니다. 그는 국가 최고통치자로서의 국정의 의무를 최선을 다해 수행하고 자신의 권력을 남용하지 않았으며 가능한 한 온화함과 자비로 사람들을 대하고자 했습니다. 그는 황제이면서도 많은 동시대인들에게 '철학자'로 인식되었고, 올바르고 고매한 인격을 가진 사람으로 존경받았습니다. 마르쿠스 아우렐리우스는 소요학파나 에피쿠로스학파의 학설에도 관심을 가지고 있었지만 그에게 가장 중요한 철학은 언제나 스토아철학이었습니다. 이론을 연구하거나 전문적인 교사가 아니라, 자신이 처한 상황과 맡은 직분에 적합하게 살면서도 철학을 삶의 방식으로 삼고 실천하고자 늘 애쓰는 사람이라는 의미에서 마르쿠스 아우렐리우스는 한 사람의 스토아 '철학자'로 불릴 만합니다. 그는 스승인 스토아주의자 루스티쿠스를 통해 세네카 이후 로마 시대 스토아철학의 부흥에 결정적 계기가 된 철학자 에픽테토스의 저서를 접할 수 있었고, 이에 깊고 결정적인 영향을 받았습니다. 그리고 철학 수련의 많은 부분을 에픽테토스에게 의존했습니다.

마르쿠스 아우렐리우스는 스토아철학의 가르침대로 우주의

이치에 조응하고 내면의 평정을 지키며, 공동체와 깊은 공속감共屬感을 가지고 올바르고 좋은 행위를 통해 기여함으로써 평화와 박애를 실천하고자 했습니다. 그의 이러한 지향에도 불구하고 사실 그의 치세 동안 게르만족의 위협 등 여러 군사적 위기들이 내내 지속되어 황제로 있는 동안 대부분의 시간을 전장의 막사에서 보내야 했습니다. 이러한 불운에도 불구하고 그는 막사에서 홀로 보내는 숱한 밤을 스토아철학을 중심으로 한 철학의 가르침을 음미하고 자기 자신을 도야하는 철학 수련의 시간으로 삼았습니다.

이러한 철학 수련의 주요 방법이 매일 자신의 철학적 명상을 글로 적어두는 것이었습니다. 이는 오늘날《명상록》으로 알려진 그의 저서로 남았습니다. 후에 '자신에 이르는 길', 또는 '자기 자신에게 이르는 것들'로 번역할 수 있는 그리스어 제목이 붙여진《명상록》은 마르쿠스 아우렐리우스 자신을 위한 매우 개인적인 글들이고 당연히 다른 사람에게 보일 목적을 가지고 있지 않았습니다.

이 책은 추상적인 명상이나 자기 자신의 하루를 돌아보며 성찰하고 반성하는 단순한 내용이 아니라, 피에르 아도의 말대로 개인적이면서도 본질적인 측면에서 철학을 수련하고 연습하는 생생한 현장을 보여줍니다. 그런 점에서 널리 통용되는 책 제목 '명상록'은 오해의 여지가 있습니다. 이 책이 보여주는 것은 '좋은 인간'이 되기 위해 부단히 애쓰는 작업이며, 이성이라는 인간의 가장 높은 품위를 담고 있는 자연 본성에 입각하여 행위하고 이에 따라 평정을 얻으며 자기 자신 안에 머물 수 있고자 하는 노력입니다. 그러기에 이 글을 읽다 보면 고대의 저서이지만 '실존적'이라는 느낌까지도 받게 됩니다.

마르쿠스 아우렐리우스는 헬레니즘 시대 이래 스토아철학을 관통하는 신의 섭리와 우주의 필연성, 모든 존재의 연관성 등에 대한 가르침을 반복해서 스스로에게 상기시킵니다. 이성의 질서가 지배하는 유기체적인 우주론에 기초하여, 이제 그는 우주적 이성과 조화를 이루는 인간 내면의 지성 법칙에 따라 철저하게 덕과 공동체의 유익에 관심을 두고 행위하는 윤리적 태도를 흔들리지 않고 유지하도록 자기 자신을 도야하고자 합니다. 《명상록》의 다음과 같은 대목은 그가 추구한 삶의 방향을 잘 보여줍니다.

욕구와 감각에 따른 표상이 동물이나 악한 사람들에게도 공통적이라면, 이제 오직 좋은 사람들의 고유한 특징으로 남는 것은 이러하다. 그는 인도자인 이성이 자신에게 의무로 보여주는 모든 것들과 운명을 통해 일어나는 모든 사건들을 사랑으로 받아들인다. 그는 또한 자신의 내면에 자리하고 있는 양심을 거스르지 않으며 여러 상상으로 흔들리게 하지도 않는다. 오히려 그는 품위를 가지고 밝은 마음으로 이를 지키며 마치 신을 따르듯이 이를 따른다. 마찬가지로 그는 진리에 어긋나는 말을 하지 않고, 정의에 어긋나는 것을 행하지 않는다. 또한 그가 진솔하고 단정하며 선의를 가지고 생활하고 있다는 것을 세상 사람들이 의심한다고 해도 이에 대해 분노하거나 자기 인생의 궁극목적으로 이끌어주는 길에서 벗어나지 않는다. 인간은 모름지기 순수하고 평온하며 흔쾌한 태도로, 그리고 아무 강요 없이 자유로이 운명에 헌신하며 이 목적에 도달하도록 나아가야 한다. (III.16)

그는 매일 글을 쓰며 자기 자신의 본모습에 이르고자 합니다. 이것이 그에게 철학을 행하는 것이었고, 철학을 행하는 것이 행복의 길이었습니다. 그가 철학으로 이르고자 한 윤리적 태도와 실천하려 애쓴 덕은 단순히 전통 규범을 엄수하는 것이 아니었으며, 우주의 이치와 인간의 본성을 인식하여 두려움 없이 평정하고 겸허하게 '운명과 대화하는' 여정이라 할 수 있을 것입니다. 그는 죽음을 응시하고 운명과 대화하며 마음을 다졌습니다.

죽음이란 무엇인가

종종 마르쿠스 아우렐리우스는 스토아철학자 중에서도 가장 염세적인 인물로 일컬어집니다. 이는 그가 죽음에 대해 매우 자주, 때로는 집요하게 느껴질 정도로 냉정하게 바라보고 있기 때

오스트리아 툴른에 있는 마르쿠스 아우렐리우스의 기마상. 마르쿠스 아우렐리우스는 전장에서 시간을 보내는 동안에도 철학의 가르침을 음미했다. (ⓒIsiwal/Wikimedia commons)

문입니다. 죽음이란 무엇인가, 라는 질문에 대한 답을 추구하면서
그는 인간의 물질적 차원에 대해 일절 미화 없이 묘사하고, 스토
아철학의 우주론과 자연학을 원용하고 있습니다.

죽음은 탄생과 마찬가지로 자연의 신비다. 하나는 동일한 원소
들의 결합, 다른 하나는 그 원소들로의 해체지, 거기에 부끄러
운 것은 전혀 없다. 왜냐하면 그것이 지성적 동물에 걸맞지 않
는 것도 아니고 또한 그의 구성 소질의 원리(로고스)에 맞지 않
는 것도 아니기 때문이다. (《명상록》, IV.5)

마르쿠스 아우렐리우스에게 있어 이러한 '자연주의적'인 죽
음관은 죽음에 대해 초연한 태도를 가질 수 있게 하는 출발점일
것입니다. 죽음에 초연하다는 것은 이에 집착하지 않고 충분히 일
어날 수 있는 일이며 결정적인 악으로 여기는 것이 아니라 일종의
'무관심'의 태도로 대할 수 있다는 것을 말합니다. 이는 죽음 앞에
서 평정을 가질 수 있는 조건이기도 합니다. 그는 죽음은 자연에
늘 상존하며, 이는 나쁜 것이 아니라 자연스런 생성 변화의 하나
라는 것을 가만히 받아들이도록 스스로를 일깨웁니다. 죽음을 받
아들이는 것은 올바른 윤리적 태도를 익히는 데 중요한 의미를 가
집니다. 이는 생성과 소멸이라는 자연적인 우주의 이치를 내면에
서부터 깊이 이해하는 것이며, 이러한 인식에서 출발해서 자신의

삶이 보다 자연의 이치에 부합하도록 이끌어가고자 하는 마음으로 이어지기 때문입니다. 이러한 철학적 인식과 실천을 통해 인간은 세상 안에서의 신분과 지위와 업적이라는 것이 갖는 유한성을 깨닫게 되고 집착하지 않을 수 있게 됩니다.

마르쿠스 아우렐리우스가 죽음이라는 주제에 대해서 끊임없이 묻는 것에 대해서 많은 이들은 그가 전장이라는, 죽음을 늘 가까이에서 만나는 상황에 있었기 때문이라고 설명합니다. 이는 분명히 가능한 해석이기도 하지만, 중요한 것은 그가 죽음이라는 주제를 철학 수련과 명상의 중심에 둔 것을 허무주의나 염세주의의 관점에서 볼 필요는 없다는 사실입니다. 마르쿠스 아우렐리우스의 철학적 사유를 따라 생각해보면, 죽음을 냉정하게 직시하는 것은 지상의 도구적이고 일시적이며 상대적인 '좋은 것들'에 집착하지 않고 스토아철학이 가르치는 것처럼 이러한 것들을 '무관심'의 차원에서 대할 수 있는 길을 열어줍니다. 이러한 무관심은 진정한 좋은 삶의 본질인 덕의 실천과 우주적 질서의 인식에 마음을 열게 하는 중요한 단계가 됩니다. 마르쿠스 아우렐리우스는 나아가 죽음이 가져다줄 수 있는 선익에 대해서도 희망합니다. 죽음과 함께 인간은 감각에 따른 인상에 매여 있지 않게 됩니다. 그는 이를 인간이 더 이상 충동과 미혹과 육신에 종살이 할 필요가 없는 것으로 받아들입니다. 죽음은 이처럼 쉼이자 자유이면서 동시에 목적을 이루는 귀결입니다. 그는 죽음을 추수에 비유합니다. "인생은

익은 이삭처럼”(VII.40) 거두어들여져야 합니다. 그리고 누군가는 죽고, 누군가는 탄생하는 것이 자연의 섭리이기도 합니다(XII.21). 그러기에 경멸할 것이 아니라, 자연에 부합하는 것으로 환영하는 것이 죽음을 대하는 올바른 자세입니다.

이러한 우주론과 죽음관으로부터 살아 있는 동안 가져야 할 자세가 분명해집니다. ‘최후의 시간이 오더라도 양심에 떳떳할 수 있도록’ 살아야 하며, ‘얼마나 오래 사느냐’에 마음을 두기보다 오히려 ‘앞으로 어떻게 하여야 되도록 최선으로 살 수 있는지’에 전념해야 합니다. 마르쿠스 아우렐리우스는 죽음에 관한 사유를 통해 지상의 삶의 가치를 폄하시키지 않습니다. 오히려 다음과 같은 결연한 인식에 도달합니다.

> 너 자신을 네 몫으로 주어진 환경에 조응시켜라. 그리고 운명이 너에게 만나도록 허락해준 사람들을 사랑하라. 다만 진실한 마음으로! (《명상록》, VI.39)

‘운명과의 대화’는 죽음에 대한 사유라는 여정을 통해서 정화되고 평정에 이른다는 사실을 그는 스스로에게 거듭해서 말하고 있습니다.

평생 간직해야 할
자기 성찰

마르쿠스 아우렐리우스의《명상록》은 독자들을 단박에 사로잡습니다. 많은 이들이 이 책을 '인생 책'으로 꼽습니다. '자기 자신'만을 위해 쓴 글이, 묘하게도 독자 각자에게 나를 위한 글처럼 다가옵니다.《명상록》을 관통하는 지극히 진지한 어조에는 저자의 고유한 삶과 품성이 투영되어 있지만, 읽는 이의 내밀한 실존에도 울림을 줍니다. 철학에 큰 관심이 없던 사람들도 이 책에서 평생을 간직할 인생의 문장들을 발견했다고 말합니다.《명상록》은 이처럼 여느 독자에게나 참으로 매력적이지만, 동시에 낯선 책이기도 합니다. 입문하는 길은 누구에게나 열려 있지만, 어느 순간 첫 인상을 넘어 표상과 표현의 심층으로 깊이 들어가는 수고가 필요합니다.《명상록》은 본질을 향하는 사유의 모험과 자기 성찰의 용기를 독자에게 요구합니다.

《명상록》을 어떻게 읽어야 하는가는 쉽지 않은 질문입니다. 이 작품을 어려운 철학책이 아니라 고전적인 격언집이나 에세이로 알고 손에 든 일반 독자라면 읽어갈수록 당혹감을 느끼게 될 것입니다. 그저 철학적 아포리즘이나 인생 경구들을 모아놓은 편람이거나 저자의 개인사나 주관적인 내면의 감정과 생각의 움직임을 기록한 비망록이 아니기 때문입니다. 냉정할 정도로 객관적이고 우주적인 철학적 진리에 대한 탐구가 단단한 바위처럼 심저에 자리하고 있습니다.《명상록》을 제대로 읽고자 하는 독자는 이 책이 철학적 탐구라는 사실에서 출발해야 합니다. 그런데 대체 철학적 탐구란 무엇을 말하는 걸까요?

'철학서'로 이 글을 읽고 연구하는 이들에게 이 책은 수수께끼 같습니다.《명상록》에는 유사한 명제들의 지속적인 반복과 변주, 체계를 찾기 어려운 구성, 논증이 생략된 채 경구처럼 제시되는 명제들이 특징적으로 나타납니다. 일반적으로 훌륭한 철학서들의 조건으로 꼽을 수 있는 방대한 체계, 정밀한 논증, 건축물과 같은 통일성 있는 구조, 독창적 사유 등을 가지고 이 작품을 평가하기는 어렵습니다. 그럼에도 이 작품의 위대함은 누구에게나 직관적입니다. 그래서 철학서로서《명상록》을 제대로 읽고 그 진가를 알기 위해서는 철학이란 무엇인가 하는 개념에 대한 이해 자체를 넓혀가는 것이 필요합니다. '철학자' 마르쿠스 아우렐리우스가 그러하였듯이, 사변과 이론 이전에 '삶의 방식'이자 '삶의 기예', '수양'으로 철학을 대해야 합니다.《명상록》의 핵심에는 논리학과 자연학, 윤리학과 형이상학에서 길어온 정련된 여러 철학적 사유의 명제들이 존재하고 있지만, 단순히 이해하고 연구하는 사변의 과제가 아니며, 우리는 마치 거울 앞에 선 것처럼 거기에 자기 자신과 삶을 비추어봐야 합니다.

철학사가 피에르 아도는 중세 스콜라철학과 근대철학의 이론과 사변 중심의 학적 철학을 대비시키면서 헬레니즘 시대와 특히 로마 제국 시대의 후기 고대철학은 본질적으로 철학을 통해 삶을 성찰하고 변화시키려 한 '실천지향적'인 본질을 가졌다고 말합니다. 그리고 마르쿠스 아우렐리우스의 철학을 그 전형으로 봅니다. 아도는《명상록》을 스토아철학에서 전수된 덕을 습득하기 위한 기본 원리들을 반복적으로 기억하고 내면화하는 정신 수련 활동의 살아 있는 현장으로 이해하자고 제안합니다. 마르쿠스 아우렐리우스는 이러한 기본 원리들을 로마 제정기 스토아철학의 흐름을 결정적으로 규정한 에픽테토스에게서 받아들였을 것이며《명상록》에 전개되는 철학의 방식 역시 에픽테토스의《강의》의 모범을 따르고 있다 하겠습니다. 이 책을 읽는 행위 역시, 그러한 '철학 수련'에 함께하는 것이어야 할 것입니다.

심리학과 윤리학을 관통하는 스토아철학의 특징이기도 하지만,《명상록》에서 철학적 탐구는 확고한 인생의 목적에 의해 행위를 선택하고, 표상과 믿음에 의해 판단함으로써 감정이 동요되는 것을 피하고, 평정심과 덕에 머무를 수 있는 것을 궁극적 목적으로 합니다. 자연 원리를 탐구하고 지성으로 사태의 본질을 관조하는 행위는 덕의 함양과 실천과 분리되어 있지 않습니다. 그는 이론과 실천의 영역을 아우르는 철저한 성찰과 탐구야말로 인생을 구원하는 길이라 말하며, 이는 단지 믿음에 불과한 사람들의 의견에 휘둘리는 것에서 벗어나는 것이라고 합니다. 철학은 인간을 고요한 바다와 파도가 없는 만으로 이끌어줍니다. 내면의 평정에 이르게 하는 철학의 수행은 인간 존재의 실상에 대한 철저한 인식을 필요로 합니다. 고통, 쾌락, 명예, 나아가 죽음이라는 인간 내면의 불안을 일으키는 요소들을 '겉껍질이 벗겨진 모습'으로 대면해야 합니다.

유한하기에 충만한

마르쿠스 아우렐리우스는 에픽테토스에게 결정적으로 많은 영향을 받았고, 그의 강의록을 통해 배운 것을 자신의 삶에 적용하고 실천하려 애쓴 것으로 보입니다. 에픽테토스에 비하면 그에게 있어서 철학 수련은 세상의 유한함, 인생이라는 시간의 한계에 대한 인식이 보다 결정적인 동기로 작용하고 있습니다. 인생의 끝과 죽음에 대한 반복된 숙고가《명상록》에서 양적으로나 내용적으로나 중요한 부분을 차지하는 이유일 것입니다. 하지만 우리가 흔히 오해하듯이, 인생의 마지막을 자주 생각한다는 것이 반드시 비관적인 인생관을 뜻하는 것은 아닙니다. 마르쿠스 아우렐리우스는 언제나 닥칠 수 있는 죽음과 인생의 무상함에 대해 거듭 생각할 때 인간은 허무에 빠지는 것이 아니라 오히려 인간을 자유롭게 하는 초연함을 얻을 수 있다는 것을 보여줍니다. 이는 현재의 시간이 담고 있는 인생의 충만함에 대한 근본적 깨달음으로 이어질 수 있기 때문입니다.

시간의 제약에 대한 확고한 인식은 그 시간에 행해야 하는 가장 중요한 일에 집중하게 합니다. 시간은 돌아오지 않고 흘러가는 것이며, 인생은 유일회唯一回적이라는 사실을 깨닫는 것이 불안함과 초조함으로 이어지는 것이 아니라, 오히려 지금 당장 인생을 떠날 수 있는 준비된 자세로 말하고, 행동하는 자유를 선사합니다. 마르쿠스 아우렐리우스는 이러한 진리를 체득한 사람에게 주어진 삶의 과제를 마음의 밝음이라는 은유적 표현으로 요약합니다. 마음의 밝음이 의미하는 것이 무엇인지는 다음과 같은 그의 말에서 짐작할 수 있을 것입니다.

그의 영혼이 육신에 의해 둘러싸여 있는 시간의 길고 짧음은 그에게 어떤 동요도 일으키지 않는다. 왜냐하면 그가 바로 이

순간 인생을 떠나야 한다 해도, 그는 품위와 존엄을 지니고 수
행해야 하는 임무를 하듯, 그렇게 망설임 없이 세상과 작별할
것이다. (《명상록》, III.7)

마음의 밝음은 존재에서 우러난 도덕적이고 윤리적인 인식
과 행위를 의미합니다. 이에 도달하기 위해서는 죽음에 대한 진지
하면서도 초연한 태도가 필요합니다. 죽음은 두려워해야 할 대상
이 아닙니다. 인간이 결국은 연기처럼 사라지고 무로 귀결할 것이
라 생각한다 할지라도, 허무감에 사로잡히고 절망에 빠질 일은 아
닙니다. 죽음을 담담하게 받아들이는 사람은 유한한 삶을 살아가
는 합당한 자세를 지닐 수 있습니다. 이는 유한한 삶을 질서 있게
살아가며 만족하는 것입니다. 마르쿠스 아우렐리우스에 의하면,
만일 죽으면 더 이상 할 수 없는 일들 때문에 죽음을 두려워하는
사람이 있다면, 그는 인생의 궁극적 과제란 결국 '올곧은 이성'에
따른 행위라는 것을 확신하지 못하는 것입니다. 왜냐하면 이러한
행위는 그 많고 적음과 시간의 길고 짧음에 의존하는 것이 아니기
때문입니다. 이성에 따른 도덕적 행위의 고귀함의 본질을 깨닫고
실행하는 사람은 더 이상 죽음을 두려워하지 않을 것이며 사멸하
는 자기 자신의 운명과 화해할 수 있습니다. 이는 달리 말하면 자
신의 '현재'에 집중하는 것이며, 이것이야말로 철학적 훈련의 목
표이기도 합니다.

지금 살고 있는 시간, 즉 현재를 온전하게 살아가는 데 힘쓰고 주의한다면, 너는 죽음의 시간까지 남겨진 날들을 평정하고 고결하게, 네 안의 양심을 소중히 보살피며 지낼 수 있을 것이다. 《명상록》, XII.3)

잘못된 의견을 멀리하라

죽음에 대한 명상은 마르쿠스 아우렐리우스에게 있어서는, 스토아철학이 지향하는 덕에 이르는 철학 수련을 위해 필요한 연습 상대와도 같았습니다. 나아가 죽음을 품위 있고 자연스럽게 받아들이는 것은 그 자체로 철학 수련이 추구하는 궁극적 목표이기도 합니다. 덕의 완성을 죽음에 대한 태도를 통해 가늠하는 것은 우연이 아닙니다. 마르쿠스 아우렐리우스의 사유가 가진 깊이는 죽음과 덕의 관련성에 대한 집요할 정도의 탐구에서 가장 잘 드러납니다. 그는 죽음에 대한 명상을 심화하고 정련하여 죽음에 대한 올바른 인식에 이르고 내면의 동요 없이 죽음을 대하는 데 큰 의미를 부여합니다. 이를 위해 경험적·심리적 차원을 아울러 다양하게 권고합니다. 그 시작은 죽음이 나쁜 것이거나, 나 개인에게만 닥친 불행이나 비극이 아니라 모든 존재에게 공통된 것이며 자연스러운 것이라는 사실을 확인하는 작업입니다. 그는 이렇게 말합니다.

> 죽음과 삶, 명예와 불명예, 고통과 쾌락, 부와 가난, 이런 것들은 모두 좋은 사람에게도 나쁜 사람에게도 똑같이 일어나지만, 이것들은 그 자신에게 아름다운 일도 아니고 부끄러운 일도 아니다. 따라서 그것들은 좋음도 아니고 나쁨도 아닌 것이다. (《명상록》, II.11)

죽음을 올바로 인식하기 위해서는 이를 저해하고 회피하게 하는 잘못된 의견들과 태도들을 성찰하고 멀리해야 합니다. 여기에는 죽음이 멀었다고 생각하는 것, 삶에 지나치게 집착하는 것, 그리고 죽은 후의 명성에 욕심을 내는 것 등이 속합니다. 죽음이 늘 임박해 있음에도 마치 '만 년을 살 것처럼' 행동하거나, 집요하게 삶에 집착하여 오래 살았다 한들 요절한 사람보다 삶의 결실을 내지 못하고, 단지 수명을 지속한 것에 불과하다면 무슨 의미가 있겠는지 묻습니다.

마르쿠스 아우렐리우스는 죽음을 올바로 인식하지 못하는 태도에 명성에 대한 갈망도 포함시키고 있습니다. 고대 그리스와 마찬가지로 로마인들에게 있어서도 덕이라는 탁월함은 명예·명성과 깊이 연관되어 있었습니다. 공적인 영역에 기여하는 실천이 고귀한 능력과 인격을 가진 사람의 본연의 활동이며 영예로운 것이라는 '정치적 인간학'은 고대의 덕과 행복의 윤리학에서 본질적인 부분입니다. 하지만 동시에 이러한 공통 인식은 때때로 덕과 탁월성 자체가 아니라 단지 이에 수반되는 것에 불과한 명예에 대해 더 집착하는 영웅주의적 전도나, 명예와 명성을 통해 인간이 불멸의 존재가 될 수 있다는 오만으로 왜곡되기도 합니다. 로마 시대의 황제에 대한 신격화 역시 이에 속한다고 할 수 있을 것입니다. 황제인 마르쿠스 아우렐리우스가 냉정한 철학적 성찰을 통해 이런 갈망의 허망함을 철저하게 폭로하는 것은 매우 인상적입니다.

> 죽음 후의 명성을 얻고자 마음 졸이는 사람은 다음의 사실을 숙고하지 않는다. 그를 기억해줄 사람 자신 역시 곧 죽을 것이며, 이어서 오는 세대도 죽으며, 그에 대한 기억은 자기 자신도 소멸하게 되는 사람들에 의해 근근이 이어지다가, 마침내 완전히 사라지고 만다. 하지만 너를 기억할 이들이 불멸하며, 너에 대한 기억도 불멸이라고 가정해본다 하더라도, 그것이 너에게 무슨 의미가 있겠는가? (《명상록》, IV.19)

죽음을 올바르게 이해하고 받아들이는 태도는 인생의 의미를 발견하게 합니다. 이런 태도를 가진 사람은 더 이상 죽음을 두려움을 주는 최악의 재난이 아니라 자신의 의무를 훌륭히 다한 결과로서 긍정적으로 평가할 수 있으며, 그 죽음의 때에 대해서도 역시 초연한 마음으로 받아들일 수 있습니다. 그는 인생을 연극에 비유하며, 연극배우가 그 연극을 주재하는 존재가 연극을 멈추고 떠나라 지시할 때 무대를 떠나는 것은 너무나 당연하듯이, 예상하지 못한 때 인생이 막을 내릴지라도 그것을 자연스러운 것으로 받아들이라고 권고합니다.

마르쿠스 아우렐리우스에게 죽음에 대한 올바른 태도는 비통의 감정에 과하게 흔들리거나 거창하고 요란하게 장식하지 않고, 조용하면서도 관조적인 태도로 죽음을 받아들이는 것을 뜻할 것입니다. 사실 품위 있는 죽음은 죽음의 순간에 갑자기 이루어지는 것이 아니라 일관되게 공동체의 선익과 내면의 덕을 추구하는 삶 안에서 이미 시작되는 것입니다. 그는 이런 사람이라면 사후의 운명에 대해서도 초연할 수 있을 것이며, 죽음의 순간을 감사하는 마음을 가지고, 비탄과 원망이 아니라 진실되고 밝은 마음으로 맞이할 것이라고 말합니다. 그가 이러한 죽음에 대한 태도를 가지는 근거로 선의를 가진 신에 대한 신뢰를 종종 언급하고 있다는 점 역시 주목할 필요가 있습니다.

시간, 영원, 현재

《명상록》에는 덧없는 인생의 숙명과 사멸하는 세계의 무상함을 가히 시적으로 묘사한 구절들이 여럿 나오며, 독자에게 매우 강렬한 인상을 남깁니다. 마르쿠스 아우렐리우스는 세계 자체가 끝없는 흐름 속에서 모두 지속적으로 사라져가고 있음을 깨닫는 사람이라면, 철학만이 인생의 구원이자 의미를 발견할 수 있는 길이라는 것을 알게 될 것이라고 확신합니다. 그는 고대의 위대한 철학자들 중에서 헤라클레이토스에게 각별한 감명을 받은 것으로 알려져 있습니다. '모든 것은 흐른다'고 말한 헤라클레이토스의 세계관은《명상록》안에서 공명합니다. 마르쿠스 아우렐리우스는 일체의 환상과 미련에서 벗어나 세계의 사멸성을 관조합니다. 그는 '덧없음'은 모든 존재의 '공통된 운명'이라고 선언합니다.《명상록》에는 사멸하는 세계에 대한 묘사가 지속적으로 등장합니다. 이는 우주의 이치를 인식하는 활동이기도 하지만, 이를 관조하는 인간이 자신의 운명과 사명을 확인하는 과정이기도 합니다. 마르쿠스 아우렐리우스에 따르면, 참된 철학은 우주 전체가 사멸의 운명에 놓여 있음을 인식해야 합니다. 이는 당연히 인간 역시 마찬가지입니다. 그에 의하면 인생의 시간이란 찰나에 불과합니다.

마르쿠스 아우렐리우스는 이제 세계의 사멸성을 시간의 영원성과 대비시킵니다. 그의 철학이 지닌 깊이와 탁월성은 여기서 잘 드러납니다. 영원이 시간의 심연으로 표상되는 것을 보게 됩니다. 시간의 영원성은 사멸하는 물질의 무상함과 대비됩니다. 긴 세월이 지난 후 파스칼이 반복하였듯이, 심연과 같은 영원을 사유하는 것은 인간에게 전율을 안겨줍니다.

> 자, 너의 뒤에 무량한 시간이 있음을 보라! 마찬가지로 너의 앞에 놓여 있는 무한한 시간을 보라! (《명상록》, IV.50)

> 아시아, 유럽은 세계의 한구석. 대양 전체는 우주에 깃든 물 한 방울. 아토스산은 우주 전체의 작은 흙덩이. 모든 현재는 영원의 한순간. 모든 것은 작고, 변하고, 사라진다. (《명상록》, VI.36)

하지만, 시간의 영원성을 인식하는 것은 궁극적으로 자유의 길입니다. 세상의 사멸성과 시간의 영원성을 두려움과 허무감이 아니라 평정심을 가지고 받아들일 때, 각 개인이 맞이하는 죽음과 화해하고, 인생을 긍정하며, 진정한 '현재'에 대한 의식을 지니게 됩니다. 이런 관점을 마르쿠스 아우렐리우스는 "높은 곳에서 바라보라"는 격언으로 요약합니다. 훗날 스피노자와 비트겐슈타인이 "영원의 상 아래서 바라보기"를 철학의 목적이라 언급한 것과 같은 의미라고 할 수 있을 것입니다. 철학 수련은 인간에게 영원으로 확장되는 시간 의식을 열어주며, '높은 곳에서 바라보는' 인생사에 대한 초연한 관조로 이끌어갑니다. 마르쿠스 아우렐리우스는 죽음을 자연스러운 현상으로 영혼 안에 받아들이는 것은 철학적 사유를 통한 관조로써만 가능하다고 여기고 있습니다.

철학사에서 살펴보면, 마르쿠스 아우렐리우스보다 후대에 등장한 플로티노스가 신플라톤주의 철학을 열고, 영원성에 대하여 본격적으로 탐구합니다. 그리고 스토아철학과 달리 내재적 차원에서가 아니라 초월이라는 주제하에서 영원성을 종교철학적·실천철학적인 주제로 삼습니다. 하지만 《명상록》에서도 이미 영원의 문제가 인상적으로 주제화됩니다. 여기서 초점은 현재의 시간이 가진 존재론적 우위라는 것을 기억할 필요가 있습니다. 현재라는 시간성에 대한 존재론적인 관조는 《명상록》에서 가장 심오하고 창조적인 사유에 속합니다. 마르쿠스 아우렐리우스가 근대 이후 오늘에 이르기까지 많은 영감과 영향을 주고 있는 대목입니다. 그는 헤라클레이토스에서 시작하여 니체에까지 이르는, 영겁의 시간이라는 흐름 안에서 현재를 사유하는 전통의 한 정점에 있다고 할 수 있습니다. 우리는 현재에 대한 깊고 명료한 사유를 통해 덕을 실천하는 인생에 대한 긍정과 죽음의 수용이 만나고 있다는 것을 보게 됩니다.

네가 3천 년을 산다 하더라도, 혹은 3만 년을 더 산다 하더라도, 너는 잊지 말아야 한다. 누구도 지금 정말로 살고 있는 이 삶이 아닌 다른 삶을 잃는 것이 아니라는 것을. 누구도 지금 잃게 되는 그 삶 말고 다른 삶을 사는 것이 아니라는 것을. 그러기에 가장 긴 생애도 가장 짧은 생애와 마찬가지이다. 현재

의 시간은 모든 이에게 같은 것이며, 현재는 순식간에 사라지는 것이 아니겠는가? (《명상록》, II.14)

마르쿠스 아우렐리우스는 행복이란 결국 우주 법칙의 근원인 신의 뜻과 내면에서부터 조화를 이루는 덕스럽고 정의로운 삶을 사는 것이고, 이 세계에서 '이방인'이 아니라 온전한 '시민'으로 사는 것이라 믿었습니다. 그러나 이러한 삶은 지상 생애의 시간적 지속을 통해 충만해지는 것이 아니라 현재라는 시간성 안에서만 사유되고 감지될 수 있다고 말합니다. 사멸하는 세계에 속한 인간이 영원이라는 시간의 심연을 대하며 인생의 의미를 찾을 수 있는 것은 현재에 대한 깨달음을 통해서입니다. 그 현재에 대한 의식이야말로 죽음을 성찰하는 철학적 수련이 지향하는 것입니다.

현대철학에서 마르쿠스 아우렐리우스를 새롭게 인식하게 하는 데 크게 기여한 피에르 아도는 자신이 말년에 남긴 대담집에서, 행복이란 오직 '현재'에 있다고 말합니다. 우리는 현재의 시간성에 대해 사실 피상적으로만 알고 있습니다. 그러나 《명상록》은 현재의 존재론적 심오함으로 우리를 초대합니다. 이는 인생을 다르게 볼 수 있는 기회를 줍니다. 그리고 인생에 대한 그러한 새로운 시각은 죽음에 대한 사유를 통해서만 생성된다는 것을 마르쿠스 아우렐리우스는 우리에게 알려주고 있습니다.

영원의 거울 앞에서

영원의 거울 앞에서

영원을 무한하게 시간이 지속되는 것으로서가
아니라 무시간성으로 이해한다면,
현재를 사는 사람은 영원을 사는 것이다.

루트비히 비트겐슈타인, 《논리철학논고》

우리는 죽음에 대한 사유를 통해 인간 존재가 '시간의식' 안에서 자신의 삶을 이해하고 영위하고 있다는 것을 비로소 절실하게 깨닫습니다. 삶의 유한함을 대면하고, 시간 안에서 매순간 가까이 다가오는 죽음의 순간이 무엇을 의미하는지를 숙고하며, 마침내 시간의 본질에 대해 사유의 나래를 뻗칩니다. 시간에 대한 사유가 본격적으로 시작될 때, 영원성은 새로운 의미를 얻습니다. 그때 영원성의 개념은 추상적인 차원이 아니라, 실존의 영역에 자리합니다.

죽음에 대한 사유가 영원에 대한 전망과 갈망으로 나아가는 것은 인간의 실천적이며 동시에 형이상학적인 본성에 속합니다. 이를 고대와 중세의 철학자들은 감동적으로 보여주었습니다. 위대한 철학자들이 죽음을 시간 안에서 사멸하는 세상에서 살아가는 존재자의 운명에서 시작하여, 그 사멸성을 넘어서는 영원성의 지평에서 사유하고, 영원의 사유 속에서 인간의 완전한 행복을 정의한 것은 죽음에 대한 사유에 있어 중요한 기점이 됩니다. 죽음의 사유는 인간을 '영원의 거울'에 비친 존재로서 바라보게 합니다. 영원의 거울 앞에서는 인간의 미소함과 위대함이 동시에 드러납니다.

　　서양철학의 계보학에서 형이상학과 인간학을 통합하
여 영원성의 범주로 인간을 조명한 최초의 종교철학은 신
플라톤주의자 플로티노스에게서 시작된다 하겠습니다. 위
대한 그리스도교 철학자이자 신학자인 아우구스티누스 역
시 시간과 영원의 관점에서 죽음을 바라보는 가능성을 신
플라톤주의에서 받아들였습니다. 그는 《고백록》에서 친구
와 어머니를 잃은 슬픔을 지극히 인간적이고 경험적인 차
원에서 기술하지만, 또한 시간과 영원에 대한 존재론적 고
찰을 통해 죽음을 더 깊은 신비의 영역 안에서 바라보는
가능성을 열어줍니다.

　　이후 스콜라학파를 완성하고 아우구스티누스와 함께
그리스도교 철학과 신학의 중심이 된 토마스 아퀴나스는 시
간과 영원의 대립쌍을 이 세상 안에서 가능한, 덕을 통한
'불완전한 행복'과, 이 세상을 넘어서는 불멸과 영원의 세
계 안에서 신을 직접 바라보는 지복직관의 '완전한 행복'으
로 해석합니다. 이제 죽음은 완전한 행복을 위해 인간 존
재가 변모하기 전 거치는 문이 됩니다.

　　토마스 아퀴나스의 제자이자 신비주의 철학의 위대
한 대가 마이스터 에크하르트는 세상에 살면서도 이미 영

원의 거울을 통해 인간 존재를 관조하기 위해서는 어떠한 자세를 지녀야 하는지 가르칩니다. 중세의 영성은 영원의 눈으로 지상의 삶을 바라보려 했습니다. 이는 단지 지성적 사변의 일이 아니라 종교적 수련의 실천적인 과제였습니다. 자신의 죽음을 준비하고, 죽음을 맞이하는 이들에게 용기를 주고, 가족을 잃은 이들을 위로하는 지침인 아르스 모리엔디는 영원의 거울을 바라보며 지상의 삶을 받아들이고자 하는 노력이 일부 철학자와 신학자에게만 중요한 문제였던 것은 아니었음을 증언합니다.

'중세의 가을'을 대표하는 요하네스 제르송에 의해 체계적으로 문헌화된 아르스 모리엔디는 중세와 근대의 과도기에 가장 많이 읽힌 영성가인 토마스 아 켐피스나 프란치스코 살레시오가 남긴 영성의 고전들에도 그 흔적이 잘 남아 있습니다.

플로티노스의
마지막 말

플로티노스Plotinos(약 205~271)는 로마 제정기 철학의 끝무렵을 빛
낸 위대한 철학자입니다. 이제 플로티노스와 함께 신新플라톤주의
가 본격적으로 시작됩니다. 신플라톤주의는 헬레니즘 시대에 이미
시작되어 로마 제정기에도 이어진 스토아주의, 에피쿠로스주의,
아카데미아학파, 소요학파와 함께 후기 고대철학의 가장 중요한
흐름을 이룹니다. 서양 사상사의 전통에서 신플라톤주의에 관심
을 갖게 되는 또 다른 이유는 신플라톤주의와 그리스도교와의 흥
미로운 관계 때문입니다. 플로티노스 당시 이미 이집트의 알렉산
드리아를 중심으로 교부철학이라고 불리는 고대 그리스도교 철학
이 꽃을 피우기 시작하였고 플로티노스의 철학을 계승한 신플라
톤주의 철학자들 중에는 그리스도교에 속한 인물들이 여러 명 있

있습니다. 그러기에 신플라톤주의와 그리스도교가 신론과 영혼론에 있어 공통되는 부분을 보인다는 것은 어쩌면 당연하다고 할 수 있습니다. 고대 그리스도교가 신앙교의를 정립하는 신학적 논쟁과 수도 영성의 형성 과정을 살펴보면 신론과 인간학 모두에서 신플라톤주의 철학이 중요한 역할을 했다는 것을 알 수 있습니다.

신플라톤주의는 플라톤과 아리스토텔레스의 존재론과 영혼론, 중기 플라톤주의의 형이상학에 영향을 받았지만, 이들에 비하면 더 삶에 뿌리내린 방식의 수양과 명상을 강조하며 신비주의적이고 종교적인 요소가 강했던 것으로 보입니다. 이는 플로티노스 본인 역시 마찬가지였습니다. 그는 뛰어난 사변가이기도 했지만 학자적 풍모 이상으로 철학적 삶을 실천적으로 살고자 한 구도자의 자세를 가진 사람이었습니다. 피타고라스가 그랬듯이 플로티노스 역시 학문적이면서도 종교적인 공동체의 전통을 정립했다고 할 수 있습니다. 실제로 로마 제정 후기에 많은 지식인들에게 있어 신플라톤주의와 그리스도교는 상호 경쟁의 관계에 있었고, 그 사이에 일어난 갈등들은 여러 종교사 연구자들이 전해주고 있습니다.

그러나 한편으로는 서로 지속적으로 긍정적인 영향을 주고받았고, 신플라톤주의는 그리스도교 철학과 신학 안에 신비주의의 전통이 자리 잡는 데 있어 결정적인 기여를 했습니다. 그리스도교 안의 플라톤 사상의 요소에 대해서는 흔히 '초월'(에페케이나

epekeina)과 '신비학'(미스타고기아mystagogia)의 개념을 언급하는데, 이는 사실 신플라톤주의를 통해 비로소 주목받게 되었다고 할 수 있습니다. 이는 후기 고대의 끝자락인 5~6세기에 등장한 위僞 디오니시우스의 신비신학과 중세 철학 부흥기의 시작이었던 카롤링거 르네상스 시대를 이끈 대학자 요한 스코투스 에리우게나John Scotus Eriugena(810~877)의 철학에서 확인할 수 있습니다. 11세기 이후 아랍 세계와 동로마 제국을 거쳐 다시 유럽에 본격적으로 소개된 아리스토텔레스 저작들에 기초하여 학문적이며 논증적인 체계를 정립했던 중세 스콜라철학 전성기(11~13세기)에도 신플라톤주의는 그리스도교 사상에서 사라지지 않았습니다. 스콜라철학의 정점이라 할 토마스 아퀴나스의 대표작《신학대전》에서 제시하는 신학과 철학의 전체 구도가 신플라톤주의에서 유래했다는 것은 그 증명이기도 합니다.

형이상학의 역사와 플로티노스

중세 후기 이후에 독일의 라인강 지방을 중심으로 위대한 신비주의 영성이 꽃피게 됩니다. 그 수원을 찾아본다면, 이 역시 고대 그리스도교 시대에 이미 시작된 신플라톤주의적 신비주의 철학의 전통이었습니다. 이후 르네상스 시대에는 피렌체를 중심으로 새로운 철학을 추구하는 이들이 플로티노스를 재발견했습니다. 마르실리오 피치노Marsilio Ficino(1433~1499)가 대표적 인물입니다. 역시 르네상스 시기에 독창적이면서 심오한 철학 저서들을 남긴 독일의 니콜라우스 쿠자누스Nicolaus Cusanus(1401~1464) 추기경의 사상 안에서도 플로티노스를 비롯한 신플라톤주의의 철학적 요소들을 발견할 수 있습니다. 이를 지성주의적이고 철학적인 신비주의라고 말할 수 있습니다. 쿠자누스의 철학은 근대철학이 다다른 마지막 단계라 할 수 있는 헤겔의 절대적 관념론이 완성되는 데에 영향을 주었다고 말할 수 있는데, 이는 플로티노스의 영향력이 서양철학사 안에서 얼마나 지속적이었는지를 보여주는 것이기도 합니다.

존재를 다루는 형이상학의 역사에 있어 플로티노스의 영향력은 플라톤과 아리스토텔레스에 비하면 사실 과소평가된 경향이 있습니다. 그러나 존재자에 대한 철학과 자기 인식의 철학을 '일자一者'를 통해 종합하고 있는 플로티노스의 형이상학은 플라톤과 아리스토텔레스의 상이한 전통을 충실하게 계승하고 있을뿐더러, 초월과 내재의 대립이라는 형이상학의 가장 근본적인 질문에 창조적으로 답하고 있습니다. 그래서 근대와 현대를 연결하는 프랑스의 위대한 철학자 앙리 베르그송Henri Louis Bergson(1859~1941)은 플로티노스를 서양 형이상학의 중심 인물로 평가합니다. 플로티노스는 일자에서 유출되어 지성과 물질에 이르는 존재의 위계를 정립합니다. 이는 플라톤이 이데아 사상을 통해 말하고 있는 가지계와 감성계의 대립을 인정하면서도, 그 이행을 설명하려는 시도입니다.

아리스토텔레스는 플라톤이 이데아의 세계인 가지계를 설명하기 위해 사용한 뮈토스(신화적 표현)를 벗어나서 지성이 오직 순수 관상과 사변으로만 추상해낼 수 있는 제일 원리의 개념을 가지계의 근본 원리로 정립합니다. 아리스토텔레스는 이후 서양 철학사에 중요한 역할을 하는 이른바 '철학자의 신'의 개념의 원형이 되는 '부동의 원동자'이자 '사유하는 사유'라는 존재신학을 형이상학의 최종적 단계로 제시하고 있습니다. 아리스토텔레스는 플라톤의 이데아의 세계를 거부하고 존재자들과 물질의 영역인 현상의 세계에만 사유와 탐구를 제한한 것이 아닙니다. 그는 가지계를 지혜(소피아)라는 직관적 지성 활동을 통해서만 파악할 수 있는 본질의 세계로 이해했다고 할 수 있습니다. 베르그송에 따르면 플로티노스의 형이상학은 이러한 서로 다른 두 세계를 조화시키는 시도입니다. 그의 철학의 가장 잘 알려진 구도인 일자로부터의 유출과 다시 일자로 돌아가는 회귀는 지성의 세계와 물질의 세계의 분리가 아니라 그것을 일원론적으로 통합하는 시도입니다.

플로티노스의 '마지막 말'

플로티노스 형이상학의 개요를 살펴보는 것은 그가 죽음에 대해 가지고 있는 관점을 이해하는 데 매우 중요합니다. 그는 사변적인 철학 연구와 삶의 방식으로서의 철학적 수양을 철저하게 일치시킨 인물입니다. 이집트 지역의 로마 속주에서 태어난 것으로 알려진 플로티노스는 알렉산드리아에서 수학을 하고, 이후 로마에서는 황제의 조언가이자 많은 제자들의 학문 탐구와 덕의 수양을 이끈 스승으로 높은 존경을 받았습니다.

그러나 무엇보다 그의 삶은 철학의 관조에 뿌리내리고 있으며, 이론으로서의 철학은 덕의 수양과 실천, 영혼의 상승을 체험하는 신비주의의 실천과 무관하지 않았습니다. 플로티노스의 신비주의는 자주 오해되듯이 지성의 논증을 처음부터 포기하는 것이 아니며, 철학적 진보의 최상 단계로서 '지혜'의 추구를 지향하는 것이었습니다.

그가 제자들과 대화와 토론을 통해 매우 섬세하고 철저하게 존재, 지혜, 일자, 아름다움 등 주요 철학적 주제들에 대해 탐구한 결실들은 그의 사후 제자 포르피리오스가 여섯 개의 주제에 따라 각기 아홉 편의 논고로 묶은 《엔네아데스*Enneades*》(구론집)로 전해집니다. 이 유고를 편집한 포르피리오스는 서두에 논고의 구성을 소개하고 짧게나마 플로티노스의 인간적 모습을 전해주는 〈플로티노스의 생애Vita Plotini)를 기술했습니다. 포르피리오스는 플로티노스가 자신의 삶의 여정에 대해 말하는 것을 중요하게 생각하지 않았고, 평생에 걸쳐 엄격한 수양을 실천하려 노력하면서 육체적 편안함을 돌보려 하지 않고 쾌락을 피하고자 했으며, 여러 번 신비 체험을 했다고 전해줍니다. 그리고 덧붙여 그가 '육체를 부끄러워'했다고 전하고 있는데, 여기에서 플로티노스가 물질과 감각의 세계, 육신이 살아 움직이는 세계를 멸시하는 염세적이고 이원론적인 태도를 지녔다는 통념이 오랜 시간 철학사 안에서 자리잡게 됩니다.

그러나 베르그송이 평가하듯이, 그의 철학은 가지계와 감각계, 또는 정신과 물질(육신)의 세계를 분리시키는 것이 아니라 이를 더 높은 차원의 일자 안에서 '승화'시키는 것이라는 것을 기억할 필요가 있습니다. 플로티노스 철학을 이원론이라 비판하는 것은 사실 오랫동안 그리스도교에 대한 비판의 내용이기도 했습니다. 신비주의가 지상의 삶을 멸시하는 태도로 이어진다는 선입관은 사실 비판적으로 재검증할 필요가 있는데, 이를 위해서는 플로티노스의 철학과 그의 삶과 죽음에 대한 태도를 음미하는 것이 의미 있습니다.

플로티노스는 인간의 삶에 있어 궁극적 의미는 마치 하나의 조각품을 창조하듯 각자 자신의 삶을 조형하며 '아름다움'을 그 안에서 드러내는 것이라 가르쳤습니다. 다만 그 아름다움은 물질

176

적·감각적 욕망의 대상 차원이 아니라 일자에 이르는 도정의 끝에서 완성되는 것이며 그 과정에서 학문적 진리와 도덕적 선을 거쳐 지혜와 정신의 세계에 이르도록 자신을 수련하는 것이 철학자의 삶이라 말합니다. 그는 지상의 삶을 초월하는 일자와의 합일이라는 신비주의적 직관을 가지고 있었으며, 생물학적 죽음을 두려워하지 않았습니다. 그런 의미에서 그는 매우 충실하게 소크라테스가 말한 '죽음의 연습'으로서의 철학을 실천하였습니다. 그러나 이것이 삶의 소중함을 부정하는 것이 아니라는 것을 이해해야 합니다.

플로티노스가 지상의 삶에서 충실하게 자신을 도야하는 것과 초월의 차원을 관조하는 것을 통합시키고자 하는 노력에서 중요한 것은 '시간과 영원'의 대비입니다. 영원은 아리스토텔레스처럼 양적인 지속이라는 자연학적 개념이 아니라 형이상학적이며 신학적인 관조와 신비적 체험의 대상입니다. 플로티노스가 바라보는 영원에 대한 관점은 이후 지속적으로 서양 사상사에 큰 영향을 미칩니다. '영원'에 대한 실존적 깨달음은 '지금'에 담겨 있는 심오한 의미를 체험하게 하는 단초가 됩니다. 이는 죽음의 의미에 대하여 새로운 시각을 가지게 합니다. 우리는 아우구스티누스에 대해 논하면서 시간과 영원과 지금의 개념에 대해 본격적으로 살펴볼 것입니다.

포르피리우스는 플로티노스의 '마지막 말'을 전해줍니다. 플로티노스는 공무 때문에 멀리 떨어져 있던 사랑하는 제자 에우스토키오에게 마지막 말을 전하기 위해, 죽음을 앞둔 병상에서 힘겹게 기다립니다. 겨우 도착한 제자에게 플로티노스가 전한 말은 오랫동안 다양한 해석을 낳게 됩니다. 전승 과정에서 여러 판본에 따라 미묘한 차이들이 있었기 때문입니다. 그중 저명한 고전 문헌학자 모스트Glenn W. Most가 제안하는 번역을 소개합니다.

자, 철학적 탐구를 통해 우리 안에 있는 신적인 것을 회복하도록 노력하게나. 모든 것 안에 있는 신적인 것에 이르기까지.

아우구스티누스와
두 개의 죽음

아우구스티누스Aurelius Augustinus(354~430)가 서양철학과 신학의 역사에서 차지하는 위치는 절대적입니다. 고대 그리스도교 라틴어권 교부를 대표하는 아우구스티누스는 고대와 중세 그리스도교 사상에 거대한 영향을 끼쳤을 뿐만이 아니라 데카르트를 비롯한 근대철학자, 베르그송이나 하이데거와 같은 현대철학자들의 사유의 뿌리가 되었고 그의 사상은 현대 가톨릭과 개신교 신학에서 여전히 규범이자 영감으로 받아들여지고 있습니다. 20세기 실존철학의 거장·칼 야스퍼스는 플라톤, 아우구스티누스, 칸트를 꼽아 서양철학의 근간으로 평가하기도 했습니다.

아우구스티누스는 후기 고대의 여러 주요한 철학과 교양의 정수를 체득하고 이를 성서와 전통을 통해 형성된 그리스도교 신앙과 교회의 삶과 관련된 실천에 적용하였습니다. 그의 저서들은 그보다 앞서 후기 고대철학을 그리스도교 신앙과 조화시키고 신앙 내용을 교의로 체계화하고 명료화하기 위해 원용하려 시도한 그리스어권 교부들의 업적을 이어받고 발전시킨 결실이며 고대 그리스도교 사상의 정점이라 할 수 있습니다. 그의 저서에 담긴 가르침들은 이후 중세 그리스도교 사상의 출발점이 되었기에, 그를 '최후의 로마인'이자 '최초의 중세인'이라 평할 만합니다.

아우구스티누스가 철학사나 신학사를 넘어서 르네상스 시대 이후 서양 문화사 전체에서 수많은 작가와 사상가, 예술가들의 영감이 되었던 것은 그가 일찍이 자아를 탐구하는 새로운 사유의 영역을 열어놓았기 때문입니다. 아우구스티누스는 고대와 중세 사상사 안에서 비견할 예를 찾기 어려울 정도로 자신의 인생과 경험을 담은 자서전을 솔직하고 자세하게 기술하며 인간의 근원적인 심리와 갈망에 대해 탐구하였습니다.

또한 이러한 과정에서 감정과 지성과 욕망 전체를 포괄하는 '마음'의 개념을 생생하게 그려냈습니다. 그의 글을 읽는 사람은 아우구스티누스가 데카르트에 이르러 비로소 확고하게 정립한 근대 주체성의 철학을 이미 선취하고 있다는 사실에 경탄하게 됩니다. 아우구스티누스는 철학적이고 신학적인 탐구와 명상을 통해, 심리학이 발전한 오늘의 관점에서도 결코 낡아 보이지 않고, 정신적 불안과 혼돈에 시달리는 현대인에게 귀감이 되는 자아의 발견에 도달했습니다. 이러한 자아의 탐구와 발견은 무엇보다도 그의 주저《고백록 *Confessiones*》에 잘 담겨 있습니다. 후대인들이 그를 '최초의 근대인'이라 부르며, 아우구스티누스의 방대한 저술 중에서도 인생의 의미와 신의 섭리를 살피는《고백록》이 유독 신학의 영역을 넘어 오늘날까지도 사랑받는 이유는 여기에 있습니다.

죽음의 문제와 철학적 인간학

아우구스티누스는《고백록》에서 생생한 문학적 묘사와 심오한 철학적 개념을 탁월하게 조화시키고 있습니다. 개인적 체험을 통해 마음과 의식이라는 인간 내면을 그 심저까지 설득력 있게 탐구하고 기술하고, 마침내 참된 자아의 발견과 이에 기초한 내면성의 조형을 철학의 주된 주제이자 과제로 제시합니다.《고백록》은 처음부터 끝까지 아우구스티누스가 신에게 말을 걸고 기도하며 인생의 단계마다 신이 보여준 사랑을 찬양하는 내용으로 되어 있습니다. 그러기에 그 근저에 신과의 만남과 은총의 체험이라는 신앙적·신학적 차원이 전제되어 있습니다. 그러나 그리스도교 신앙의 차원을 받아들이지 않는 입장에 있는 이에게도 아우구스티누스가《고백록》에서 수행한 자아의 탐구는 보편성을 잃지 않습니다. 종교적 입장과 상관없이 철학적 인간학에 있어《고백록》이 가장 중요한 고전 중 하나로 꼽히는 이유입니다. 한나 아렌트가 진정한 의미의 철학적 인간학의 시작점은 '인간은 자기 자신에게 의문이 되었다'라는 《고백록》의 구절이라고 언급한 것은 과장이 아닐 것입니다.

아우구스티누스에 따르면 철학이란 인간이 자기 자신에 대해 그 심저까지 파고들어 묻고 답하는 여정입니다. 이러한 인간에 대한 탐구는 피상적인 일상의 관심사나 각 개인의 내밀한 실존과 상관없는 학문적이고 지식적인 차원에 머물러서는 안 됩니다. 이는 탐구하는 개인의 실존에 뿌리내린 깊이와 절실함을 지녀야 합니다. 《고백록》을 읽다 보면 인간 존재와 자신의 본연의 자아에 대한 인식을 체득하고 심화하는 데 있어 죽음의 문제가 결정적 계기로 작용한다는 것을 깨닫게 됩니다. 이런 의미에서 아우구스티누스는 이후 파스칼, 키르케고르, 하이데거 같은 후대 철학자들이 불안, 권태, 절망, 희망 등 자아의 기본 체험과 죽음의 문제를 심층적으로 연결하여 사유할 수 있는 길을 예비하였다고 할 수 있습니다. 아우구스티누스는 죽음이라는 주제를 관념적·객관적 분석의 대상으로 삼거나 죽음 이후의 삶에 관한 신앙의 내용을 내세우지 않습니다. 죽음의 문제를 한 인간을 송두리째 뒤흔들며 주체성의 심연과 대면하게 하는 체험으로서 묘사합니다. 아우구스티누스는 죽음이 철학에 있어 사변의 대상이 아니라 실천적인 인생의 과제라는 것을 알고 있습니다. 그는 죽음과 관련한 자신의 체험을 섬세하고 날카롭게 반추하며 참된 자아에 도달하고 참된 행복을 위한 인생의 길을 발견하고자 합니다.

아우구스티누스의 사유에 있어 죽음은 하나의 도전이자 과제였습니다. 그는 죽음에 대한 태도야말로 사유가 인격 안에서 성숙되었는지, 단지 지식으로 습득한 것이 아니라 삶과 일치된 깨달음에 이르렀는지를 판단할 수 있는 잣대라는 것을 자신의 인생의 단계를 상세하게 묘사하면서 보여주고, 독자가 이를 자신의 경우에 비추어보도록 이끌어줍니다. 인간학적 사유로 이끌어준 죽음이라는 주제와 관련하여 아우구스티누스에게 있어서는 각별히 두 사람의 죽음이 중요한 역할을 합니다. 그 하나는 아우구스티누스가 젊은 시절에 겪은 절친했던 한 친구의 죽음이고, 다른 하나는 그가 비로소 신앙 안에서 평화를 얻은 후에 중년기에 접어들 무렵 맞이하게 된 어머니 모니카의 죽음입니다.

친구의 죽음

깊은 우정을 나눈 친구의 죽음과 이로 인해 자신이 겪은 정신적 위기에 대한 인상적인 서술은《고백록》4권에 등장합니다. 4권에는 아우구스티누스가 고향인 로마의 북아프리카 속주, 누미디아 지방의 타가스테와 그 지역의 중심지 카르타고에서 처음으로 수사학자이자 당시 교양의 기초였던 자유기예학 교사로서 이름을 얻기 시작한 청년기의 사건들이 마치 영화처럼 다채롭게 묘사되고 있습니다. 아우구스티누스는 뛰어난 재능에 자부심을 가졌고, 사람들에게 사랑받으며, 예술과 학문을 즐기고 다양한 사람과 어울렸던 빛나는 모습과 함께 그 가운데 소리 없이 드리워진 그림자라 할 삶의 공허함과 위태로움에 대해서도 암시합니다. 그는 자기 자신이 감각적 즐거움에 탐닉하여 쉽게 유혹에 넘어갔고 능력 있는 젊은이가 자주 그렇듯 오만함과 경박함에 빠져 있었다고 솔직하게 고백합니다.

이 시기에 아우구스티누스에게 결정적인 사건은 함께 공부와 예술의 도락을 함께하며 달콤한 우정을 나누었던 가장 아끼던 친구가 병으로 갑자기 죽게 된 일이었습니다. 친구의 죽음은 아우구스티누스의 내면적 삶이 얼마나 허약한 기초에 있었던가를 적나라하게 보여줬습니다. 그는 이십 대 초반에 겪은 절친의 갑작스런 죽음이라는 비극적 사건에 대해, 긴 시간이 지났지만 또렷하게 기술하고 있습니다. 그가 그 당시 자신의 내면의 상태가 얼마나 비참했는지를 묘사하는 내용은, 수사학의 대가답게 언어적으로 탁월하기도 하지만, 현대철학의 기준으로 보더라도 매우 날카롭고 섬세하여 가히 '현상학적' 내면의 기술記述이라 부를 수 있습니다. 그는 사별을 통한 상실이 가져오는 감정의 본질과 그러한 감정에 사로잡힌 마음의 본모습을 밝혀갑니다.

먼저, 직접적인 우울함이 친구의 죽음이라는 상실의 체험을 통해 아우구스티누스의 마음을 채웁니다. 아우구스티누스는 그 때에는 울음만이 '감미로울' 정도였다고 말하고 있습니다. 이어서 그는 또한 시간이 흐름에 따라 이러한 고통이 엷어져간다는 것을 발견하게 됩니다. 무엇보다 다른 친구들과 어울리는 것이 큰 도움이 되었습니다.

그러나 아우구스티누스는 이러한 위안의 시간 후에도 마음 깊은 곳에 여전히 죽음에 대한 두려움이 잠재되어 있다는 것을 발견합니다. 친구의 죽음에 따른 사별의 슬픔으로부터 이제 죽음에 대한 사유의 주제는 나 자신의 죽음이라는 피할 수 없는 숙명으로 옮겨집니다. 죽음에 대한 의식은 자아 안에 근본적인 불안과 분열을 가져옵니다. 이러한 내적 분열을 아우구스티누스는 삶의 권태와 죽음의 두려움이라는 상반된 감정이 자아를 사로잡고 있다고 표현하고 있습니다.

그러나 제 안에는 어떤 감정인지 모르겠지만 이와 전혀 상반된 감정이 일었는데, 제 속에는 사는 데 대한 지독한 권태도 있고 죽는 데 대한 두려움도 있더라는 말입니다. 제가 보기에 그를 사랑하는 마음이 강하면 강할수록 제게서 그를 앗아간 죽음을 더 미워하고 흉악한 원수처럼 증오했습니다만, 죽음이 그를 없애버릴 수도 있었으니까 순식간에 모든 사람을 없애버리

지 않을까 생각해서 두렵기도 했습니다. (《고백록》, IV.6.11)

이제 사유는 인간에게 보편적인 운명인 사멸성과 유한성에 대한 뼈아픈 인식으로 다가갑니다. 사랑은 우리로 하여금 사랑하는 이를 영원한 존재처럼 사랑하게 하지만, 이는 결국 사별의 고통에 이르게 합니다. 그리고 다른 이를 사랑한다고 해도 헤어짐은 피할 수 없는 운명입니다. 인간을 인간답게 사랑하는 것에 만족할 수 없고, 마치 죽지 않을 사람처럼 사랑할 수밖에 없는 모순이 인간을 불행과 절망으로 이끕니다. 그는 다음과 같이 절규합니다.

도대체 왜 이런 고통은 제 내면에 그토록 쉽사리 파고들었습니까? 제가 죽을 운명에 있는 사람을 마치 그가 결코 죽지 않을 사람인 것처럼 사랑하면서, 저의 영혼을 모래밭에 부어버렸기 때문이 아니겠습니까? (《고백록》, IV.8.13.)

어머니의 죽음

친구의 죽음이라는 힘겨운 체험은 아우구스티누스에게 인간 존재와 세계의 유한성 앞에서 인간의 행복과 삶의 의미는 어떻게 찾을 수 있는가에 대한 질문을 던집니다. 자기 자신의 죽음의 문제와 대면하는 것입니다. 아우구스티누스는 이 질문을 잊지 않으며 오랜 모색과 시행착오를 통해 마침내 신앙 안에서 답을 찾습니다. 그 답을 찾는 과정에서 그가 몰두했던 여러 학파의 철학은 매우 중요한 역할을 하지만 그 한계도 가지고 있었음을 보게 됩니다. 아우구스티누스의 사상에서 중요한 윤리적·종교적 주제에 있어 철학적 사변과 신앙의 체험을 구분하기 어려운 경우가 많은 이유입니다. 아우구스티누스가 죽음에 관한 실천적 사유를 이후 긴 세월 동안 수행했고, 그 결실로서 인간적이면서도 성숙하게 죽음을 대하는 자세에 이르렀음을 보여주는 것이 《고백록》 9권에 나오는 어머니 모니카의 죽음을 맞이하는 그의 태도입니다.

이 시기는 아우구스티누스가 이미 십여 년에 걸쳐 로마와 밀라노에서 여러 학문적·종교적 단계를 거쳐 그리스도교에 입문하고 중년에 접어든 시점이었습니다. 그는 이제 젊은 시절 죽음 앞에서 느꼈던 실존적 절망과 허무감에서 벗어나 있습니다. 그러나 또한 스토아철학에서 종종 이상적이라 여겼던 감정의 평정과 초연함을 지향하지는 않습니다. 그 역시 당시 많은 로마의 지식인처럼 스토아철학을 중요하게 여겼기에 죽음 앞에서 감정을 표현하는 것에 대한 거리낌을 느끼기도 했습니다. 또한 부활과 영원한 생명이라는 신앙을 가지고 있는 그리스도인으로서 지상의 삶이 마지막인 것처럼 슬퍼하는 것도 신자에게 어울리지 않는다는 생각도 있었습니다. 하지만 그는 주저하는 과정을 거쳐 오히려 진솔한 슬픔 역시 죽음에 대한 성숙한 태도에 속한다는 것을 깨닫습니다. 그는 깊은 감정의 동요와 슬픔을 받아들이고 눈물을 흘리면서 오히려 위로를 받습니다. 그는 '눈물로써 평안을 찾았다고' 말하며 속마음의 변화를 이렇게 고백합니다.

> 이제 당신 앞에서 울 수 있었습니다. 어머니를 두고 어머니를 위해, 또 나를 두고 나를 위해 울었습니다. 참았던 눈물이 한없이 흐르게 놓아두었습니다. 눈물이 원하는 대로 흐르고 마음을 채우니, 어느덧 마음이 안식을 찾을 수 있었습니다. (《고백록》, IX.12.33)

사랑하는 이를 잃은 슬픔은 분명한 실재입니다. 그러나 그것이 반드시 우울함이나 절망, 허무로 이어져야 하는 것은 아닙니다. 인간은 이를 '인간 조건에 정해진 질서와 운명에 의해서 필연적으로 일어나게' 되는 일로 받아들이고, 그 고통을 감내하면서도 그 의미를 새겨볼 수 있고, 궁극의 희망을 향할 수 있습니다. 이러한 태도가 어디에서 올 수 있는지를 아우구스티누스는 죽음에 가까워진 어머니 모니카가 병석에서 들려준 말에서 암시하고 있습니다.

> 아들아, 나에겐 더 이상 현세의 삶에서 바라는 것이 없단다. 내가 여기서 무엇을 해야 할지, 내가 왜 더 여기 있어야 할지 이

로마의 성 아우구스티노 성당에 있는 성 모니카의 무덤. 아우구스티누스의 어머니 모니카는 의연한 자세로 죽음을 맞이했다. (ⓒLuistxo/Wikimedia commons)

제 모르겠구나. 이승에서의 나의 모든 희망이 이제 다 채워졌
단다. (《고백록》, IX.10.26)

아우구스티누스와 마찬가지로 훗날 가톨릭 교회에서 성인으
로 시성된 모니카는 철학 교육을 받은 사람은 아니었지만, 그리스
도교 부활 신앙에 대한 깊은 확신에서부터 육체의 죽음에 대해 초
연한 자세로 생의 마지막을 맞습니다.

너희의 어미를 그냥 여기에 묻거라. 이 일로 너희는 조금도
걱정하지 않아도 된다. 다만 한 가지 부탁이 있단다. 너희들
이 있는 곳에서, 나를 주님의 제단에서 기억해주렴. (《고백록》,
IX.11.27)

《고백록》 9권의 마지막 어머니 모니카의 장례로 아우구스티
누스의 자전적 내용은 끝이 납니다. 이어지는 10권에서 13권까지
의 내용은 기억, 시간과 영원, 새로운 창조에 대한 심오한 철학적·
신학적 사유입니다. 이를 통해 아우구스티누스는 자신의 구체적
인 삶의 사건과 만남의 의미를 숙고하고, 인간 존재의 깊은 차원
을 밝히고자 합니다. 《고백록》의 마지막 부분을 읽으면서 독자들
은 우리의 삶 안에 깊이 뿌리박혀 있는 죽음이라는 주제를 '시간
과 영원'이라는 차원에서 새롭게 숙고할 계기를 얻게 됩니다. 🌿

자신은 속일 수 있어도
신은 속일 수 없다

20세기 초반에 이르기까지 대부분의 독자들은 아우구스티누스가 어린 시절부터 오랜 정신적 방황을 거쳐 그리스도교에 귀의하는 중년기에 이르는 자신의 인생 여정을 생생하게 회상하는 자서전인 1권에서 9권까지만을《고백록》의 본 내용으로 여겼습니다. 이어지는 10권에서 13권까지의 내용들은 일종의 부록이거나 전문적인 신학자나 철학자를 위한 별도의 저술로 여기는 것이 대체적인 인식이었습니다. 오늘날에도 보통의 독자들은 갑자기 논증적으로 바뀐 10권부터의 생경한 문학 양식이나 주제와 내용의 난해함 때문에 당혹해하는 경우가 많습니다. 그렇지만《고백록》의 마지막을 이루는 10권에서 13권까지의 주제와 내용들은 철학과 신학의 차원에서 이 걸작의 정수에 해당되며, 앞선 전기적 내용들의 의미를 심화하고 있습니다.《고백록》의 위대함을 제대로 알기 위해서는 이질적으로 보이는 10권 이후 내용들이 사실은 9권까지의 전반부와 유기적으로 연결되어 있다는 것을 볼 필요가 있습니다. 이러한 관점에서 보면, 아우구스티누스가 자신의 인생에서 겪은 숱한 아픔과 오류들을 진솔하게 독자에게 기술한 것이 단지 개인적 자기 표현이나 치유를 위해서가 아니라 독자들 모두에게 적용되는 보편적 차원의 그리스도교적 인간관의 탐구를 위해 스스로 자기 삶의 역사를 살아 있는 예시로서 '선사'한 것이라는 것이 분명해집니다.

아우구스티누스의《고백록》은 단순히 '고백'이 아니라 모든 인간의 영혼 깊은 곳에 존재하며 지극한 사랑의 원천이 되는 신을 향한 '님기림'입니다. 11권에서 13권까지의 내용이 구약 성서의 〈창세기〉 1장 1절에 나오는 하느님께서 하늘과 땅을 창조하신 이야기에 대한 주해인 것은, 인간 신비의 해명은 존재의 근원이라는 지평 위에서 가능하다는 것을 함축한다 하겠습니다. 죽음에 대한 사유 역시 피상적이고 한시적인 한계 너머로 나아가기 위해서는 '존재의 지평'을 해명하려 애쓰는 것이 필요합니다. 인간을 포함한 모든 존재자들이 속한 보편적인 존재의 지평을 묻는 것은 죽음의 신비를 개인적이고 내밀한 방식으로 깨닫고 받아들이는 데 있어서도 반드시 필요한 작업일 것입니다. 한편 존재의 형이상학은 실존적인 죽음의 명상과 결합되어야 합니다. 존재 해명의 길은 철학사가 보여주듯 늘 미완의 과제로 남아 있지만, 그럼에도 이를 사유하는 여정 자체가 인간 존재의 신비와 본질에 속합니다.

아우구스티누스는《고백록》마지막 부분에서 진리 인식과 기억, 시간과 영원을 탐구하였고, 이를 통해 존재의 지평에서 인간의 자기 이해를 기술하고 해명하려 했습니다. 자기 이해의 맥락에서 이러한 그의 시도는 오늘날까지도 철학사와 신학사에 전범이자 출발점이 되고 있습니다. 자기 이해 없이 죽음을 사유할 수 없으며, 자기 이해는 존재의 해명에 기초하기에, 비록 죽음을 표면적인 주제로 삼지 않지만《고백록》10~13권은 죽음 이해에 있어 큰 도움을 줍니다.

진리 인식과 기억

《고백록》10권에서는 작품 전체에서 가장 밀도 있는 철학적 탐구를 만나게 됩니다. 아우구스티누스는 진리에 대한 사랑과 인식이야말로 인간 존재의 가장 심오한 열망이라는 것을 밝히고자 합니다. 행복이 존재의 실현이라면, 진리를 행하는 것이야말로 행복의 길이라는 것은 명확합니다. 아우구스티누스는 진리가 신에게 기초하였다는 사실을 묵상하면서 진리 인식과 실천, 행복이 신을 인식하는 가운데 완성될 수 있다는 결론을 내립니다. 진리를 행하는 이는 빛으로 나아가고자 하며, 진리를 행하고 싶어 한다는 것은 그의 인간학에서 기본 공리에 속합니다. 신이 정신 안에서 조명해주기를 추구하고, 진리를 사랑하는 태도 안에서 인간은 행복을 발견할 수 있습니다. 행복은 '진리를 두고 기뻐함'으로 정의됩니다.

아우구스티누스는 진리 인식은 기억의 힘에 의존하고 있다는 점을 강조합니다. 많은 사람들은 평소에 진리를 기억하기보다는 결국은 불행으로 이끄는 다른 것들에 관심과 노력을 쏟기에 진리의 망각 속에 머물고 참된 기쁨을 모릅니다. 그럼에도, 희미하게나마 참된 행복을 주는 진리에 대한 기억이 남아 있습니다. 아우구스티누스는 그러한 '약간의 빛'에 힘입어 '어둠이 덮치지 않게 걷고 또 걸어야 한다'는 비유로써 진리 인식을 위한 부단한 여정이야말로 행복에 이르는 방법이라는 것을 말합니다. 여기서 진리 인식은 당연히 신에 대한 인식에서 완성되는 것이며, 동시에 자신의 내면의 탐구를 통한 자기 인식이기도 합니다.

아우구스티누스는 외부 대상에 대한 인식이나 감각적 아름다움을 통해서는 진리 인식과 신 인식에 도달할 수 없다는 사실을 고백합니다. 그는 인간의 인식 활동에 있어 '외적 인간'과 '내적 인간'을 구분합니다. 감각적 지각에 기초하는 외적 인간의 인식 활동은 이제 영혼과 의식에서 활동하는 내적 인간의 활동으로 이어져야 합니다. 이는 외부 인식이 '자기 인식'으로 변모되는 것을 의미합니다. 아우구스티누스는 진리에 따른 행복을 위해서는 내면 안에서 참된 자아와 신을 만나야 한다고 깨닫습니다. '나보다 나를 더 잘 아는 신'은 나의 '내면 가장 깊은 곳'에서 나를 비춥니다. 그러기에 자신 자신을 속일 수는 있어도 신을 속일 수 없고, 스스로에게서 숨을 수는 있어도 신에게 자신을 숨길 수는 없습니다. 이는 단순히 윤리적 차원의 문제가 아니라 존재 지평에서 비추는 진리 앞에 선 자아라는 형이상학적인 차원의 인식입니다.

신에게 이르는 길은 '상승'의 길이기도 하지만, 이는 물리적 차원으로 확장해가는 것이 아니라 오히려 영혼 안으로 깊이 침잠하는 것이기도 합니다. 아우구스티누스는 이러한 영혼 안으로의 여정에 있어 핵심이 되는 개념으로 기억을 이야기합니다. 아우구스티누스에 따르면 영혼은 '기억의 궁정'입니다. 그 안에는 사물에 대한 지각으로부터 자아 안으로 거두어들여진 표상이 가득합니다. 기억 안의 표상들은 진리 인식과 신 인식과 자아 인식을 위한 층계의 역할을 하게 됩니다.

인간이 자신의 기억을 성찰할 때, 갑자기 자신의 영혼이 얼마나 깊고 큰 것인지를 깨닫는 순간이 옵니다. 이는 스스로가 자신에게 수수께끼라는 놀라움이기도 합니다. 여기서 진정한 의미의 자기 인식의 길이 열립니다. 아우구스티누스는 영혼의 심연에 압도되어 혼미함을 경험하는 동시에 경이에 사로잡히고 기억의 광활함에 경탄합니다.

기억은 사유의 재료이며, 감정과 열정의 시원이기도 합니다. 기억을 반성하는 것은 자신의 삶을 돌이켜보는 것이기도 하지만, 동시에 자기 자신이 어떤 존재가 되어갈 것인가를 결정하는 활동이기도 합니다.

이러한 기억은 분명 한계가 있습니다. 그러기에 신에게 가는 길, 자기 자신의 참 모습으로 가는 길은 기억마저도 넘어서는 초월의 길입니다. 하지만 그러한 초월은 먼저 기억이라는 원천이 있기에 가능합니다. 기억에서 시작하여 마침내 기억을 넘어서는 것입니다.

> 보소서, 저는 저의 정신을 통해서 제 위에 머물러 계시는 당신을 향해 상승하고 싶습니다. 당신께 닿고자 기억이라 불리는 나의 이 능력도 넘어서겠습니다. (《고백록》, X.17.26)

아우구스티누스는 이제 기억의 능력에서 인간 행복의 가능성을 보게 됩니다. 명백하게 플라톤의 '상기'(아남네시스anamnesis) 이론이 아우구스티누스의 '기억'(메모리아memoria)의 바탕이 되고 있다는 것을 알 수 있습니다. 아우구스티누스에게 행복은 진리의 원천인 신을 향하는 순수한 열망과 사랑에서 이루어집니다. 그러한 열망의 기초는 기억에 있습니다. 이 기억은 감각적 지각을 통한 경험에 의해 축적된 기억과는 다른 곳에서 유래합니다. 그는 인간 마음과 정신이라는 내면에서 발견되지만, 사실은 신과의 관계라는 초월성에 기초하고 있는 '행복한 삶'에 대한 본원적 기억과 경험에 행복의 원천을 둡니다.

> 제가 지금 묻는 것은 행복한 삶이 기억 속에 존재하느냐입니다. 저희가 행복한 삶을 알고 있지 못하다면 좋아할 리도 없기 때문입니다. (《고백록》, X.20.29)

> 제가 당신을 배워 알게 된 그것으로부터 제가 당신을 기억하는 것을 보면 당신께서 그 속에 거처하심은 분명합니다. 그리고 제가 당신을 회상할 적마다 당신을 만나 뵙는 곳은 기억 속입니다. (《고백록》, X.25.36)

시간과 영원

기억에 대한 명상은 그 기억이 지닌 시간성의 인식에 도달하기 마련입니다. 기억은 시간 속에서 지나간 것들을 '현재화'하는 활동이기 때문입니다. 아우구스티누스는 《고백록》 11권에서 이후 철학사에서 늘 새롭게 논의되는 "시간이란 무엇인가"(XI.14.17)라는 질문을 던지고 있습니다.

《고백록》11권은 시간이라는 심오한 철학적 질문을 다루는 모든 철학자들이 음미하는 위대한 사유를 담고 있습니다. 근대철학의 기계론적이고 양적인 시간관을 극복하려 시도하고 '시간 의식'에 대한 철학적 탐구를 갱신한 현대 철학자들인 앙리 베르그송, 에드문트 후설, 그리고 마르틴 하이데거 모두가《고백록》11권에 매료되었고, 자신들의 시간론의 시작점으로 삼은 이유입니다.

아우구스티누스는 인간이 영원이 아니라 시간 안에서 존재를 실현해가고 있음을 언급합니다. 이는 언뜻 인간의 삶이 전체성이 아니라 파편적인 흐름 안에서만 경험될 수 있다는 이야기로 들립니다.

그러나 아우구스티누스는 다른 한편으로 시간이 과거와 현재와 미래로 분절된 것이 아니라, 끊임없이 이러한 세 가지 시간의 계기를 안에서 '현재화'하고 있다는 것을 통찰합니다. 이는 시간이 '양적 차원'으로만 환원될 수 없다는 것을 의미합니다.

이런 의미에서 아우구스티누스는 시간은 인간 영혼만이 잴 수 있으며, 영혼이 경험하는 '내적 사건'입니다. 현재성을 '주목'하고 과거의 일들을 '기억'하고 미래를 '기대'하면서 비로소 시간은 인간에게 '현전'하게 됩니다. 시간은 흘러가고 사라지는 것이고 인생은 이러한 시간에 종속되지만, 다른 한편으로 우리는 끊임없는 현재화의 순간들마다 파편화와 분리를 넘어서서 영원의 접점과 만나는 기회를 갖습니다. 이러한 아우구스티누스의 시간과 영혼과 영원에 대한 인식은 신플라톤주의의 창시자 플로티노스의 '시간과 영원'에 대한 심오한 통찰에 영향을 받았다고 할 수 있습니다. 베르그송은 《시간에 대한 이해의 역사》에서 플로티노스의 시간론의 핵심과 의미에 대해 탁월하게 알려주고 있으며, 이는 아우구스티누스가 어떤 의미에서 시간을 존재의 지평으로 삼고 있는지를 이해하는 데 큰 도움이 됩니다. 베르그송은 플로티노스의 시간론을 해석하며 시간이란 '영혼의 삶'이자 영혼이 자신을 표현하면서 변천하는 살아 있는 운동이라 말합니다. 시간 이해는 영혼에 준거해야 하며, 시간을 영혼 밖에 있는 것으로 상정할 수 없다고 주장합니다.

베르그송은 플로티노스의 시간에 대한 사유를 '시간은 영혼의 펼쳐짐'이라 요약합니다. 그런데 플로티노스에 따르면 발출을 통해 일자로부터 유래하여 시간 안에서 자신을 펼치는 영혼이 진정 자신을 찾기 위해서는 다시금 '가던 길을 거슬러 되돌아 와야' 합니다. 이러한 귀환은 영원을 향한 여정입니다. 그래서 운동이라는 영혼의 삶은 결국 영원이라는 안식에서만 완성될 수 있습니다. 그러기에 아우구스티누스가 영혼의 여정과 심연을 탐구한 《고백록》의 대미를 영원한 평화인 안식일에 대한 찬미와 기원으로 마치는 것은 우연이 아닙니다.

주 하느님, 저희에게 평화를 주십시오. 저희에게 모든 것을 베

푸셨으니 침묵의 평화, 안식일의 평화, 저녁 없는 평화를 주십
시오. (XIII.35.50)

아우구스티누스에 따르면 우리는 시간 속에서 끊임없이 삶
을 살아가며 나 자신에게도 아직 미지의 영역인 영혼의 심연을 향
하는 존재입니다. 기억은 내적 차원으로 들어서는 열쇠가 되며 자
기 자신을 규정하는 원천이 됩니다. 시간 안에서 영혼이 자신을 펼
쳐가는 것은 놀랍고 위대한 현상이지만 분명한 한계를 지니고 있
습니다. 영혼은 '현전'을 통해 이미 영원의 편린을 만나고 있습니
다. 이는 존재의 완성은 영원과 쉼에서 이루어질 것이라는 예감을
일깨웁니다. 우리는 죽음에 대해 사유하면서, 기억을 통해 흔적을
남긴 시간 속에서 활동하는 영혼의 시간이 사라질 수 있다는 불안
과 의문을 대면합니다.

그러나 죽음에 대한 사유는 다른 한편으로는 시간 밖에 설 때
만이 존재가 완성될 수 있다는 희망에 대해 열려 있도록 초대합니
다. 플로티노스의 철학적 전통과 구약 성서의 창조 이야기가 담고
있는 심오한 전망을 연결시키는 아우구스티누스의 철학과 신학 사
상은 우리에게 죽음이 자리한 형이상학적이면서도 실존적인 지
평을 잘 보여주고 있습니다. 이러한 형이상학적 사변이 각자에게
는 유일회한 개인적인 사건으로 다가오는 죽음을 이해하는 데 무
력하다는 선입관은 성급한 평가일 것입니다. 존재의 형이상학의

지평에서 죽음을 사유하는 것은, 현상적이고 구체적인 차원의 죽음에 대한 기술에 보편적이며 초월적인 지평을 열어주며, 분명 여기까지 나아가야만 발견할 수 있는 위로가 있습니다.

불완전하지만
소중한 순간

토마스 아퀴나스Thomas Aquinas(약 1225~1274)는 천 년이 넘는 중세 그리스도교 역사에서 아우구스티누스와 함께 신학과 철학 분야의 가장 중요한 인물로 꼽힙니다. '천사적 박사Doctor Angelicus'라는 존칭으로 불릴 정도로 지성만이 아니라 성덕과 덕성으로 존경받은 토마스 아퀴나스는 아우구스티누스처럼 사후에 성인으로 시성되었습니다. 그의 사상적 영향력은 후기 중세까지 매우 컸지만, 신플라톤주의가 부활한 르네상스 시대를 거쳐 데카르트 이후 근대철학의 시대가 열리고 중세 스콜라철학이 퇴조하면서 그의 철학은 교회 밖에서는 폄하되고 잊혀졌습니다. 그러나 20세기 이후 가톨릭 신학 안에서만이 아니라 현대철학에서도 그 탁월함과 현재성이 새롭게 조명되면서, 오늘날에는 그의 철학과 신학이 활발하게 연구되며 큰 영향을 주고 있습니다.

도미니코 수도회 소속 수도사이자 사제였던 토마스 아퀴나스는 역시 중세의 걸출한 신학자이자 철학자이며 같은 수도회 소속이었던 알베르투스 마뉴스(대 알베르투스) 성인의 제자였습니다. 그는 알베르투스의 뒤를 이어 당시 서양 학문의 중심지였던 파리 대학의 교수로서 철학과 신학 강의와 토론에 있어 중심적인 역할을 했습니다. 파리 강의 시기에 저술한 여러 논쟁집Disputatio들은 토마스 아퀴나스의 신학적으로 방대하고 정확한 식견과 함께 명석하고 철학적이며 논증적인 방법론을 잘 보여줍니다.

그리 길지 않았던 생애의 마지막 시기에 그가 어느 정도 기초를 갖춘 신학도들을 위해 저술한 방대한《신학대전》은 성서와 철학을 바탕으로 그리스도교 신학과 철학의 거의 모든 주제를 체계적이면서도 유기적으로 종합하고 있습니다. 심성사를 미술사 연구에 도입한 20세기를 대표하는 미술사가 파노프스키Erwin Panofsky는 위대한 고딕 성당에 육화된 정신적 이념의 완벽한 모범을《신학대전》에 비추어 해석하기도 했는데, 이는 토마스 아퀴나스의 창조적 종합력에 대한 찬사이기도 합니다.《신학대전》은 역사적으로 가장 큰 영향을 끼친 신학서라 할 만하지만, 그 의미는 '영향사影響史'에만 있는 것이 아닙니다.《신학대전》은 오늘날에도 신학과 철학 연구의 수원이자 영감이 되고 있기 때문입니다. 신과 인간과 세계에 관한 거의 모든 문제를 명료하면서도 심오하게 살피고 있는 토마스 아퀴나스의 이 대작 안에서 우리는 죽음의 문제와 관해서도 매우 의미 있는 통찰을 발견할 수 있습니다. 무엇보다 '완전한 행복'과 죽음의 관계에 대한 그의 입장은 아리스토텔레스와 아우구스티누스의 죽음 이해를 종합한 것으로 볼 수 있습니다.

중세 철학의 아리스토텔레스 수용의 의미

아랍을 통해 부분적으로 전해졌던 고대의 아리스토텔레스 저서의 사본들이 12세기 이후 본격적으로 라틴어로 번역되고, 아리스토텔레스 철학을 적극적으로 수용하면서 중세 스콜라철학은 전성기를 맞습니다. 토마스 아퀴나스는 그리스도교적 아리스토텔레스주의를 완성했습니다. 아리스토텔레스는 플라톤과 달리 진리 인식에서 경험의 역할을 인정하고 초월의 세계만이 아니라, 감각적 세계와 존재를 탐구하여 '현상을 구제'하고자 했습니다. 중세철학은 아리스토텔레스주의와 만나면서, 그리스도교 세계관을 확장하고, 신이 창조한 작품인 현실 세계를 폄하하는 것이 아니라 합당하게 그 가치를 평가할 수 있는 사상적 바탕을 마련할 수 있었습니다. 그리스도교 세계가 아리스토텔레스 철학을 신학과 모순되지 않게 전유하는 데 중요한 길잡이 역할을 한 알베르투스 마뉴스가 식물학, 동물학, 광물학 등 다양한 분야의 자연학에 통달하였다는 사실은 주목할 필요가 있습니다. 자연에 대한 탐구 정신과 호기심은 창조 세계의 모든 존재에 대한 긍정과 상통하기 때문입니다.

토마스 아퀴나스는 아리스토텔레스의 입장과 철학 개념에 전반적으로 공감하였고, 아리스토텔레스의 자연학만이 아니라 그의 인식론과 형이상학을 적극적으로 받아들였습니다. 이는 감각적 경험에서 시작해서 본질 직관에 이르는 '사물들의 진리성'에 대한 낙관적 전망이자, 인간을 둘러싼 존재의 세계에 대한 경이와 존중의 태도입니다. 이는 플라톤의 영향을 받아 지상의 유한한 사물에서 벗어나 영혼과 영원을 참된 철학의 대상으로 삼으려 한 아우구스티누스와 여러모로 대비됩니다. 아우구스티누스뿐 아니라 위僞 디오니시우스, 요한네스 스코투스 에리우게나, 안셀무스 등 중세철학의 대가들은 대부분 플라톤주의와 신플라톤주의 전통에서서 영혼의 정신성, 신과 내면적 만남, 가시적 존재를 넘어서는 초월 세계로의 상승을 철학·신학·신비주의의 목표로 삼았습니다. 이에 비하면 아리스토텔레스는 세속적이고, 시간과 공간에 제한되는 유한한 존재에 관한 철학으로 보았기에 토마스 아퀴나스의 동시대에도 아리스토텔레스를 그리스도교 철학과 신학에 받아들이는 것에 대한 경계심은 상존했습니다.

아리스토텔레스 철학과
아우구스티누스 신학의 종합

토마스 아퀴나스가 아리스토텔레스 철학을 받아들인 것은 사상적 모험이었지만, 이는 그의 철학과 신학이 위대하게 꽃피는 결정적 계기가 됩니다. 토마스 아퀴나스의 철학은 창조된 피조물에 대한 참된 인식을 통해서 자아를 확장하고 세계 안에서 신의 작품을 확인하며 찬미합니다. 우리는 토마스 아퀴나스에게 영성과 종교성은 내면으로의 침잠과 초월로의 도약만이 아니라 세계 긍정과 존재 인식을 요구한다는 것을 배우게 됩니다.

그렇다고 토마스 아퀴나스가 개별적 영혼이 의미하는 정신적 내면성, 영원의 개념 안에 전제되는 초월의 영역을 소홀히 하는 것은 아닙니다. 토마스 아퀴나스를 계승한 '토미즘Thomism'은 신학사와 철학사에서 자주 아우구스티누스적 사유와 대비되는 철학과 신학 체계로 평가되고 있지만, 사실 토마스 아퀴나스에게 아우구스티누스는 누구보다 중요한 신학자였습니다. 토마스 아퀴나스가《신학대전》에서 철학자라 일컬을 때 뜻하는 이가 아리스토텔레스이며, 신학자는 아우구스티누스라는 것은 이를 잘 보여줍니다. 토마스 아퀴나스의《신학대전》구조는 아우구스티누스에게 결정적 영향을 준 신플라톤주의의 우주관의 근본 도식인 발출과 귀환에 착안한 것으로 알려져 있습니다.

신학 사유의 기반이 되는 철학에 관련해서 보면, 토마스 아퀴나스는 플라톤적으로 사유한 아우구스티누스와 다르게 아리스토텔레스를 받아들였지만, 인간과 세계의 본성과 궁극적 목표를 규정하는 데 있어서는 아우구스티누스에 동의하였습니다. 토마스 아퀴나스의 철학은 아리스토텔레스와 마찬가지로 시간 안에 있는 유한한 존재의 선과 진리에 경탄하고 탐구하는 정신이지만, 동시에 아우구스티누스와 마찬가지로 초월에 개방되고 영원을 갈망합니다. 이는 죽음이라는 주제에 있어서 확실하게 드러납니다.

토마스 아퀴나스의 죽음 이해는 행복에 대한 성찰에서 중요한 역할을 하고 있습니다. 아우구스티누스의 행복이 불투명하고 끊임없이 유혹당하고 유동하는 마음이 마침내 하느님 안에 자리를 잡고 '평정'을 찾는 것이라면, 토마스 아퀴나스는 아리스토텔레스 윤리학에 입각해서 최상의 '활동'으로 행복을 규정합니다. 《신학대전》의 2부 1편 전체는 윤리적 존재로서의 인간의 본성과 인간의 행위 원리, 그리고 인간의 덕을 주요 주제로 삼습니다. 토마스 아퀴나스는 여기서 선택, 행위, 덕의 습득과 발휘로 구성된 아리스토텔레스 윤리학의 기본 구조와 개념을 신학적 개념인 은총을 통한 구원과 절묘하게 연결하고 있습니다.

방대한 《신학대전》은 전체적으로 촘촘하게 문제를 제기하고 이에 응답하는 정교한 문답의 형식으로 축조되어 있습니다. 토마스 아퀴나스는 2부를 시작하는 첫 다섯 개의 문제들을 묶어 〈행복론De beatitudine〉이라 명명하면서, 인간의 윤리적 행위와 자기 실현을 탐구하고자 할 때, 그 출발점은 행복의 개념이라는 것을 분명히 합니다. 토마스 아퀴나스는 《신학대전》의 〈행복론〉에서 그가 이전에 《니코마코스 윤리학 주해》, 《명제집 주해》, 《반 이교도 대전》에서 다뤘던 행복에 대한 논고들을 체계적이며 포괄적으로 완성합니다. 2부 전체에서 아리스토텔레스는 윤리적 행위를 통해 자기를 실현하고 '행복'에 이르는 인간의 '자연적' 본성과 신으로부터의 은총의 작용에 대한 자유로운 응답을 통해 '영원한 행복'인 구원과 생명에 이르는 '초자연적 본성'을 구분하지만, 이를 대립시키는 것이 아니라 연관시키고 있습니다. 그것은 죽음이 한편으로는 '자연적'인 것이지만, 또한 죽음을 넘어선 인간의 완성과 행복이 있기에 당연한 것이 아니라 극복되어야 하는 것이라는 두 개의 모습이 있습니다.

불완전한 행복과 완전한 행복

토마스 아퀴나스의 윤리학은 아리스토텔레스와 마찬가지로 행복 윤리학과 목적론적 윤리학으로 분류됩니다. 앞서 아리스토텔레스에 관한 장에서 살펴봤듯이, 인간 존재의 최고선이자 인간 행위의 최종 목적으로서 행복 개념을 이해하고, 이어 행복의 내용을 도야된 덕의 완전한 활동으로 규정합니다. 덕의 활동은 인간의 존재 실현이기도 합니다. 그러한 덕의 활동에는 실천과 '관조'의 두 가지 차원이 있습니다. 실천의 영역에는 윤리적 덕의 실현과 윤리적 덕의 공동체적 확장이자 정치적·사회적 덕인 정의와 우애가 있습니다. 아리스토텔레스에게 관조는 진리에 대한 사심 없고 자기 목적적인 탐구를 의미하며 아리스토텔레스는 이러한 관조의 전형을 학적 지식의 인식에서 찾습니다. 그러니까 학문을 말합니다. 아리스토텔레스에게서 관조와 실천 사이의 위계는 분명합니다. 관조를 통한 행복은 실천을 통한 행복보다 더 완전합니다.

한편, 학문들은 각기 서로 다른 대상을 가지기에 다원적이지만, 또한 서로 간의 위계가 있습니다. 최상의 학문은 분과적인 학적 지식이 아니라, 지혜입니다. 이를 아리스토텔레스는 존재론, 곧 형이상학의 대상으로 정의합니다. 그리고 존재론의 대상 중 최상에 있는 것은 완전한 존재이자 존재 그 자체인 '신'입니다. 철학사는 이를 존재신학이라 부릅니다. 존재신학의 차원까지 다다른 진리의 관조를 아리스토텔레스는 최상의 행복이라 규정하며, 그런 의미에서 신은 가장 복된 존재이자 스스로를 사유하는 존재입니다. 이는 '철학자의 신'이며 그리스도교의 인격적 신관과는 근본적인 차이가 있지만 반드시 상호 배타적인 것은 아닙니다.

인간은 이러한 최상의 관조를 통해 어느 정도 신이 누리는 완전한 행복에 닿을 수 있지만, 유한한 존재로서 여기에 항상 머물 수 없습니다. 인간은 육신을 가졌고, 관조라는 여가를 누리기 위해서는 사회적 유대와 실천이 필요하기 때문입니다. 그래서 인간의 행복은 관조의 행복과 실천의 행복이 결합된 상태일 수밖에 없습니다. 아리스토텔레스의 논지에 따르면 철학자는 가장 많은 부분을 관조의 행복을 위해 힘을 쏟고, 누리는 사람이며 그래서 가장 행복한 사람입니다. 하지만 인간이 관조에만 전적으로 몰두할 수 있다고 해도, 육신을 넘어선 죽음 이후의 완전한 행복을 상정하지는 않습니다. 관조와 실천을 통한 행복은 철저하게 이 세상에서 이루어지는 것이며, 덕을 충분히 실현한 인생에 있어서는 신체적 죽음이란 자연적인 것으로서 초연하게 받아들입니다.

토마스 아퀴나스는 아리스토텔레스의 행복론을 그 철학적 원리와 개념에서는 받아들이면서도 중요한 변용을 가합니다. 아리스토텔레스는 당시 아테네의 정치 체제에 입각해서 폴리스의 시민으로서 자신을 실현하는 인간형을 전제로 하여 실천과 관조의 활동을 구체적으로 규정했습니다. 토마스 아퀴나스는 이를 그리스도교 신앙과 중세의 정치·교회 제도에 따라 변용하거나 새롭게 조명합니다. 정치적 참여로서의 실천은 봉건 사회라는 중세의 세계 질서 안에서는 사회적 존재로서 합당하게 주어진 역할을 수행하는 것으로 이해됩니다. 관조의 차원은 '철학적 신'에 이르는 학문적 존재 사유만을 뜻하는 것이 아니라, 그리스도교 신앙의 관점에서 신에 대한 사랑에 기초한 종교적이고 신비적인 관상觀想,

contemplatio의 차원을 포괄합니다. 그러나 이보다 더 중요한 차이는 토마스 아퀴나스가 최상의 행복인 관조 활동 역시 결국은 '불완전한 행복beatitudo imperfecta'으로 한계 짓고 있다는 점입니다. '완전한 행복beatitudo perfecta'은 오직 죽음 이후에만 가능합니다. 죽음 이후의 '완전한 행복'을 토마스 아퀴나스는 '지복직관visio beatifica', 즉 하느님을 향한 지극히 복된 관조라고 정의하고 있습니다. 이는 사도 바오로가 코린토인들에게 보낸 편지에서 전해주는 그 유명한 '사랑의 찬가'의 마지막 부분을 떠올리게 합니다. 사도는 영원의 세계, 즉 지상의 삶을 마치고 천국에 든 '그때'에야 신과 '얼굴과 얼굴을' 마주하는 완전한 행복을 누리게 될 것이라 말합니다. 인간은 이러한 희망을 품고 지상의 삶을 살아가며, 다만 '거울에 비친 모습처럼' 어렴풋하고 불완전하게 신을 인식할 뿐입니다(《코린토 신자들에게 보낸 첫째 서간》, 13장 12절 참조).

행복, 죽음, 희망

토마스 아퀴나스가 말하는 완전한 행복이 죽음 이후에 주어질 수 있다는 것은 아우구스티누스의 죽음에 대한 이해와 전적으로 일치합니다. 아우구스티누스는 만년의 대작 《신국론》에서 지상의 삶을 하느님의 나라와 인간의 나라, 하느님의 은총을 통한 행복과 인간적 차원의 행복이 병행되어 나타나는 세계로 바라봅니다. 그에 의하면 지상 삶에서의 행복은 사실 확실하지도 안전하지도 지속적이지도 못하며, 인간 영혼은 지상의 아름다움에 끌리고 그것을 누리지만 한편으로는 정처 없는 방황과 흔들림 속에 안식을 갈구합니다. 궁극적 행복은 영원한 평화이며 이는 이승의 여정이 끝난 후에야 주어집니다.

이러한 지상의 삶과 죽은 후의 삶의 대비는 그리스도교 신앙에 속한 것이고 당연히 토마스 아퀴나스도 이를 받아들입니다. 그는 〈행복론〉의 다섯 번째 문항에서 "인간은 살아서 행복할 수 있는가?"라고 질문을 제기합니다. 불완전한 행복과 완전한 행복의 구분은 이러한 맥락에서 제시됩니다. 지상의 삶에서 행복은 '가능'하지만, '완전'한 것은 아니라는 사유는 불완전한 행복과 완전한 행복을 이어주는 신의 은총이 인간에게 어떻게 작용하는가를 묻게 합니다. 이는 사랑, 믿음, 희망이라고 하는 신에 의해 부여되는 덕(신학덕)에 대한 사유로 이어집니다.

그중에서 희망의 덕의 역할에 주목할 필요가 있습니다. 토마스 아퀴나스는 희망의 덕은 세상에 대해 절망하거나 멸시하는 태도를 갖지 않고 적극적으로 선을 지향하고 실천하는 한편, 이 세상에만 매여 있지 않고 신앙이 약속하는 '영원한 생명'을 향하는 순례자의 태도를 지니게 한다고 합니다. 토마스 아퀴나스에게 있어 이 세상 안에서 불완전한 행복만이 가능한 인간이 완전한 행복을 사유하고 갈망하고 닿고자 애쓰는 것이 어떤 의미가 있는지에 대한 답은 신학적 덕인 희망입니다.

이처럼 토마스 아퀴나스 역시 아우구스티누스와 마찬가지로 지상 삶에서의 행복이 제한적임을 인정하고, 완전한 행복은 죽음 이후에 은총으로서 주어지는 것이라는 입장을 가지고 있지만 지상의 행복에 대한 가치 부여는 아우구스티누스보다 더 긍정적이라고 할 수 있습니다. 토마스 아퀴나스는 아리스토텔레스에게 충실하여 일관되게 행복을 활동에서 찾고 있습니다. 윤리적 덕과 지성적 덕을 통한 실천과 관조의 활동으로 이루어지는 지상 삶에서의 행복은 비록 불완전한 행복이라는 이름이 붙어 있지만, 결코 폄하되지 않습니다. 현세를 인간의 잠재력을 실현할 수 있는 소중한 시간과 공간으로 보고 있습니다.

그리고 불완전한 행복과 완전한 행복은 완전히 단절되는 것이 아니라, 그 유형에 있어 분명한 유비의 관계에 있습니다. 마치 신적인 영원한 존재에 지상의 유한한 존재자들이 참여하고 존재를 부여받기에 존재할 수 있는 것과 마찬가지입니다. 토마스 아퀴나스에 의하면 은총과 초월은 이미 지상에서 작용하며, 인간은 부분적으로나마 이를 감지합니다. 덕은 본성에 부합하고 덕의 실현은 지상에서 행복을 가능하게 하는 핵심적 요소이지만, 동시에 본성에 따른 덕은 은총과 초월의 영역에서의 더 완전한 행복과 단절되지 않고, 그리로 열려 있습니다. 죽음은 지상 삶에서의 행복을 무화시키는 것이 아니라, 새로운 차원에서 지상 삶에서의 결실이 완성되는 시작입니다.

토마스 아퀴나스의 완전한 행복과 불완전한 행복의 구분에 따라 죽음을 사유하는 것은 물론 영원한 생명이라는 종교적 믿음을 전제로 합니다. 그러나, 이러한 믿음을 공유하지 않는 사람이라 하더라도 이러한 사유가 의미가 없는 것은 아닙니다. 불완전한 행복이란 인간의 유한성에 대한 자각이기도 하지만, 죽음을 통해 한계 지어진 삶 안에서 덕을 습득하고 향유하며 실현하는 삶이 얼마나 가치 있는 것인지를 확고하게 증언해주는 역할을 합니다. 이는 심지어 완전하고 영원한 세계를 상정하고 그러한 관점에서 바라보더라도 참된 행복이기 때문입니다. 세상과 인생을 긍정하고 덕에 따른 삶을 수행하며, 동시에 그 미완성의 요소를 받아들이고 열어놓는 것은 희망의 태도입니다. 토마스 아퀴나스의 철학은 죽음에 대한 인식이 절망이 아니라 희망의 소인이 될 수 있음을 보여주고 있습니다. 🌿

에크하르트, 가난을 선택하는 삶

독일의 도미니코회 수도 사제였던 마이스터 에크하르트Meister Eckhart (1260~1328)는 중세 신비주의의 위대한 시원입니다. 그의 신비 사상은 중세 말기의 여러 신비주의 영성 운동으로 이어졌고, 후대에는 낭만주의의 중요한 뿌리이기도 한 독일 경건주의 종교 문학에도 결정적 영향을 줍니다. 철학사에서 에크하르트는 헤겔이 평가하듯 '독일철학'의 진정한 시작이자 19세기 철학을 지배한 독일 관념론이라는 장대한 체계를 가능하게 한 맹아라고 평가받습니다.

《존재와 시간》으로 잘 알려진, 20세기를 대표하는 독일 철학자 마르틴 하이데거는 에크하르트 사상의 진가를 본격적으로 밝히고 널리 알렸습니다. 하이데거의 후기 철학을 에크하르트의 신비주의를 빼고는 논할 수 없을 것입니다. 하이데거 이후 서구의 여러 종교철학자들뿐 아니라, 선불교의 위대한 대가들 역시 에크하르트의 신비주의 철학에 깊이 관심을 가졌습니다. 에크하르트의 저서에 담긴 '신성'과 '무無'에 대한 심오한 사유는 그리스도교와 서구 철학의 경계를 넘어서서 모든 명상적 전통과 상통하고 있기에 그의 사상은 종교 간 대화에 있어서도 큰 주목을 받았습니다. 에크하르트의 신비 사상은 비움이 진정한 자기 인식을 열어주는 문이라고 가르치는데, 이는 사람들을 죽음에 대한 성숙한 관점으로 초대합니다.

에크하르트의 인물과 사상

에크하르트에게 있어 신비주의와 형이상학적 사변은 분리되어 있는 것이 아니라 심층적으로 연결되어 있습니다. 그는 존재와 인식 원리에 대해 체계적으로 이해하고 해명하고자 시도하는 스콜라철학, 개념과 논증을 통해 신앙의 계시를 정리하고 설명하는 스콜라 신학, 그리고 플로티노스의 고대철학에서 영감을 받아, 개념의 차원을 넘어서는 그리스도교 신비 체험을 사유의 주제로 삼는 부정신학theologia negativa이라는 철학적·신학적 사변의 주요 층위를 관통하고 아우릅니다.

에크하르트는 중세 스콜라 사상의 대가인 알베르투스 마뉴스를 스승으로 두었고, 토마스 아퀴나스의 철학에도 많은 영향을 받았습니다. 역시 도미니코회 수도 사제였던 이 두 사람과 마찬가지로 에크하르트도 파리 대학에서 여러 번 교수직을 역임할 정도로 학자로서 탁월함을 널리 인정받았습니다. 파리 대학에서 신학 교수로 일하기 시작한 이후 일생 동안 '마이스터'(대가, 스승)란 별칭이 늘 그에게 붙었던 것을 보면, 당대에 이미 철학자이자 신학자로서의 역량이 얼마나 높이 평가되었는지를 알 수 있습니다.

하지만, 에크하르트의 진정한 위대함과 매력은 그가 사변과 학문의 대가일 뿐 아니라 실천의 영역에서도 훌륭한 스승이었다는 점에 있었습니다. '삶의 스승Lebemeister'이 '학식의 스승Lesemeister'보다 몇 배나 중요하다고 말했던 그는 뛰어난 학자일뿐더러 헌신적인 실천가이자 삶과 앎이 일치된 위대한 스승으로 알려져 있습니다. 신성과의 직접적 만남을 전하는 그의 신비 사상은 기존의 언어와 개념으로 다 담기 어려울 정도로 근원적이고 내밀하지만, 결코 감정적이고 주관적인 느낌의 차원에만 머물지 않으며, 철저한 사유를 요구하는 가운데 일상의 실천으로 나아갑니다.

에크하르트는 파리 대학의 교수 역할만이 아니라 독일 도미니코회의 최고 책임자를 맡아 수도원의 영적 쇄신에도 많은 기여를 했습니다. 무엇보다도 그 당시로서는 드물게 독일어로 수사들과 수녀들, 그리고 일반 신자들을 위한 방대한 설교를 남겼습니다. 그는 알베르투스 마뉴스와 토마스 아퀴나스의 전통을 훌륭하게 계승하여 존재론을 발전시킨 철학 연구나 삼위일체론 등 신학의 중요 개념을 다루는 논고들은 라틴어로 저술하였지만, 신비 사상과 종교적 실천에 관한 가르침들은 독일어로 남겼습니다. 그의 수많은 독일어 설교와 몇 편의 독일어 논고들은 당대에도 큰 반향을 얻었고, 이후 철학사와 종교사에도 큰 영향을 끼칩니다. 이 글들은 라틴어 저술과는 달리 당시 평범한 수도자들과 나아가 일반 신자들을 위한 종교적 실천을 위한 권고의 성격을 가집니다. 에크하르트는 오랜 시기 학자로서 뛰어난 업적을 남겼지만, 전 생애에 걸쳐 무엇보다 위대한 설교가였습니다. 그의 설교에는 날카로운 철학적 사유, 깊은 신학적 통찰, 진정한 신비 체험, 삶에서 우러난 신앙과 소명에 대한 확신과 청자에 대한 사목자로서의 사랑이 잘 드러납니다.

에크하르트가 남긴 가르침은 현대인들에게도 깊은 감명을 줍니다. 일찍이 하이데거는 독일어 설교와 논고에 등장하는 에크하르트 신비 사상의 핵심 개념인 '영혼의 근저Seelengrund', '버리고 떠나 있음Abgeschiedenheit', '그대로 놓아둠Gelassenheit' 등을 근대적 세계관 안에서 협소해지고 소진된 현대인들의 심성과 사고방식을 변화시킬 중요한 철학적 주제라고 보고 새롭게 해석했습니다. 사회심리학자 에리히 프롬 역시 그의 후기 저서《소유냐 존재냐》에서 현대인의 잘못된 인생관을 전환시킬 수 있는 모범이자 원천으로 에크하르트의 사상을 소개하고 있습니다. 에크하르트 신비 사상은 염세적이지 않되, 초탈하게 세계를 대할 수 있는 내면의 형성을 지향하고 있는데, 이러한 내면성은 삶을 적극적으로 살아가면서도, 죽음을 담담하게 받아들이는 태도를 가능하게 합니다. 이는 그리스도교의 경계를 넘어 많은 이들이 보편적으로 공감할 수 있는 대목일 것입니다.

에크하르트의 영혼론과 신비 사상

에크하르트의 신비 사상은 영혼에 대한 파격적인 사유에서 출발합니다. 그는 토마스 아퀴나스에게서 완성된 스콜라철학의 존재론과 영혼론에 기반하면서도 기존의 사변적 형이상학이 제대로 탐구하지 못한 신비 사상을 본격적으로 전개합니다. 그러기 위해 스콜라철학의 영혼에 대한 존재론적 규정을 넘어서서 '영혼의 근저'를 말합니다. 이는 참된 자기 자신을 발견하는 터이자 영혼의 가장 내밀한 자리에서 발생하는 신(신성)과 인간의 합일을 일컫는 것입니다.

영혼의 근저를 탐구하는 것은 형이상학적 사유이기도 하지만 동시에 신비적 명상이기도 합니다. 이러한 신비적 명상을 표현하기 위해 에크하르트는 과감하게 스콜라철학과 신학이 엄격하게 규정한 개념을 넘어서는 표현을 사용합니다. 에크하르트는 영혼의 근저에 관한 명상이 단순히 사변과 관조에 그치는 것이 아니라 삶의 변화와 실천으로 이어지도록 촉구합니다. 이러한 심오한 사유와 명상을 담고 있는 그의 설교는 필연적으로 추상이나 논증이 아니라 역설과 유비의 성격을 띠게 되었고, 에크하르트의 신비사상 안의 영혼에 대한 가르침은 오랫동안 신학적으로 이단적 내용을 가지고 있다거나, 철학적 가치가 결여된 신비 체험의 문학적 기술일 뿐이라고 오해받았습니다. 오늘의 독자들 역시 에크하르트의 설교에 등장하는 영혼에 대한 가르침에 깊은 인상을 받으면서도 그 의미의 해석에 있어 큰 어려움을 만나게 됩니다.

여러 에크하르트 연구가들은 그가 영혼의 근저의 개념을 신성과 영혼이 그 근저로부터 '지속적으로 하나가 되어 벌어지는 사건'을 표현하는 유비로 사용했다고 지적합니다. 영혼이 신성과 하나가 된다는 것은 인간이 가장 심오한 의미에서 '자기 자신이 되는' 행위이자 인식입니다. 이를 위해서 영혼은 잡다한 표상들에서 벗어나서 오로지 신과의 만남에 집중해야 합니다. 이것이 '영적인 가난'이라는 중세 이래 그리스도교 영성에서 강조된 덕에 대한 신비주의적 이해이기도 합니다. '영적인 가난'은 "마음이 가난한 사람은 행복하다"라는 신약 성서 〈마태오 복음〉의 '행복선언'에 기초하는 신학적 덕입니다. 이후 그리스도교 신비신학은 이를 단순히 물질적·외적 가난이 아니라 인간이 자기 중심적 자아에서 자유로워지고 자신을 비우며, 영혼 전체로서 신성을 받아들이는 영적 단계

220

로 이해했습니다. 그러나 에크하르트는 또한 근저에서 신과 하나 되는 영혼의 가난은 영적 영역만이 아니라 실제로 자기 자신, 타인, 재물과 관계된 욕망에서 풀려나와 실제적인 가난을 선택하는 실천을 포함한다고 가르칩니다. 신비주의가 세상에서 도피하는 것이거나 정신적인 자기기만이 아니기 위해서는 고유한 자기 자신을 인식하며 세상과 이웃에 대한 정의와 사랑의 실천을 해야 합니다. 이는 명상과 활동의 일치이며 앎과 삶의 일치입니다. 이처럼 영혼의 근저에서의 자기 인식과 영적이고 전적인 가난의 본질은 '버리고 떠나 있음'과 '그대로 놓아둠'에서 밝혀집니다.

'버리고 떠나 있음'과 '그대로 놓아둠' 안에서 죽음을 이해하기

에크하르트는 영적인 가난을, 버리고 떠나 있음과 그대로 놓아둠의 두 가지 영혼의 덕을 통해 설명합니다. 이는 인간이 자기 자신의 참 모습을 찾고 자신의 존재를 영혼의 근저에서 실현하고 수행하는 길입니다. 이러한 덕이 작용하지 않는 신비 체험은 주관적인 환상일 수 있으며, 어떤 결실도, 삶의 변화도, 존재의 변용도 가져오지 못합니다. 이를 위해서는 인식과 사유, 삶과 실천의 부단한 정진이 요구됩니다. 영적 지도자로서 에크하르트는 이를 지식으로써 가르치며, 동시에 수행하도록 이끌어줍니다.

에크하르트가 말하는 이 두 가지 덕을 하이데거가 주목하였고, 이후 철학과 심리학의 분야에서 많은 관심을 받고 있습니다. 많은 사람들이 번아웃을 호소하는 우리 시대에 심리상담학과 사회심리학에서 언급하는 회복탄력성에 있어서 버리고 떠나 있음은 좋은 처방이 되기도 합니다. 사물과 목적에서 적절하게 거리를 두고 건강하게 초탈함으로써 소진된 실존을 회복하는 지혜를 담고 있기 때문입니다. 한편, 에크하르트의 그대로 놓아둠은 성과주의와 쾌락주의에 고착된 현대의 생활 방식을 거슬러 본연의 존재를 발견하고 향유할 수 있게 하는 여가와 쉼, 관조와 성찰의 덕으로 해석될 수 있습니다.

에크하르트의 버리고 떠나 있음과 그대로 놓아둠에 대한 이러한 현대적 적용은 물론 주목할 만하지만, 당연히 이 개념들은 우선적으로 에크하르트의 종교적인 신비 사상의 맥락에서 이해되어야 합니다. 버리고 떠나 있음에 대해 그는 여러 설교에서 말하고 있는데, 그 핵심은 그가 독일어로 쓴 짧은 논고 〈버리고 떠나 있음에 대하여〉에서 살펴볼 수 있습니다. 그는 다음과 같이 떠나 있음을 신과의 합일이라는 근본적인 신비 체험으로 이끌어주는 길로서 제시합니다. 에크하르트에게 있어 버리고 떠나 있음은 자신에게 닥치는 모든 것들에 대해서 흔들리지 않고 굳건한 태도를 보이는 것으로 드러납니다. 여기에는 사랑, 고통, 명예, 모욕, 상실 등 인생사의 모든 행복과 불행의 사건들이 포함됩니다. 또한 버리고 떠나 있음은 단순히 인간적 덕목으로 이해할 수 없으며 신과의 일치라는 존재의 차원에서 받아들여야 합니다. 버리고 떠나 있음은 신의 본질이기도 하기 때문입니다. 에크하르트는 전통적인 스콜라철학에 따른 신의 속성들인 순수성, 단순성, 불변성을 버리고 떠나 있음이라는 신비신학의 언어로 해석합니다. 인간이 신과의 일치와 동일성을 의미하는 버리고 떠나 있음의 경지에 다가가기 위해서는 비움이 요구됩니다. 에크하르트는 피조물에서 비어 있는 것은 신으로 가득 차는 것이며, 반대로 피조물로 가득 차 있는 것은 신으로부터 비어 있는 것이라 가르칩니다.

한편 그대로 놓아둠에 대한 에크하르트의 생각은 그의 〈독일어 설교 1번〉에서 잘 볼 수 있습니다. 그는 장사꾼으로 가득 찬 하느님의 성전을 정화하는 예수 그리스도를 전해주는 〈마태오 복음〉 21장 12절의 '예수께서 성전으로 들어가시어 팔고 사는 사람들을 내쫓기 시작하셨다'라는 구절을 가지고 설교를 전개합니다. 여기서 성전은 영혼의 근저를 의미합니다. 여기서 그대로 놓아둠은 버리고 떠나 있음과 마찬가지로 비움이라는 행위와 연결됩니다.

이어서 에크하르트는 비움과 그대로 놓아둠은 다름 아니라 신적인 자유의 경지로 이끌어주는 것이라는 것을 깨닫도록 이끌어줍니다.

신은 자기 자신의 것을 추구하지 않으시며,

자신의 모든 업적 안에 매여 있지 않고 자유로우시다.

이 모든 것을 진정한 사랑으로 이루신다.

신과 하나된 인간도 이와 전적으로 똑같이 행한다.

그는 모든 자신의 행위에 매여 있지 않고 자유롭다.

그는 자신의 모든 일을 신의 영광을 위해 행하며, 자신의 것을
추구하지 않는다.

신은 그 안에서 작용하신다. (《독일어 설교 1번》)

그리고 에크하르트는 이러한 자유는 현세적 시간의 한계와
본연의 모습이 아니라 습성에 갇힌 자아에서 벗어나 새롭게 자신
을 찾는 것임을 가르칩니다.

신비 사상에 기초한 버리고 떠나 있음과 그대로 놓아둠의 덕
은 우리에게 참된 자유라는 삶의 태도를 선사합니다. 인간이 좁은
자아에서 벗어나고 시간성의 한계를 넘어서는 정신적 가능성을 간
직하고 있다는 희망을 보게 합니다. 에크하르트는 이 자유는 소유
가 아니라 비움을 통해서 도달한다고 말합니다. 참된 자아 인식과
영원성과 절대 자유의 체험은 모든 명상과 신비 체험의 요체라고
할 수 있을 것입니다. 에크하르트는 이를 가난의 길이자 비움의 길
이라 말합니다. 이는 모든 것을 내려놓아야 하는 죽음과 닮아 있
습니다. 그렇다면 죽음은 인생의 끝에서 미래에 마주하는 실재이

기도 하지만, 다른 한편으로는 참된 삶의 본질을 보여주는 은유라 말할 수도 있을 것입니다. 현세의 눈앞의 이익과 목적에서 잠시나마 자유로울 수 있도록 에크하르트의 신비주의는 종교적 경계를 넘어, 모든 이들을 초대합니다. 자유 안에서 사유하는 죽음은 두려움과 회피와는 다른 차원을 가지게 됩니다.

두려움이 아닌
위안으로

네덜란드의 문화사가 요한 하위징아Johan Huizinga(1872~1945)의 명
저 《중세의 가을》에서는 중세 말기에 이르러 철학과 신학에서만
이 아니라 일반 신자의 종교 생활, 문학, 미술 등에서 죽음이라는
주제가 급격히 유럽 사회의 중심 관심사가 되었다고 말합니다. 그
는 '중세의 가을'이라 일컬어지는 이 시기에 생겨난 죽음에 관한
도상학과 문헌학을 다루는 장을 이렇게 시작합니다.

> 15세기처럼 사람들에게 죽음의 관념을 강렬하게, 또 지속적으
> 로 각인시킨 시대는 없었다. 그 시대에는 '메멘토 모리'의 외침
> 이 평생 동안 울려 퍼졌다. (요한 하위징아, 《중세의 가을》, 이종인
> 옮김, 연암서가, 2012, 265쪽)

하위징아는 이어서 중세 말기의 죽음에 대한 관심을 알 수 있는 목판화, 시가, 묘지석 등을 살펴보면서 '당스 마카브르'(죽음의 춤)와 '메멘토 모리'(죽음을 기억하라)를 상징하는 여러 소재와 동기들을 소개하고 있습니다. 이러한 메멘토 모리를 상징하는 소재들은 중세 시대 이후에도 특별히 바로크 시대의 회화에 자주 등장하게 됩니다. 하위징아는 중세의 가을에서 보게 된 죽음에 대한 묘사들을 살피고 나서, 다음과 같이 결론 내립니다.

> 죽음은 오로지 공포이며 불행이라고 생각하는 것이다. 죽음을 하나의 위안, 고통의 종말, 영원한 안식, 주어진 과업의 완성 혹은 미완성, 부드러운 기억, 운명에 대한 체념 등으로 인식할 생각은 조금도 없는 것이다. '슬픔의 신성한 깊이' 같은 것은 아예 안중에 없다. (《중세의 가을》, 286~287쪽)

죽음을 성숙하게 받아들이고 그 의미를 숙고하기보다는 본능적으로 두려워하는 이러한 태도는 세속적이고, 자기중심적이며, 물질적이라고 평할 수 있을 것입니다. 하위징아는 이러한 죽음관이 중세 그리스도교 세계에서 절망적인 이승에 대한 탄식, 죽음 후 천국에서의 즐거움에 대한 기대라는 양극단만을 강조하게 되었다고 진단합니다. 그는 중세의 가을에는 죽음의 긍정적 의미를 통해 현세의 가치를 정당하게 평가하는 관점이 결여되었다고 평가하면서 이렇게 말합니다.

그러나 중세 후기의 죽음에 대한 인식이 모두 이러한 것은 아니었습니다. 지상의 삶에서 죽음을 잘 준비하는 것의 정신적·종교적 의미에 대해 깊이 숙고하고, 실천하고자 하는 노력이 형식과 내용을 갖춰간 것 역시 이 시기였습니다. 이즈음 아르스 모리엔디가 종교 문학과 전례서의 형태로 완성되었고, 고대철학의 죽음의 기예가 비로소 철학자들만이 아니라 대중에게 널리 퍼지게 되었습니다.

아르스 모리엔디

아르스 모리엔디는 중세 그리스도교 문화가 남긴 매우 소중한 정신적 유산입니다. 여기에는 성서와 교회 교부들의 가르침만이 아니라 고대 그리스와 로마 시대의 위대한 철학적 전통이 권유하는 죽음의 명상과 '죽음의 수련'이 그 정신적 바탕이 되고 있습니다. 아르스 모리엔디는 이미 플라톤과 스토아철학을 중심으로 한 고대철학, 아우구스티누스나 베네딕토와 같은 고대 그리스도교의 교부들에게서 정립되었지만, 문학적 양식이자 종교적 실천으로서 고유명사의 성격을 가지게 되는 것은 하위징아도 인정하듯이 중세 후기입니다.

아르스 모리엔디가 이 시대에 많은 사람들의 일상에 뿌리내리게 된 것에 대해 문화·종교사학자들은 여러 요인을 들고 있습니다. 그리스도교의 확산과 영향력의 강화만이 그 이유는 아닐 것입니다. 르네상스 시대와 근대 시대에 본격적으로 전면에 드러나지만 중세 후기에 이미 시작된 사회적 심성의 대변동 역시 중요한 동력이 되었을 것이라 지적됩니다. 주체성, 자아, 개인적 인격성 등에 눈을 뜬 것이 큰 역할을 했다는 것입니다. 자아의 탄생은 종교심에 있어서 심대한 영향을 미치게 됩니다. 신앙이 단지 집단적인 소속감이 아니라 나의 삶의 의미에 대한 물음과 연결되고, 나와 신과의 내밀한 만남에 점점 더 많은 사람들이 관심을 갖게 됩니다.

이는 죽음에 있어서도 마찬가지여서, 인간의 보편적 운명으로서의 죽음만이 아니라 '나의 죽음'을 준비하는 문제와 '나의 구원'의 문제가 더욱 절박해졌을 것입니다. 여기에 중세 후기부터 근대 초기까지 유럽을 휩쓴 흑사병, 전쟁, 대흉년과 기근 같이 수많은 사람들을 죽음으로 몰고 간 재난들 역시 아르스 모리엔디라는 종교 문화의 확산에 중요한 동기가 되었을 것입니다. 어찌할 수 없이 닥쳐오는 대재난 속에서도 '좋은 죽음'을 위해 끝까지 애쓰는 모습은 종교심과 자아가 강렬하게 만나는 사건들이었다고 말할 수 있습니다.

아르스 모리엔디를 문학 양식으로 정의하면 그리스도교 신자들이 자기 자신의 죽음을 잘 준비하는 한편, 타인의 임종에 함께하면서 적절하게 처신할 수 있도록 하는 실천적인 안내서라고 할 수 있습니다. 그 최초의 문헌적 시원은 중세 스콜라 신학의 진정한 출발점으로 높이 평가되는 켄터베리의 성 안셀무스Anselmus(1093~1109)가 쓴 것으로 알려진 《죽음에 있어서의 훈계Admonitio morienti》입니다. 그 구성은 사제의 질문과 죽음을 앞에 둔 신자의 대답입니다. 이 문서는 사제로 하여금 회개와 보속, 경고와 기도의 촉구 등을 통해서 신자가 죽음을 잘 준비하여 구원에 이르는 '좋은 죽음'을 맞이하게 이끄는 데 도움이 되는 실천적 안내이자 권고입니다. 안셀무스의 이 작품은 이후 중세 후기에 본격적으로 아르스 모리엔디가 정립되는 데 큰 영향력을 미친 것으로 보입니다.

종교적 문학 양식으로서 아르스 모리엔디를 집대성한 저자는 중세 후기의 뛰어난 신학자인 요하네스 제르송Johannes Gerson(1363~1429)입니다. 그가 저술한 신앙 생활에 관한 3부작의 마지막 권인 《죽음의 기예에 대하여De arte moriendi》는 안셀무스의 전범을 따라 죽음을 잘 준비하도록 경고하고, 삶을 잘 정리하도록 회개에 관한 질문을 하며, 죽어가는 이를 위해 기도를 하도록 이끄는 한편, 마지막으로 임종을 지키는 이에게 실천적으로 필요한 지침들을 기록하고 있습니다.

죽음을 대하는 성숙한 준비를 위하여

사실 오늘날 안셀무스와 제르송의 저서들은 전문적인 연구가가 아닌 일반 독자들이 읽는 책은 아닐 것입니다. 그러나 여전히 사람들이 즐겨 읽고 있는 살아 있는 영성 고전들에서도 중세 그리스도교 아르스 모리엔디의 유산을 어렵지 않게 만날 수 있습니다. 가장 대표적인 작품은 토마스 아 켐피스Thomas à Kempis(약 1380~1471)의 《준주성범 *Imitatio Christi*》(그리스도를 본받아)입니다. 독일 중세 라인강 지역을 중심으로 한 신비주의 운동의 영향을 깊이 받은 수도사였던 토마스 아 켐피스의 이 저서는 이후 수백 년 동안 가톨릭과 개신교 모두에 심대한 영향을 준 영성의 고전이라 할 수 있습니다. 《준주성범》은 아마도 20세기 초반까지도 가톨릭 성직자들의 신심과 영성 교육의 가장 중요한 준거가 되었다고 평가할 수 있을 것이고, 개신교의 경건주의에도 영성의 원천 역할을 하였습니다. 오늘의 종교심과 문화적 감수성에는 당연히 낯선 대목이 많고 세속과 영성 사이의 이원론에 대해 비판적으로 볼 수 있는 대목도 보이지만, 여전히 많은 가르침을 주며 진정한 종교심의 모범을 배울 수 있는 영성의 유산이자 고전임은 분명합니다. 성서뿐 아니라 스토아철학 수련의 모범 역시 그리스도교적으로 수용한 이 책은 아르스 모리엔디의 정수를 잘 담고 있는데, 다음과 같은 구절이 인상적입니다.

> 아침이 되거든 저녁때까지 살 수 없을지도 모른다고 생각하고, 저녁때가 되거든 내일 아침을 볼 것이라고 스스로 확신하지 마라. 그러니 너는 죽음이 어느 때 너를 찾든지 항상 준비되어 있어야 한다. (토마스 아 켐피스, 《준주성범》, 윤을수 옮김, 가톨릭출판사, 2021, 72~73쪽)

토마스 아 켐피스는 죽음을 대하는 기예가 곧 삶을 사는 기예이며, 좋은 죽음은 좋은 삶과 깊이 연관되어 있다고 하는 관점 역시 명확하게 제시하고 있습니다.

> 죽음의 때에 찾고자 하는 삶의 모습대로 지금 살려고 하는 사람은 얼마나 행복하며 슬기로운가? (《준주성범》, 73쪽)

아르스 모리엔디의 실천을 위한 훌륭한 안내를 담고 있는 영성의 또 다른 고전은 제네바의 주교였던 프랑스의 대 영성가 프란치스코 살레시오Saint François de Sales(1567~1622)의《신심 생활 입문 *Introduction à la vie dévote*》입니다. 일찍이 온화한 성인으로 불리며 사랑받은 프란치스코 살레시오는 가톨릭 영성에서 엄격주의와 고행의 추구에서 벗어나 일상의 평범한 실천과 따뜻한 사랑의 마음의 영성을 통해 거룩함에 이르는 길을 보여준 인물입니다. 그가 영성의 초심자들을 위해 쓴《신심 생활 입문》은 따뜻하고 부드럽게 신앙의 실천을 안내하고 있지만, 역시 분명하게 죽음을 준비하는 것이 영성의 진보를 위해 유익하고 중요한 준비라는 것을 말해주고 있습니다. 그는 죽음의 침상에 누워 있는 것을 상상해보라며 이렇게 훈계합니다.

> 우리는 죽음에 대해 아무것도 모릅니다. 확실한 것은 한 번은 죽어야 하고 그날이 우리의 예상보다 빨리 올 수 있다는 사실뿐입니다. (프란치스코 살레시오,《신심 생활 입문》, 서울가르멜여자수도원 옮김, 가톨릭출판사, 2021, 85쪽)

중세 그리스도교 문화와 영성에 뿌리를 두고 있는 아르스 모리엔디는 근본적으로 구원과 영원한 생명에 대한 믿음에 기초하여 죽음을 준비하는 태도입니다. 그러나 그 신앙적 내용을 잠시 접어두더라도, 그리스도교 신앙을 갖지 않은 이들 역시 여기에서 중요한 영감을 얻을 수 있습니다. 삶을 올바른 전망을 가지고 깊이 있게 살고자 한다면, 죽음을 대하는 자기 자신의 태도를 검토하는 것을 피해갈 수 없다는 것이며, 우리가 사랑하는 이들과 관계에 있어서 그들이 죽음을 대하는 올바른 길을 발견하도록 함께하는 것은 매우 중요하다는 점입니다. 아르스 모리엔디는 단지 오래된 그리스도교 문화의 유물이 아니라, 오늘을 사는 모든 현대인들에게 의미를 가지고 있는 삶의 과제이자 '좋은 죽음'에 대한 깨달음을 통해 '좋은 삶'을 살 수 있게 하는 길입니다.

죽음의 인간학

죽음은 현존재의 가장 고유한 가능성이다.

마르틴 하이데거, 《존재와 시간》

이탈리아 르네상스 시기는 라틴어와 그리스어로 된 고전 연구를 통하여 고대 그리스와 로마의 정신을 다시 음미하는 인문주의가 예술과 문학, 철학과 정치에 이르기까지 각 분야에 새로운 활력을 불어넣은, 창조적인 정신이 개화한 시대였습니다. 종종 이 시기의 시대정신을 '인간의 발견'이라 부르듯이, 인간 존재의 개성과 독창성을 탐구하고 정의하는 천재들의 시도와 사회적 에너지가 가득 찬 시기였습니다. 그러나 르네상스 시대는 동시에 중세의 종교적 심성이 사라진 것이 아니라 다른 방식으로 계승되고 발전된 시기이기도 했습니다. 죽음에 대한 명상 역시 여러 다양한 차원에서 이어져습니다. 이탈리아 르네상스 초기를 대표하는 시인 단테와 인문주의자 페트라르카는 그 좋은 예입니다.

단테는 죽음 후의 세계 여행을 그린 서사시 《신곡》에서 지옥과 연옥에 처한 이들에게도 강렬한 개성을 부여하였고, 이로써 죽음마저도 무화시키지 못하는 삶의 책임이 지닌 엄중함과 무게를 표현하였습니다. 페트라르카는 후기 고대 스토아철학이 남긴 죽음에 대한 명상이라는 사유의 모범을 새로운 시대에 어울리게 해석하면서, 죽음에 대한 사유가 시대를 초월하여 좋은 삶을 추구하는 모든 이들에게 간과할 수 없는 과업임을 보여줍니다. 페트라르카의 문학과 철학은 이탈리아 르네상스의 정신이 점차로 알프스를 넘어 북부 유럽으로 퍼져가는 데 크게 기여했습니다. 영국, 플랑드르 지방, 독일 지방까지 르네상스 인문주의의 영향력은 어느덧 유럽 전역을 포괄하게 되었고, 루터의 시대가 오기 전까지 절정을 이루었습니다.

사상의 영역에서 북부 유럽을 대표하는 당대 최고의 르네상스 인문주의자는 로테르담의 에라스뮈스였습니다. 그리고 그와 깊은 우정을 나누었던 영국의 토마스 모어 역시 뛰어난 인문주의자였습니다. 두 사람은 모두 죽음에 대해 평생에 걸쳐 깊이 사유를 하였고, 이를 우리는 글을 통해 확인할 수 있습니다.

에라스뮈스는 성직자로서 서품을 받았지만, 평생에 걸쳐 자유로운 지식인으로 살고자 하였습니다. 그럼에도 죽음에 대해서 매우 진지하게 성찰하였고, 아르스 모리엔디의 전통을 이어받아 죽음을 준비하는 이들을 위하여 중요한 지침서를 남겼습니다.

토마스 모어는 그야말로 살아 있는 삶과 죽음의 철학자이자 신앙인이라 할 수 있습니다. 그는 앤 불린과의 재

혼 문제에서 유래한 교회 수위권 갈등으로 헨리 8세의 총
애를 잃고 런던탑에 갇혀 마침내 처형될 때까지 논고와 편
지를 통해 삶을 사랑하면서도 품위 있게 죽음을 수용하는
위대한 인격자의 면모를 보여주었습니다. 그의 마지막은
순교자의 죽음이기도 하지만, 동시에 양심을 끝까지 지킨
충실한 공직자이자 꼿꼿한 지식인이 보여주는 고귀한 죽
음이었으며, 따뜻하고 자상한 마음을 지닌 한 가장의 애틋
한 죽음이기도 했습니다. 그의 죽음에 대한 태도는 신앙을
가진 사람이든 그렇지 않은 사람이든 누구나, 삶과 죽음이
얼마나 깊이 연결되어 있는지에 대해 숙연한 마음으로 살
펴보게 합니다.

　　르네상스의 마지막을 장식하는 사상가이자 근대적 지
식인의 새로운 유형을 제시한 인물로 우리는 몽테뉴를 꼽
을 수 있습니다. 몽테뉴의《에세》에는 죽음에 대한 여러 언
급이 나오는데, 중세와 르네상스 시대의 아르스 모리엔디
의 전통을 넘어서서 에피쿠로스를 비롯한 여타의 사상을
과감하게 수용하고, 보다 세속적이고 개인적인 삶의 태도
속에서 죽음을 대하는 새로운 모습을 보게 됩니다. 때로는
죽음을 진지하게 생각하는 태도가 보이기도 하고 때로는

애써 가볍게 생각하려 노력하는 모습을 보게 되는데, 이러한 모순은 한편으로는 근대인들의 죽음에 대한 태도를 미리 보여준 것이라고 할 수 있습니다. 몽테뉴의 세속적 지혜의 대비되는 사유를 우리는 파스칼의 《팡세》에서 볼 수 있습니다. 파스칼에게서 우리는 현대 실존철학에서 발견되는 '죽음의 철학'의 시원을 찾게 됩니다.

우리의 고유함은
저승까지 간다

'르네상스'라는 단어는 우리를 설레게 합니다. 피렌체, 파도바, 시에나 등 이탈리아 르네상스가 꽃핀 도시들은 문화와 예술의 애호가라면 꼭 한 번은 가보기를 꿈꾸는 곳이고, 유럽의 여느 대도시들 못지않게 사랑받는 관광지입니다. 근대와 현대의 숱한 저명한 서양 지식인들은 이탈리아의 르네상스 시대를, 종교적 엄숙함이 지배하는 봉건적이고 위계적인 질서에 갇혔던 중세, 진보와 발전의 시대였지만 동시에 성찰 없는 도구적 이성이 일방적으로 폭주하며 개인을 소외와 소진에 이르게 한 근대와 대비시키며, 자유로운 자아가 깨어나고 인간의 창조력이 정점에 오른 빛나는 시대로 높이 평가했습니다. 이탈리아 르네상스 문화에 대한 선호는 영국과 독일을 중심으로 전 유럽에서 르네상스의 원천이 된 그리스 로마 문화에 대한 재발견과 예찬이 시작되는 계기가 되었고, 로마를 최종 목적지로 삼아 이탈리아 르네상스 문화의 중심지들을 순례하는 그랜드 투어가 상류층 젊은이들 사이에서 필수적인 교육 과정으로 여겨지게도 했습니다. 이탈리아 르네상스는 신화로 자리 잡았고, 이러한 통념은 이후 이 시대에 대한 여러 비판적인 연구가 축적되었음에도, 오늘날까지도 대체로 유지되고 있습니다.

우리나라에서도 경제가 성장하고 여가 생활과 문화 향유에 대한 욕구가 비약적으로 커지면서 르네상스 시대 문화에 대한 관심도 눈에 띄게 높아졌다는 것을 확인하게 됩니다. 수많은 사람들이 이탈리아 피렌체의 미술관을 찾고 르네상스 미술과 건축에 대해 알고자 책을 읽고 강의를 듣습니다. 우리에게도 레오나르드 다 빈치와 미켈란젤로는 천재의 전형입니다. 한때 서양에서 르네상스에 대한 동경을 불러일으키는 데 중요한 역할을 한 부르크하르트의 《이탈리아 르네상스의 문화》나 괴테의 《이탈리아 기행》 같은 무게 있는 고전들이 어느새 번역되어 전공자가 아니더라도 많은 독자들이 언젠가 읽어보고 싶어 하고, 지속적으로 판을 거듭하는 스테디셀러가 된 것을 보게 됩니다.

이처럼 르네상스라는 말이 우리나라를 포함해서 전 세계적으로 인간의 예술적 창조성과 정신적 자유의 상징으로 널리 받아들여지고, 르네상스 미술과 건축은 서양 예술을 대표하고 있지만, 정치·문화사적으로 르네상스는 여전히 정확히 규정하기 까다롭고 종종 혼란스러운 개념입니다. 르네상스 개념을 지역적으로 이탈리아에 국한시켜 본다 하더라도 르네상스가 포괄하는 13세기 말에서 16세기까지 이어지는 긴 시간적 범위와 당시 이탈리아의 복잡한 정치적 상황을 고려하면, 르네상스를 일관된 문화 사조로서가 아니라 때로는 이질적이기까지 한 다양한 정신적·예술적 경향들이 중첩된 복합 현상으로 보는 것이 합당합니다.

르네상스 안에는 여전히 강력히 지속되는 중세의 세계관과 앞으로 본격화될 근대 정신의 맹아가 함께 공존하고 있으며, 이 시기에 중세 시대에 미처 주목받지 못했던 고대의 유산들이 비잔티움과 이슬람 세계와의 교류를 통해 비로소 서양에 영향을 미치기 시작했습니다. 르네상스를 근대의 관점에서 보면 이행기·준비기·과도기이지만, 중세 문화의 관점에서 보면 역사적 변동 속에서 전수된 문화와 전통을 새롭게 해석하고 완성시키는 시기로 평가할 수 있습니다. 근대에 르네상스를 주로 고대 문화의 부흥이나 근대 사상의 예표로 바라보았던 것에 비해, 오늘날 르네상스 연구들은 중세와의 연속성 역시 르네상스의 본질적 특성임을 보여주고 있습니다. 정치사적 측면에서 르네상스를 평가할 때 중요한 개념인 '시민적 휴머니즘'(한스 바론)이 좋은 예입니다. 이 개념은 르네상스 정치사에 두드러지는 공화정에 대한 관심을 학문적으로 요약하고 있습니다. 과거에는 이 개념을 사용하면서 르네상스 시대에 근대적 정치 사상을 선취했다는 것을 일방적으로 강조하였습니다. 그러나 이제는 많은 연구자들이 르네상스 시대의 '시민적 휴머니즘'이 중세 시대에 이미 존재한 공화정의 요소를 드러내는 여러 선례들을 본격화시키고 발전시킨 것이라는 관점 역시 조명하고 있습니다.

르네상스 시대에는 오늘의 관점에서는 모순으로 보이는 다양한 요소들이 혼재해 있었고, 그것이 이 시기가 가진 매력으로 다가오기도 합니다. 그럼에도 개인의 고유함과 개성의 역동성에 대한 분명한 자각이 르네상스 문화의 본질적 특징이자 기여라는 사실은 변하지 않습니다. '개인성'의 발견을 르네상스 인간관의 핵심으로 파악한 야코프 부르크하르트의《이탈리아 르네상스의 문화》가 여러 비판에도 불구하고 여전히 르네상스 개념을 정립한 고전으로 인정받는 이유이기도 합니다.

중세와 달리 르네상스 시대에 개인의 개성을 발견하고 발전시키는 것을 문화의 중심에 둘 수 있었던 원동력은 그리스와 로마 시대의 위대한 문학과 철학에 대한 열광이었습니다. 여기에 선구적 역할을 한 사람들은 인문주의자라 불립니다. 사람들은 르네상스 문화라 하면 프레스코 벽화나 회화의 걸작들, 위대한 건축물들을 먼저 떠올리지만, 사실 초기 르네상스의 주인공은 인문주의자들이었습니다. 그중에서도 단테와 페트라르카는 르네상스 인문주의를 개척한 인물들이자 위대한 인문주의자들입니다. 중세의 세계관과 연속성을 가지면서도 인간 이해의 새로운 전망을 연 것이

르네상스 인문주의의 특징이라 할 때, 두 사람의 삶과 작품들은 그 탁월한 예입니다.

죽음에 대한 관점에 있어서, 그들은 고대철학의 죽음에 대한 명상을 수양의 기초로 삼고, 중세 그리스도교의 죽음과 심판에 관한 교리에 반영된 세계관을 받아들이면서도, 종교 공동체에 귀의하는 것으로 최종적인 답을 얻는 것이 아니라, 죽음의 문제를 주체적인 개인의 자유와 책임에 깊이 결합시키는 근대적인 인간관을 보여주고 있습니다. 이는 두 사람이 문학적 천재성만이 아니라 철학적 식견에 있어서도 당대에 꼽힐 역량을 지녔기에 가능했습니다.

두 사람은 오늘날 일반적으로 철학자로서가 아니라 위대한 시인이자 정치가(단테) 혹은 문필가(페트라르카)로서 받아들여지지만, 사실 단테의 《신곡》이나 페트라르카의 여러 라틴어 논고들에는 높은 수준의 체계적 철학 이론들이 바탕이 되고 있습니다. 르네상스 시대의 대표적인 이탈리아 철학자로 15~16세기의 발라, 피치노, 폼포나치, 피코, 브루노 등을 꼽게 되지만 초기 르네상스 시대의 단테와 페트라르카는 이미 르네상스 인문주의가 철학에 확고하게 기반하고 있었다는 사실을 증언합니다. 그들은 키케로나 아우구스티누스 등 로마 제정기 철학자들과 교부들의 저서를 통해 스토아철학과 신플라톤주의 철학을 배울 수 있었고, 무엇보다 중세 스콜라철학의 전성기의 업적을 이어받을 수 있었습니다.

단테와 페트라르카는 르네상스 철학의 전성기로 평가되는 마르실리오 피치노를 중심으로 한 피렌체의 플라톤 연구나 피에트로 폼포나치가 대표하는 파도바의 아리스토텔레스학파의 부흥 이전에 이미 르네상스 철학의 시작을 열어놓은 인물들로도 철학사에서 중요한 지위를 점하고 있습니다.

《신곡》, 시와 철학과 신학의 종합

단테 알리기에리Dante Alighieri(1265~1321)는 일찍이 젊은 시절에 중세 말기 프로방스 지방 음유시인들의 시에 영향을 받아, 이탈리아 서정시를 높은 수준으로 끌어올린 인물입니다. 단테와 함께 세속 이탈리아어로 된 위대한 문학 작품의 전통이 본격적으로 시작됩니다. 단테의 초기 시 세계는 그가 사랑하고 흠모하며 고결한 존재로 이상화시킨 영원한 연인 베아트리체를 노래한 시들을 포함해 그의 서정시를 모아놓은《새로운 인생》이 잘 보여줍니다.

그러나 단테는 시인으로만 활동한 것이 아니라, 당시 교황권과 황제권의 충돌 속에서 여러 당파들이 대결하고 전란과 숙청이 반복되던 피렌체에서 정치의 한복판으로 뛰어듭니다. 정의에 대한 남다른 갈망을 가졌던 단테는 급속히 당시 정치 투쟁의 중심 인물이 되지만 결국 실각하고 추방당하는 비운을 맞습니다. 돌아

오면 화형에 처한다는 단서와 함께 추방령을 선고받고 깊이 사랑하던 조국인 피렌체를 떠나야 했던 1302년, 그는 30대 중반이었습니다. 단테는 이후 죽을 때까지 귀향하지 못하고 20년 가까운 추방 생활을 보내고 그에게 호의를 가진 영주가 정주를 허락한 라벤나에서 생을 마칩니다.

단테는 가족을 모두 피렌체에 두고 떠나야 했기에, 평생 홀로 유배의 삶을 살았습니다. 이는 물론 한 개인으로서는 비극적 인생이었지만, 이러한 추방과 유배의 세월이 있었기에 단테는 불후의 걸작《신곡》을 완성할 수 있었을 것입니다. 단테는 피렌체 시절에 이미 호메로스와 베르길리우스 같은 고대 문학의 전통을 따르면서도 그리스도교의 관점에서 저승 세계의 여행을 문학적으로 저술하려 한 것으로 보이기는 하지만, 실제로 이 저술에 착수한 것은 추방된 후인 1307년부터인 것으로 알려져 있습니다. 이후 그는 죽을 때까지 이 작품의 완성을 위해 노력합니다. 저술 과정 초기부터 대중에게 부분적으로 공개되기 시작한《신곡》은 단테에게 큰 명성을 안겨주는데, 르네상스 시대의 위대한 작가이자 단테의 생애를 기술한 보카치오의 증언에 의하면, 작품의 대미를 이루는 〈천국편〉의 마지막 부분은 단테 사후에 극적으로 발견되어, 이 걸작이 미완으로 남는 것을 면하게 되었다고 합니다.

이탈리아 세속어로 쓰여진 단테의《신곡》은 이탈리아 문학의 정점이라 일컬어집니다. 한편, 이 작품은 위대한 시이면서 또한 철학과 신학을 종합한 정신사적 걸작으로도 칭송받습니다. 《신곡》에 나타난 죽음에 대한 단테의 관점을 이해하기 위해서는 무엇보다 그가 죽음과 그 이후의 실재에 대한 가톨릭 교회의 교리를 충실히 받아들였다는 것을 기억해야 합니다. 단테는 이 교리를 바탕으로 죽음에 대한 묵상이 인간의 운명에 비추는 '빛'을 살피고 있습니다. 단테 서거 600년을 기념하여 교황 베네딕토 15세가 1921년에 반포한 회칙은 이를 잘 지적하고 있습니다.

> 초월적인 아름다움으로 묘사되는 천국이 있는 반면에, 그 정반대로 그리스도를 따라 천국에 이르기를 거절한 자들이 벌을 받는, 우주의 최저점인 지옥도 있습니다. 마지막으로 지옥과 천국 사이에는 정화의 산이 있어, 영원한 고향으로 들어가기에 합당하도록 충분한 보속이 끝날 때까지 영혼들이 이곳에 머물러 있어야 합니다. 단테의 시는 밑바닥에서 천상으로 가는 이 역정을 가톨릭 교리로 된 불후의 아름다운 자수로 수놓았습니다.
> (베네딕토 15세, 〈회칙〉; 단테 알리기에리, 《단테의 신곡》, 최민순 옮김, 가톨릭출판사, 2021, 9쪽)

지옥에 떨어진 버림받은 자들에 관한 것이든, 아직 연옥에서 정죄 중에 있는 사랑스러운 영혼들에 관한 것이든, 혹은 천상의 축복받은 영혼들에 관한 것이든 간에 단테의 환상에는 인

도메니코 디 미켈리노의 〈단테의 신곡〉.《신곡》을 들고 있는 단테의 뒤로 지옥, 연옥, 천국, 그리고 피렌체가 묘사되어 있다.

간을 비추고 있는 빛이 있습니다. 저는 이 환상 안에 있는 이 찬란한 빛이 신앙의 깊은 교훈에서 얻어진 것이라고 단언합니다. (베네딕토 15세, 〈회칙〉;《단테의 신곡》, 10쪽)

그리스도교의 종말론과 구원론의 교리와 함께《신곡》의 근본 정신은 중세철학의 완성자인 토마스 아퀴나스의 철학에 기초하고 있습니다. 역시 이 회칙에서도 확인할 수 있습니다.

단테의 시대는 철학과 신학이 융성하던 때이면서 스콜라철학자들이 선인들로부터 받은 모든 교리를 단일화하고 여기에 질서와 체계를 세워 후손에게 물려준 시대입니다. 단테는 이런 광범위하고 거듭된 변화의 시기를 살면서 스콜라철학의 왕자인 토마스 아퀴나스 성인을 자신의 지도자로 택했습니다. (베네딕토 15세, 〈회칙〉;《단테의 신곡》, 7쪽)

토마스 아퀴나스의《신학대전》에 나타난 고딕 대성당과 같은 웅장한 체계와 정교한 논증, 질서 있는 세계관에 깊은 인상을 받은 독자라면,《신곡》의 구성에 토마스 아퀴나스의 학문 체계가 영향을 미쳤다는 해석에 동감하게 됩니다. 토마스 아퀴나스와 단테 모두 존재의 통일성과 목적성을 지향하고 있지만, 동시에 각 부분과 영역의 고유성과 독립성을 소홀히 하지 않습니다. 정신의 보편성과 함께 구체적인 물질과 감각세계의 다원성을 아우릅니다.

하지만, 죽음 이해의 관점에서 단테가 토마스 아퀴나스 철학을 수용하게 된 결정적인 요소는 토마스 아퀴나스의 인간학입니다. 토마스 아퀴나스는 아리스토텔레스에게 영향을 받아 인간 이해에 있어 지성과 감각의 연속성과 육체와 정신의 합일을 전제하고 있습니다. 이러한 육과 정신의 일치는 인간 존재가 궁극적 통일성을 지니고 있다는 것을 의미합니다. 여기에 개인성을 강조할 수 있는 철학적 토대가 세워집니다. 이는 윤리학적으로는 개인의 자유와 책임을 인간 행위의 중심에 두게 합니다.

단테의 《신곡》은 죽음 앞에서, 나아가 죽은 후에까지도 각 개인의 개성과 고유함과 기품은 소멸되는 것이 아니라 더 확고하게 드러난다고 증언합니다. 이는 심지어 악덕의 경우도 그러해서, 지옥의 악인들 역시 그 개성과 고유한 운명을 잃지 않습니다. 지옥과 연옥과 천국을 무대로 펼쳐지는 드라마는 신의 정의와 섭리만이 아니라 인간이 자유 의지로 선택한 인생의 길에 따른 보답과 응징을 생생하게 담고 있습니다. 현실에서의 인간 행위는 그 행위자인 인간 안에 특징이자 개성으로서 자리 잡으며, 죽음 후에도 인간은 이를 책임져야 합니다. 20세기의 가장 탁월한 문학 평론가 중 한 명이며 문학의 본질을 실재의 심오한 '모방'(미메시스)으로 설명한 에리히 아우어바흐Erich Auerbach(1892~1957)는 명저 《단테》(1929)에서 이러한 인간 이해야말로 《신곡》의 중요한 성취라고 평가하며 다음과 같이 설명합니다.

> 각각의 인물들은 그들의 개인적 최종 운명의 장소인 저승에서 그들 사이의 관계성을 통해 등장하지 않는다. (…) 각 개인은 개별자로서 직접적으로 세계 질서와의 관계에 따라 심판받는다. 그가 세계 질서 안에서 지니는 의미는, 오직 그 자신의 존재와 행위에 의해 결정되는 것이다.

아우어바흐는 단테의 작법을 위대한 그리스 비극과 비교하고 있습니다. 비극은 등장인물에게 강렬한 개성을 부여하고, 인물을 운명이라 불리는 거대한 사건 안으로 몰아넣습니다. 그리고 비극이 절정에 다가가면서 운명은 인물을 압도합니다. 죽음은 운명의 힘과 함께 파국으로 다가오고 인물의 개성과 자유와 책임은 때때로 무력해 보입니다. 아우어바흐에 의하면 단테의 《신곡》에서는 이와 달리, 한 인간의 개성이 운명에 종속되거나 흡수되지 않습니다. 지옥의 영원한 징벌에 처한 불행한 인간이라 할지라도 그는 언제나 그 자신으로서 존재하고, 고유함을 지니고 있습니다. 여기에 단테가 그리는 인간의 존엄이 있습니다. 아우어바흐는 죽음과 관련하여 단테의 근본 태도를 이렇게 요약합니다.

> 단테는 그리스 비극과 다르게 비극적 죽음이라는 주제에서 벗

어난다. 그는 한 인물의 최종 운명을 그가 지상에서 보여준 인간형 전체와 동일시하면서 그리스 비극과는 달리 주인공의 비극적 죽음이라는 주제를 넘어선다. 단테의 창작 기획 자체에서부터 현실세계의 실재를 예술형식을 통해 완성된 형태로 재현하겠다는 무조건적인 가능성과 당위성이 생겨난다. 단테가 그린 저승에 등장하는 인물들은 그 상황과 태도에서 자신들의 총체적인 존재를 드러낸다. 그들은 단 하나의 행위 안에서도, 그들의 인생 전체를 관통하고 포함하는 본성과 운명을 드러낸다.

《신곡》은 다음과 같은 유명한 시구로 시작합니다.

우리들 인생길 반 고비에서
어두운 숲으로 들어선 나
어느덧 바른 길에서 벗어나 있었네

인생의 중반에 다다른 단테는 인생길을 더 이상 이상과 기개로 헤쳐나갈 힘이 없음을 절감합니다. 미혹과 절망과 체념에 기우는 순간, 그가 존경하고 모범으로 삼았던 로마의 위대한 시인이자 지극히 덕스러운 사람인 베르길리우스가 단테를 지옥문 앞에 서게 하고 그 안으로 안내합니다. 지옥에서 연옥을 거쳐 천국에 이르는 단테의 장대한 여정은 겸허한 회개의 길이기도 하지만, 자신의 삶을 온전히 책임지는 용기를 다시 발견하는 길이기도 했습니다. 단테는 죽음에 대한 진지한 사유가 인간이 자신의 존엄과 가치를 발견하는 소중한 계기가 될 수 있다는 것을 보여주고 있습니다.

페트라르카,
방랑과 순례의 인생길

프란체스코 페트라르카Francesco Petrarca(1304~1374)는 르네상스 인문주의의 아버지로 불립니다. 그는 한 세대 위인 단테와 자주 비교되는데, 실제로 두 사람은 많은 공통점을 가지고 있습니다. 단테와 페트라르카는 정신적으로 중세의 세계관과 그리스도교 신앙에 기초하고 있었지만, 문학적 표현이나 삶의 태도에 있어 관습이나 전통에 구속되기보다는 과감히 개성을 꽃피우며, 후에 르네상스라고 칭하게 되는 새로운 시대에 부합되는 인간형을 선구적으로 제시하였습니다. 그들은 모두 피렌체에 문화적 뿌리를 두었고, 피렌체가 있는 토스카나 지방 속어로 걸작을 남김으로써 이탈리아 문학의 시원이 되었습니다.

그럼에도 피렌체에서 활동을 하지 못한 것도 닮았습니다. 단테는 서른 즈음에 정치 투쟁에서 패하여 피렌체에서 추방당한 이래, 긴 세월 소신을 꺾지 않고 생의 마지막까지 망명객으로 사는 것을 선택했습니다. 페트라르카의 아버지는 단테와 같은 정파에 속해 있었던 법률가였습니다. 그는 단테와 비슷한 시기에 피렌체를 떠나야 했고 결국 평생 피렌체로 귀향하지 못했습니다. 페트라르카는 이런 아버지를 따라 망명지인 프랑스 아비뇽에서 유년 시절을 보냈고, 평생 본인의 언어적 뿌리가 있는 피렌체가 아니라 아비뇽, 볼로냐, 나폴리, 파도바 등 다른 여러 문화적으로 중요한 도시에서 활동하였습니다.

한편, 단테가 베아트리체라는 여인에게 사랑과 여성에 관한 영원한 관념을 투영하였듯이, 페트라르카도 라우라라는 여인을 이상화하며 그녀를 향한 플라토닉 러브를 통해 평생에 걸쳐 서정시의 영감을 얻었습니다. 이처럼 두 사람 모두 한 여성을 평생에 걸쳐 이상화한 것은 그들이 유사한 개인적 체험을 겪은 데서만 기인한 것이 아닐 것입니다. 이는 두 사람의 문학적 원천에 프로방스에서 꽃핀 중세 말기 음유시인들의 문학적 상상력이 있었기 때문이기도 할 것입니다. 단테가 《새로운 인생》에서 베아트리체에 대한 인간적 사랑을 묘사하고 《신곡》에서 그 사랑을 신학적으로 승화하는 정신적 변용과 영적 고양을 제시했다면, 페트라르카는 세속 언어로 된 서정시 모음인 《칸초니에레》에서 '소네트'라는 르네상스 시대에 가장 사랑받았던 서정시 양식을 완성하면서, 라우라에 대한 사랑을 무수히 시적으로 변주하고 있습니다.

페트라르카의 《칸초니에레》에 실린 시들은 분명 빼어난 작품들이며 이탈리아 문학의 정수이지만, 그와 함께 이탈리아 르네상스의 문학을 대표하는 3인으로 꼽히는 단테와 보카치오Giovanni Boccaccio(1313~1375)가 남긴 불멸의 걸작 《신곡》과 《데카메론》에 필적할 지위를 세계 문학 안에서 누리고 있다고 말하긴 어렵습니다. 하지만 페트라르카 당대나 또 이후 르네상스와 근대 시대까지 그의 서정시가 서양 문학에 미친 영향력은 결코 단테와 보카치오에 뒤지지 않으며, 오히려 능가한다고 평가할 만합니다. 페트라르카의 시풍을 모방하는 페트라르카주의petrachism라는 문예 사조는 근대까지 통용되었고, 문학을 넘어 많은 예술가들에게도 영향을 미쳤습니다. 낭만주의 음악가 프란츠 리스트의 대표적인 피아노 명곡인 〈순례의 해〉 두 번째 해인 이탈리아 편에 '세 개의 페트라르카의 소네트'가 등장하는 것은 페트라르카가 얼마나 오랫동안 유럽의 예술가들과 독자들을 매혹했는지를 보여주는 한 예입니다.

페트라르카와 단테가 베르길리우스에 대한 존경을 공유하고 있다는 사실도 르네상스 인문주의의 성격을 이해하기 위해 주목할 만한 사실입니다. 베르길리우스는 후기 고대 로마 시대의 최고의 서사시인 《아이네이스》의 저자이자 호메로스 이후 서양 문학사 서사시 전통에서 가장 중요한 인물로 인정받는 인물입니다. 베르길리우스가 서양 문학사에서 차지하는 특전적 위치는 사실 르네상스 인문주의를 떠나서 생각할 수 없고, 그 중심에 단테와 페트라르카가 있습니다. 단테는《신곡》에서 저승 여행의 안내자로 덕과 지혜로 충만한 베르길리우스를 등장시키면서 그에 대한 지극한 존경을 표하였고, 페트라르카 역시 자신의 여러 글들에서 수없이 베르길리우스를 언급합니다. 그리고 무엇보다도 베르길리우스의 고대 라틴 문학을 사상과 시 창작의 모범으로 삼고자 합니다. 베르길리우스에 대한 페트라르카의 존경심은 그가 로마 시대 철학자 키케로의 저술들에 보인 열정과 함께 로마 시대 교양과 사상을 되살리는 이탈리아 르네상스 시대의 인문주의를 탄생시킨 동력이었다 하겠습니다.

페트라르카는 젊은 시절에 이미 로마에서 '계관 시인'으로 등극하는 영광을 누릴 정도로 뛰어난 서정 시인이었지만, 정신적으로 더 원숙해지며 역사와 정치에 대한 식견이 넓어지고 젊은 시절부터 탐구한 고대 로마 시대 문학과 사상에 대한 이해가 완전히 무르익은 후에는 라틴어로 서사시를 쓰는 데에 진력을 합니다. 그 결실이 한니발에게 승리하여 로마를 구한 스키피오를 찬양하는 서사시 〈아프리카〉입니다. 이 작품은 수백 년간 명맥이 끊겼던 라틴어 서사시의 전통을 단번에 되살렸다는 평가와 함께 페트라르카에게 베르길리우스 이래 최고의 라틴 시인이라는 찬사를 안겨줬습니다. 이러한 서사 시인으로서의 업적이 가능했던 것은 그의 라틴 문학과 사상에 대한 방대한 지식이었는데, 이러한 페트라르카의 인문주의자로서의 면모는 그 시대에 시인으로서의 위대함 이상으로 사람들에게 큰 영향을 미쳤고 문화사적으로 르네상스 정신이 개화하는 데 결정적 기여를 했습니다.

그는 아직 알려지지 않은 키케로의 저작들을 수도원의 서가에서 직접 발견해서 빛을 보게 했으며, 수많은 고대의 명저를 수집하여 당시로서는 손꼽히게 방대한 장서를 갖추고 스스로 틈나는 대로 연구할 뿐 아니라, 다른 학자들이 고전을 연구하고 번역하도록 장려하고 고무하면서 고대 로마의 문학과 철학, 그리고 고대 그리스도교 교부들의 글이 지닌 가치를 널리 알렸습니다. 페트라르카는 젊은 시절 교황청의 특사로 외교 업무를 위해서 여러 문화 중심지를 방문할 기회가 있었고, 명성을 얻은 후에는 저술과 연구를 위해 여가를 누릴 수 있는 나라와 도시를 스스로 선택할 수 있는 특권을 누렸습니다. 그는 공무를 위해서든, 학문과 집필을 위해 자유로운 시간을 보내기 위해서든, 자신이 방문하고 머무는 곳에서 고대의 문학적·철학적 유산을 부흥시키는 인문주의의 중심 인물로서의 역할을 했습니다.

철학자 페트라르카와 모순과 갈망의 인간 존재

인문주의자로서의 페트라르카의 위치를 확고하게 해준 것은 그의 수많은 서간과 철학 에세이들이었습니다. 인생에서 교우를 중요시 여긴 그는 여러 사람들과 수많은 편지를 주고받았고, 그 편지에는 개인사에 대한 술회나 정치 사안에 대한 입장만이 아니라 도덕철학자이자 덕과 신앙을 도야하고자 하는 구도자로서의 면모도 잘 드러나 있습니다. 그는 대화나 편지의 형태로 인간의 유한성과 도덕적·종교적 삶의 방식에 관한 여러 철학 논고를 라틴어로 저술했습니다. 이는 그에게 있어서는 매우 진지한 평생에 걸친 작업 과제이기도 했습니다. 그렇기에 페트라르카는 위대한 시인일뿐더러, 초기 르네상스의 '첫 번째 철학자'(파울 오스카 크리스텔러)로 꼽힙니다.

죽음에 대한 명상은 덕에 대한 탐구와 함께 그의 철학 저술의 중심 주제에 속합니다. 그가 후기 고대 로마 시대의 문학과 철학에 심취했고, 키케로와 세네카에 매료되었으며, 무엇보다 아우구스티누스에 깊이 감명받은 것을 생각한다면 이는 어쩌면 당연합니다. 그러나 그의 철학 저술들은 후기 고대 시대에 정립된 죽음의 명상으로서의 철학이라는 전통을 수용하면서도, 고대와 중세 시대 철학의 가르침에서는 만나기 어려운 개성적이고 다층적인 자아의 탐구를 보여주고 있습니다. 많은 연구가와 평론가는 그의 도덕 철학서들이 아우구스티누스라는 전무후무한 모범을 제외한다면, 철학사에 있어 거의 최초로 '근대적 자아'의 원형적인 모습을 그려냈다고 평가합니다. 이는 특히 그가 자신이 즐겨 거처하던 아비뇽 교외의 작은 전원 마을 보클뤼즈 근처의 방투산Mont Ventoux을 동생과 함께 오른 경험을 회고하며, 풍경과 조응하는 내면의 다양한 움직임을 전해주는 〈방투산 등정기〉에 잘 나타납니다. 이 서한은 문학적으로도 뛰어날 뿐 아니라 후대의 낭만주의 운동에까지도 영향을 준 중요한 글이며, 근대적 심성의 출현을 목도할 수 있는 의미 있는 자료로서 오늘날에도 다양한 비평과 연구의 대상입니다.

페트라르카는 후기 고대철학이 남긴 죽음에 대한 엄정한 성찰을 고뇌와 회의, 망설임 속에서 조금씩 길을 찾아가는 자아의 여정과 결합시키고 있습니다. 그는 그런 면에서 아우구스티누스가 고대 문화에서는 예외적으로 선취한 가능성을 창조적으로 계승하면서 이후 몽테뉴, 파스칼, 루소에게서 볼 수 있는 철학적이면서도 개인적이고 문학적인 사유와 글쓰기의 길을 개척했다고 평가할 수 있습니다. 페트라르카는 죽음에 대한 명상을 통해 인생사에 대한 통찰에 다가가며, 이러한 사유를 탁월한 수사학적 기법으로 표현하고 있습니다.

페트라르카는 단테와 공통점도 많지만, 그 기질과 성향, 철학적 방향에 있어 큰 차이가 있었습니다. 오늘날 독일어권을 대표하는 르네상스 철학사 전문가인 라인카우프Thomas Leinkauf의 표현을 빌리자면 단테의 사상이 수직적이라면, 페트라르카의 사상은 수평적이라 할 수 있습니다. 단테가 올곧음과 단호함의 성정과 문학 정신을 지녔다면, 페트라르카는 흔들림 속에서 여러 우회의 길을 거쳐 자기 성찰과 잠심潛心에 이르는 정신적 여정을 보여줍니다. 단테가 체계와 지성적 종합에 기초한 토마스 아퀴나스의 스콜라철학을 문학적으로 구현하고 있다면, 페트라르카는 아우구스티누스를 따라서 직관적이며, 지성뿐만 아니라 정서와 감정적 차원을 통합하는 마음의 철학을 모색하고 있습니다. 페트라르카는 형이상학적이고 사변적인 철학이 아니라 실천적이며 삶의 방식을 실제로 변화시킬 수 있는 철학을 추구합니다. 그 결과 페트라르카의 도덕철학 논설에는 문학적이고 수사학적인 차원이 자연스럽게 철학 안에 깊이 침투해 있습니다. 이는 우연이 아니며, 그가 중세철학 전성기의 기초가 된 논증적 방법론 대신에 후기 고대 로마의 도덕 철학자의 모범을 따라 수사학을 철학의 방법론으로 삼아야 한다고 주장하는 이유입니다.

페트라르카의 철학 저술은 수없이 많은 고대의 윤리학 고전과 교부들의 가르침을 인용하고 현세와 욕망의 허망함을 일깨우는 엄격한 도덕을 강조하는 것처럼 보이지만, 잘 음미해보면 인간 자아의 다양한 갈망을 반영하면서 모순적인 인간 존재를 솔직하고 깊이 있게 성찰하고 있어서 매우 흥미롭고 '현대적'입니다. 그의 저서들을 전체적으로 살펴보면 페트라르카 자신의 삶이 곳곳에 반영되어 있다는 인상을 받게됩니다.

그는 매우 깊은 신앙심과 높은 도덕적 기준을 가진 사람이기도 했지만, 명성과 명예에 대한 애착을 좀처럼 버리지 못한 면도 분명 있었습니다. 학문과 수덕을 위한 여가를 갈망하고 실제로 한적한 은거지를 자주 찾았지만, 도시의 문화나 유력한 사람들과의 교류를 포기하거나 초연한 삶을 선택한 것은 아니었습니다. 페트라르카는 젊은 시절 생계와 안정적 지위를 얻기 위한 수단으로 교회 내 성직을 선택했지만, 종교적 삶에 정진하는 것이 참된 행복이라는 분명한 인식을 가지고 있었습니다. 그럼에도 세속적 삶의 방식과 여인에 대한 사랑을 오랫동안 포기하지 못했고, 르네상스 이탈리아 시대에 교회 안에서 종종 묵인되었듯이, 두 명의 아이를 두기도 했습니다. 아이들의 어머니가 누구인지는 역사에서 전해지지 않지만, 그는 두 자녀에게 충분한 애정을 베풀었고 책임을 다해 양육하고 교육하였습니다. 아들은 요절하였지만 막내딸 프란치스카는 말년까지 그와 교류하였고 인생의 큰 위로가 되었습니다.

이런 복잡한 삶의 여정 가운데 그는 자신의 부족함과 나약함을 인정하면서도, 종교적 명상과 덕의 도야에 대한 마음을 잃지 않았습니다. 이는 삶의 후반으로 갈수록 더 밀도와 깊이를 더해갔습니다. 일찍이 은수 수도원인 카르투시오 수도원에 들어가서 수도자의 삶을 충실히 산 동생 게라르도에 대한 그의 지극한 존경과 사랑에는 이러한 종교적이고 구도적 갈망도 담겨 있을 것입니다. 그가 동생이 속한 수도회에 보낸 편지 형식으로 되어 있는 논고인 《종교적 여가》를 보면, 비록 본인이 실지로 다 수행하지는 못했지만 페트라르카가 투철한 종교적 삶에 대한 갈망과 이상을 진심으로 소중히 여겼다는 사실을 확인할 수 있습니다.

인생의 동반자인 죽음의 명상

페트라르카의 삶은 방랑이자 동시에 순례였습니다. 그의 삶은 모순된 결정과 내적 분열 속에서도 점차 길을 찾아가는 자아의 여정이 반영되어 있습니다. 그의 학문에의 열정과 광대한 식견은 단지 지식욕 때문만이 아니라 좋은 삶을 향한 노력이기도 했습니다. 흔들리면서도 모색해가는 인간의 솔직한 모습이 근저에 있기에 페트라르카의 철학 저술들은 현학적인 인문주의를 증언하는 역사적 문헌으로만 남은 것이 아니라 오늘의 독자들에게도 반향을 일으킵니다. 다양한 바람 속에 파악하기 어려울 정도로 복잡해진 내면을 제대로 바라보고 삶의 방향을 찾고자 하는 현대인들에게 페트라르카는 친근하면서도 신뢰할 만한 모범이 됩니다.

그리고 무엇보다 페트라르카가 자아와 마음을 탐구하고 좋은 삶을 모색하는 여정에 있어 죽음의 명상이 언제나 함께하는 동반자였다는 사실을 잊지 말아야 합니다. 페트라르카가 죽음에 대해 전해주는 가르침은 사실 고대 스토아철학의 죽음의 명상과 성서와 교의에 입각한 그리스도교 신앙에서 벗어나지 않지만, 흔들리는 마음을 가지고 불안한 삶을 살아가는 평범한 사람이 그 가르침을 어떻게 자신의 삶에 적용하고 창조적으로 받아들일 수 있는지 생각하게 하기에 고유한 가치가 있습니다.

죽음이라는 주제는 그의 초기 서정시에서부터 자주 등장합니다.《칸초니에레》에는 라우라의 죽음에 관한 여러 유명한 시들이 담겨 있습니다. 연인에 대한 사랑은 그 부재로 인한 슬픔과 상실감에 대한 깊은 체험을 수반할 수밖에 없습니다. 철학 저술에서는 죽음이 도처에 있다는 사실을 지적하며 이에 따른 도덕적이고 종교적인 자각이 얼마나 시급하고 중요한 과제인지를 주장합니다. 아마도 그 당시에 매우 심각하게 페스트가 유행했고, 부모님과 라우라를 포함해 _그_ 가 사랑하고 아낀 많은 이들을 페스트로 잃은 체험도 큰 영향을 주었을 것입니다.

그리고 인문주의자로서 고대의 스토아철학자들을 집중적으로 연구하면서 죽음의 명상이야말로 도덕철학이 늘 출발점으로 삼아야 하는 원천이라는 확신이 더 강해졌을 것으로 보입니다. 그는 젊은 시절부터 스스로를 위해 아우구스티누스와의 가상 대화 형식으로《나의 비밀》이라는 철학서를 써왔습니다. 결국은 미완성으로 남았지만 사후에 공개된 그의 가장 내밀한 저서라 할 수 있는 이 작품에서도 죽음에 대한 사유를 피하지 말고, 이를 통해 삶의 참된 의미를 발견하고 삶의 변화를 기해야 된다는 인식을 찾아볼 수 있습니다.

《나의 비밀》에서 모색된 죽음에 대한 성찰은 이후 철학자로서 페트라르카의 명성을 전 유럽에 알려지게 한 작품이자 이후 유럽 지식인들에게 수백 년에 걸쳐 많은 영향을 미친 논고인 《행운과 불운에 대처하는 법》에서 다양하고 명료하게 다루어집니다. 인생에서 다가오는 다양한 행운과 불운에 대해 적절한 자세를 가지도록 조언하는 형식의 이 저서에서 죽음의 문제는 큰 비중을 가집니다. 부모 또는 자식의 죽음 같은 인생의 큰 슬픔이나 삶에 대한 염증, 죽음에 대해 떨칠 수 없는 두려움을 호소하는 이들에게 페트라르카는 세네카를 연상시키는 스토아철학의 죽음에 대한 현자의 태도를 권하고 또한 그리스도교적인 죽음에 대한 입장을 상기시킵니다. 그리고 죽음에 대해서 완곡하게 말하기보다는 이를 직면하여 '돌아올 수 없는 편도'인 죽음이 왔을 때 기쁘고 가볍게 떠날 수 있도록 잘 준비하라고 촉구합니다.

페트라르카에게 죽음의 문제가 철학에서나 실제의 삶에서나 중요했다는 점은 그가 원숙기에 심혈을 기울여 그리스도교적 윤리학과 후기 고대의 덕의 알레고리를 종합한 서사시 〈승리들〉에서도 볼 수 있습니다. 이 작품은 유럽 전역에서 오랫동안 큰 인기를 얻었고, 여기서 보여지는 도상학은 긴 세월 동안 다양한 회화와 판화에서 발견됩니다. 페트라르카는 영혼 정화의 여정을 사랑, 순결, 죽음, 명예, 시간, 영원의 여섯 가지 차원으로 우화적으로 그리고 있는데, 여기서 죽음은 변곡점의 역할을 하며 이후 시간과 영원의 문제와도 깊이 연결됩니다.

페트라르카에 따르면 죽음에 대한 올바른 자세는 고독과 명상의 시간을 요구합니다. 그의 가장 뛰어난 철학 논고로 꼽히는《고독한 생활》은 이를 잘 보여주고 있습니다. 그는 구약 성서 〈신명기〉에 나오는 모세의 이야기를 인용하며 죽음을 사유한다는 것은 고독을 친근하게 대하고 고독 속에 머물 때 자유를 누릴 수 있는 정신을 필요로 한다는 것을 암시합니다. 페트라르카는 모세가 하느님과 남다른 교감을 하며 훌륭한 삶을 살 수 있었던 것에는 그의 고독이 있었다는 것에 주목합니다. 그러기에 모세가 훌륭한 삶을 산 후에 영광스러운 죽음을 사람들 사이에서가 아니라 오직 신만이 함께 있는 고독 속에서 맞이하는 것은 놀라운 일이 아니라 말합니다. 페트라르카는 신이 모세에게 죽음이 다가왔음을 알려주며 산으로 올라가라고 명령한 대목을 새깁니다. 페트라르카에 의하면 이 구절은 삶과 죽음에 관한 깊은 숙고로 이끌어줍니다. 고독이야말로 좋은 삶이 무엇이고, 죽음의 의미가 무엇인지 깨닫는 길입니다. 고독을 향유할 수 있고, 죽음에 대한 평정 속에서 사유하는 사람에게는 죽음을 수용하는 좋은 삶의 길이 자연스럽게 열리게 됩니다. 페트라르카는 죽음을 담담히 수용하며 인생을 잘 마무리하는 삶의 자세를 다음과 같이 묘사합니다.

그는 행복하고 고요하게 자신의 삶을 보냅니다. 평화로운 밤과 평온한 날들이, 방해받지 않는 여가가 이어집니다. 그는 자유로이 나다니며 두려움 없이 앉아 있습니다. 그는 올가미를 치지도 않고 올가미를 경계하지도 않습니다. 그는 그 자신 때문에 사랑받는 것이지 그의 소유 때문에 사랑받는 것이 아님을 알고 있습니다. 그는 자신의 죽음이 누군가에게 이익이 되는 것이 아니며 자신의 인생이 누군가에게 해가 되는 것이 아니라는 것을 압니다. 그는 자신이 얼마나 오래 사느냐가 아니라 얼마나 잘 사는가가 중요하다고 생각합니다. 그는 또한 죽을 시간과 장소에 대해서 죽음의 방식만큼 중요하게 생각하지 않습니다. 그가 마음으로부터 깊이 확신하고 있는 것은 단 한 가지입니다. 그가 지금껏 잘 살아왔던 인생의 이야기를 (죽음이라는) 아름다운 마지막을 통해 완성할 것이라는 사실입니다. (《고독한 생활》)

페트라르카는 《나의 비밀》의 서문을 다음과 같은 인상적인 구절로 엽니다.

나는 어떻게 이 삶으로 들어왔을까? 그러면 어떻게 나가게 될까?

이 질문은 페트라르카의 인생과 늘 함께했습니다. 훌륭한 인생과 행복에 대한 물음에는 늘 죽음에 대한 사유가 동반자처럼, 거울처럼 함께합니다. 죽음의 명상은 삶에 그늘을 드리우는 강박

이 아니라 삶을 풍요롭게 하고 혼란된 자아가 성장하고 여러 모색을 통해 제대로 길을 찾게 도움을 줍니다. 페트라르카는 우리의 흔들리는 영혼이 인생길을 굽이굽이 걸어가는 데 있어, 평생에 걸쳐 죽음에 대해 명상하고 죽음에 대한 성숙하고 명료한 인식을 가다듬어가는 것이 얼마나 중요한지 증언합니다. 🍃

유토피아의 기도문

이탈리아에서 만개한 르네상스 인문주의는 점차 여타 유럽 지역으로도 확산되어 갔습니다. 후기 르네상스 시기에 이르면 독일, 벨기에, 네덜란드 등 유럽 중부 국가와 영국에서도 인문주의가 꽃피게 됩니다. 그중 영국의 토마스 모어Thomas More(1478~1535)와 네덜란드의 에라스뮈스Desiderius Erasmus(1466~1536)는 르네상스 후기를 대표하는 인문주의자로 오늘날까지도 큰 영향력을 지닌 인물들입니다. 그들은 국경을 넘어 깊은 우정과 존경을 나누고 서로의 저작 활동을 격려하였습니다. 토마스 모어와 에라스뮈스의 저서 중 지금까지도 사랑받고 널리 읽히는 고전으로 남아 있는《유토피아》와《우신예찬》은 두 사람 사이의 상호 존중이 낳은 아름다운 결실입니다.

　　토마스 모어와 에라스뮈스는 르네상스 인문주의의 마지막 정점이었지만, 시대는 이미 루터와 종교 전쟁으로 대표되는 정치적 격동기로 접어들었고 각국의 지식인들이 편지와 만남으로 인문주의 정신의 공동체를 이루던 시절은 막을 내립니다. 젊은 시절부터 자유로운 학자이자 인문주의자로서 명성을 얻었고 성서 번역과 주석에 획기적 기여를 한 에라스뮈스는 말년까지 가톨릭과 종교개혁가들 양쪽에서 비판의 표적이 되기도 했지만, 결국 여러 위기를 잘 넘기고 자신이 아꼈던 스위스의 도시 바젤에서 평화롭게 생을 마칠 수 있었습니다. 하지만, 토마스 모어는 순교자이자 정치범으로 처형되는 운명을 맞이해야 했습니다.

　　일찍부터 인문주의자로서 널리 신망을 얻은 토마스 모어는 영국만이 아니라 유럽 전역에서 당대 최고로 꼽히는 라틴어 문장가였습니다. 그는 문인으로서만 활동한 것이 아니라 뛰어난 정치철학자이자 여러 신학적 논쟁에 참여하기도 한 신학자이고 국가의 고위직에 오른 행정가이자 법률가로서도 역할을 하였습니다. 헨리 7세 때부터 외교관이자 법관으로 정치 경력을 쌓은 그는 어린 시절부터 교류한 헨리 8세의 깊은 신임과 총애를 받아 하원의장과 대법관에 이어 사법과 행정을 총괄하는 상서관으로서 왕국 내 이인자의 위치에 오릅니다. 그러나 헨리 8세가 스페인 출신 캐서린 왕비와 이혼하고 앤 불린과 재혼하면서 이를 반대하는 로마 교황청과 결별하고 영국 교회의 수장의 지위에 오르려고 하자, 침묵으로써 이를 거부합니다.

그는 공직을 떠나 낙향하여 조용히 양심을 지키며 지내려 했지만, 사직 이후에도 헨리 8세는 영국 내에서나 국제적으로 신망이 높은 토마스 모어에게 자신을 지지할 것을 집요하게 요구하고 회유합니다. 토마스 모어는 이를 끝까지 거부하다 왕의 분노를 사서 결국 투옥되기에 이릅니다. 토마스 모어는 런던탑에 14개월간 갇혔고 1535년 7월 6일 마침내 형장에서 단두형으로 생을 마칩니다. 그의 죽음은 당대에 큰 파장을 끼친 정치적 사건이었고, 동시에 종교적 순교로서 받아들여졌습니다. 토마스 모어는 비슷한 시기에 같은 이유로 처형된 존 피셔 주교와 함께 순교 직후부터 가톨릭 교회 안에서 순교자이자 성인으로 널리 공경을 받았으며, 20세기 들어 정식으로 가톨릭 성인으로 시성되어(1935), 정치인의 주보성인(수호성인)으로 선포되었습니다.

그의 죽음은 종교적 의미 외에도 역사 안에서 시대를 넘어 권력 앞에서 목숨을 걸고 양심을 지킨 숭고하고 영웅적인 사례로 기억되었고, 근대에서 현대에 이르기까지 수많은 양심적 저항 운동에도 영감을 주었습니다. 또한 그의 죽음은 역사적·정치적·종교적 반향의 크기를 떠나 평범하고 소박한 삶을 살아가는 사람들에게도 모범이 됩니다. 생의 마지막 시기에 담담하게 죽음을 준비하는 고귀한 자세에 누구나 큰 감명을 받을 것이며, 죽음의 무게를 견디는 좋은 삶이란 무엇인지에 대해 보편적이고 영속적인 가르침을 얻을 수 있기 때문입니다. 그가 옥중에서 남긴 저술과 가족과 가까운 지인에게 보낸 담백하면서도 애틋한 마지막 편지들은 죽음에 대해 진지하게 사유하고자 하는 이들에게 잔잔한 감동을 주며 진지한 명상으로 이끌어줍니다.

'사계절의 사나이' 토마스 모어와 삶과 죽음의 무게

토마스 모어는 학식과 능력이나 숭고한 죽음만이 아니라 생전의 훌륭한 인품으로도 많은 찬사를 들었습니다. 그의 인품을 칭송하는 가장 유명한 표현은 에라스뮈스에게서 유래합니다. 그는 존경을 담아 토마스 모어를 "사계절의 사나이 Vir… omnium horarum"라고 칭송했습니다. 에라스뮈스가 언급한 "사계절의 사나이"라는 구절은 에라스뮈스의 창작은 아니고 옛 격언에서 유래합니다. 에라스뮈스는 수많은 격언을 수집해서 다양한 문헌 조사를 통해 풀이한 《격언집 Adagia》을 여러 해에 걸쳐 집필했고 이는 당대에 가장 인기를 끈 저서이기도 했는데, 이 구절도 여기에 실려 있습니다. 에라스뮈스는 "진지하면서 동시에 재미있는 사람"이어서 많은 이들이 함께 하고자 하는 인물을 "사계절의 사람 omnium horarum homo"이라고 불렀다고 소개합니다. 이는 여러 덕목을 두루 갖추고 있으며 사랑과 존경을 함께 받는 사람을 가리킵니다.

이처럼 토마스 모어는 강직하면서도 유머를 알았고, 원칙주의자이면서도 삶의 작은 즐거움을 즐길 줄 알았던 인물이었습니다. 토마스 모어의 이러한 인품을 기억하는 것은 그의 죽음에 대한 태도를 이해하는 데 중요합니다. 그는 분명 양심과 법과 신앙을 위해 죽음을 기꺼이 감수한 순교자였으나, 오늘날 이 단어가 간혹 연상시킬 수 있는 원리주의나 극단주의와는 거리가 멀었습니다. 중용과 조화를 알았던 사람이고, 죽음을 자초한 사람이 아니었습니다. 그는 인문주의자답게 스토아철학이 지향한 덕의 함양만이 아니라 에피쿠로스가 가르치는 고상한 인생의 향유 역시 소중하게 여겼습니다.

그래서 그는 양심과 교회에 충실하면서도 가족의 안위와 본인의 생명을 지키기 위해서도 최선을 다했습니다. 왕의 종교적 수위권에 대한 명시적 반대를 표해야 하는 상황을 피하기 위한 법률적 권리를 지키기 위해 가능한 방법들을 찾기 위해 고민했고, 당시 실권자로 떠오른 토마스 크롬웰을 비롯한 왕의 가신들인 법관과 관료들이 그에게 덫을 놓으려 했을 때는 당당하게 논리와 법률로 대결하였습니다. 이처럼 삶을 소중히 여기며 주어진 권리를 통해 자신을 지키려던 그의 노력은 토마스 모어를 주인공으로 한 로버트 볼트Robert Bolt(1924~1995)의 희곡《사계절의 사나이*A Man for All Season*》와 이 희곡을 바탕으로 한 동명의 영화에 흥미진진하게 잘 묘사되어 있습니다.

이처럼 삶을 사랑한 토마스 모어이지만 박해자들의 공격이 더욱 노골적이고 양심을 지키는 것과 죽음을 피하는 것이 양립하기 어려워졌을 때, 그는 양심과 신앙을 위해 기꺼이 처형을 받아들입니다. 이는 그가 죽음을 받아들인 것이 삶을 가벼이 여기거나 멸시한 결과가 아니라, 삶을 가치 있고 의미 있게 살고자 한, 삶에 대한 진정한 사랑에서 온 것임을 생각하게 합니다. 토마스 모어는 삶이 고귀한 것이라는 것을 알았기에, 그 삶의 무게를 담고 있는 죽음을 피하지 않았다고 평가할 수 있습니다.

'유토피아'의 이성적 종교와 죽음에 대한 성숙한 태도

토마스 모어가 삶과 죽음에 대해 철학적 숙고에 기초하여 조화롭고 이성적인 견해를 가지고 있었다는 것은 그를 유명하게 만든 고전이자 젊은 시절의 재기와 도덕적 이상주의가 함께 투영된 《유토피아》에서 확인할 수 있습니다. 에라스뮈스와 함께 토마스 모어와 가장 깊은 친교를 나눈 네덜란드의 인문주의자이자 출판인이었던 피터 힐레스Pieter Gilles(1486~1533)에게 헌정된 이 책은 정치철학의 영원한 고전이자 풍자와 인문 정신의 보고이면서, 한편으로는 도덕적 성찰과 실천을 촉구하며 수사학과 문예에 치중한 당시 인문주의의 몇몇 경향들에 대한 비판이기도 합니다. 동시에 여기에는 철학적으로 숙고된 행복주의에 기초하여 삶에 대해 올바른 인식을 가지고 죽음에 대해 성숙하고 중용을 잃지 않는 태도를 권고하는 내용도 담겨 있습니다.

이 책은 라파엘 휘틀로다이우스라는 인물이 유토피아라는 이상적인 도시 국가를 방문하고 유럽으로 돌아와 들려준 이야기를 토마스 모어가 기록한 기행문의 형식으로 되어 있습니다. 유토피아는 '지상에 존재하지 않는 곳'이라는 뜻이기에 현실이 아닌 가상의 국가에 대한 자유로운 상상으로 해석할 수도 있지만, 또한 '이상 국가'라는 의미도 함축하고 있어서, 비록 지상에 존재하지는 않지만, 현실의 정치 체제와 풍속을 비판하고 쇄신을 촉구하는 참된 기준을 제시하는 글로서도 이해할 수 있습니다.

방문자 휘틀로다이우스는 본인이 건전하고 합리적이라고 높이 평가하는 유토피아의 법률, 관습 등을 소개한 후에 이러한 도덕적·정치적 질서는 이성에 부합하는 종교적 원리에 기초한다고 강조하는데, 이는 영혼의 불멸과 죽은 후의 신상필벌에 대한 확고한 믿음이며, 또한 인간 영혼은 신의 은총을 통해 행복을 추구하도록 창조되었다는 확신입니다.

유토피아에서 말하는 행복의 참뜻은 그리스와 로마의 고대철학의 가르침과 유사한데, 덕과 '자연스러운 쾌락'이 그 요체가 되며, 이성은 이러한 사실을 깨닫게 합니다. 이처럼 덕과 올바로 이해된 쾌락에 기초한 행복론은 영혼과 육신의 건강을 추구하며, 사람들이 공동체 일원으로 서로 협력하고 일치하는 삶을 지향하게 합니다. 그러기에 유토피아에서는 병고를 비롯한 고통에서 가능한 한 벗어나고자 노력하는 것은 합당하다고 여겨지며, 병자를 소홀함 없이 돌보고 건강을 회복하도록 돕는 것 역시 중요한 덕목입니다.

그러나 만일 죽음을 피할 수 없는 것이 분명해졌을 때는, 이 역시 자연스럽게 받아들이라 하며, 인생을 마치는 것이 한편으로는 모든 고통에서의 해방이라는 사실을 위로로 삼습니다. 유토피아의 사람들이 의지하는 이성적 종교는, 인생이 주는 행복에 대한 충분한 존중을 가지지만, 또 다른 한편으로는 죽음에 대해서도 지나친 두려움을 갖지 않고 오히려 사후의 행복에 대한 희망을 지니고 있습니다. 그러기에 그들은 죽음을 과하게 슬퍼하지 않고 남은 이들은 평온한 마음으로 자주 떠난 이를 기억하는 것이 죽음에 대한 올바른 자세라고 생각합니다.

거의 모든 유토피아의 시민들은 죽은 후에 인간이 누리는 행복은 한량없이 크다고 절대적으로 확신합니다. 그러기에 그들은 아픈 이들에 대해서는 깊이 슬퍼하면서도, 죽은 이들에 대해서는, 그들이 근심 중에 억지로 삶을 떠나는 것이 아니라면 그다지 슬퍼하지 않습니다. 《유토피아》

죽음을 잘 받아들이고 희망에 충만해서 임종하는 사람들에 대해서 그들은 통곡하지 않으며, 깊은 감동 속에서 성가를 부르고 기도를 바치는 장례 예식을 행하며 죽은 이들의 영혼을 신에게 맡깁니다. (《유토피아》)

한편, 유토피아 시민들은 모두가 매일 기도문을 바치는데 그중에는 복된 죽음에 대한 기원도 있습니다. 이는 삶과 죽음 모두가 축복의 원천이라는 확신을 표현하는 것이고 죽음에 대한 인식을 간직하고 있는 것이 좋은 삶을 위해서는 중요하다는 가르침이기도 합니다. 이들에게 이러한 생각은 종교적 신념일뿐더러 이성을 지닌 사람이라면 자연스럽게 동의할 내용이기도 합니다.

그들은 언제가 될지 감히 신께 묻지는 못할지라도, 신께서 편안한 죽음을 주시고 자신들을 거두어주시기를 기도합니다. 그럼에도, 만일 이것이 신의 존엄한 뜻에 합당한 것이라면, 고통스러운 죽음이라는 대가를 치르더라도, 지상에서 번영하며 더 오래 사는 것보다는 신에게 가는 것을 바랍니다. (《유토피아》)

토마스 모어와 죽음의 시간

토마스 모어가 《유토피아》를 쓴 것은 1516년으로 이미 장년기에 들어선 시기입니다. 그러니 여기서 드러난 그의 정치철학과 윤리학, 종교철학은 이미 어느 정도 완성된 형태라 하겠습니다. 그가 실제로 생의 말년에 죽음을 맞이했을 때,《유토피아》에 나타난 죽음에 대한 관점을 부정하지는 않았을 것입니다. 그러나 실존적인 상황은 죽음에 대한 그의 명상을 보다 절박하고 심오하게 했고, 보다 더 그리스도교 신앙에 깊이 의존하게 했습니다. 그리고 죽음을 깊이 묵상하면서 양심을 지켜야 한다는 그의 의무감 역시 더 확고해졌던 것으로 보입니다. 그는 런던탑에서의 마지막 한 달여를 제외하고는 비교적 관대한 처분을 받아서 서신 교환의 자유를 얻었고 집필 활동에도 몰두할 수 있습니다. 이 시기에 쓰인 그의 주저에 속하는《고난을 이기는 위안의 대화*A Dialogue of Comfort Against Tribulation*》나《그리스도의 슬픔*De Tristitia Christi*》을 보면 교부 시대와 중세 시대 신학과 영성의 전통 안에서 죽음을 준비하며 유혹과 두려움을 견디는 가운데 그리스도교인으로서 고통의 의미를 새기는 깊은 신앙이 잘 드러나 있습니다.

토마스 모어가 죽음을 준비하며 남긴 가장 마음을 움직이면서도 위로를 주는 글은 그의 서간입니다. 특히 그가 가장 사랑한 총명한 딸 마거릿 로퍼에게 보낸 마지막 나날의 편지들은 거듭 읽고 음미할 가치가 있습니다. 여기서 토마스 모어는 자신의 순교가 신앙을 지키기 위함이기도 하지만, 양심을 지키는 것 또한 죽음을 감내할 가치가 있다고 확신하고 있으며, 사실 신앙과 양심은 서로 다른 것이 아니라고 생각하고 있다는 것을 밝히고 있습니다.

신앙인과 철학자가 죽음 앞에서 함께 만날 때

사람들은 토마스 모어의 죽음에서 신앙의 순교를 보고 싶어 하기도 하고, 때로는 양심을 지킨 언행이 일치하는 참된 철학자의 증거를 보고 싶어 하기도 합니다. 그러나 사실 이는 서로 대립되는 것이 아닐 것입니다. 모어가 삶을 사랑하고 그 고귀한 가치를 깊이 깨닫고 향유했으면서도, 정말 어쩔 수 없는 양심의 요구가 있었을 때 생에 집착하는 대신 죽음을 받아들이는 용기를 낼 수 있었던 것 역시 모순이 아닐 것입니다. 어쩌면 성숙된 인격 안에 굳은 신앙과 확고한 철학을 가진 그에게는 필연적인 귀결이었다는 생각을 하게 됩니다. 신앙을 가진 사람이든, 그렇지 않은 사람이든, 토마스 모어를 통해 양심을 지키는 것이 삶과 죽음의 무게를 깨닫는 위대한 깨달음의 시작임을 배우게 됩니다. 그에게 있어 신앙과 철학은 서로 죽음 앞에서 함께 만나고 있습니다. 그의 사위이자 마거릿의 남편인 윌리엄 로퍼는 〈토마스 모어 경의 생애〉에서, 런던탑으로 자신을 찾아온 토마스 크롬웰과의 대화를 마친 후, 모어가 자신에게 다가올 운명을 예감하며 목탄으로 적어둔 시를 소개하고 있습니다.

아, 알랑거리는 운명의 여신이여,

내 몰락을 모두 보상해주려는 듯이 보일 때

그대는 그 어느 때보다도 아름다운 얼굴로,

그 언제보다도 유쾌하게 미소 짓기 시작한다.

내 여생 동안 그대는 나를 현혹하지 못하리라.

나는 하느님을 믿고, 오래지 않아

안전하고 변함없는 천국의 안식처에 들어가리라.

나는 그대의 정적 이후의 폭풍우를 기다린다. (토마스 모어·윌리엄 로퍼,《영원과 하루》, 이미애 옮김, 정원, 2012, 449쪽)

고대 시대에 보에티우스가 《철학의 위안》에서 그러하였듯, 여기에도 신앙과 철학은 함께 양심을 지키고 마음의 평정 속에서 죽음을 맞으려는 이를 위로하고 있습니다.

토마스 모어의 처형은 극적인 사건이었지만, 한편으로 그는 평온하게 죽음을 준비하였습니다. 그는 마지막 편지에서 자상한 가장의 마음으로 가족들을 축복하였고, 그의 처형을 맡은 형리와 간수들을 위로하였습니다. 마지막 순간에도 자신의 머리카락은 대역죄를 짓지 않았으니, 목에만 도끼를 대달라고 형리에게 농담을 했다는 일화는 사실 여부와 상관없이 죽음 앞에서도 평정한 모어의 마음을 상징하는 일화로 널리 퍼져 있습니다.

토마스 모어가 생전에 써둔 묘비명은, 그의 소망대로 묘비석에 새겨졌습니다. 그 마지막 말은 이러합니다.

그리하여 죽음은 삶이 허용할 수 없는 것을 허락해줄 것이다.

어느 인문주의자가
남긴 것

로테르담의 에라스뮈스는 오늘날까지도 유럽 인문주의의 상징으로 남아 있습니다. 유럽 연합이 출범하고 그 이상을 실현하기 위해 유럽 내 대학생들의 자유로운 학생 교류를 위한 야심적인 계획을 시작했을 때, 그 명칭을 '에라스뮈스 프로그램'이라고 한 것에서도 에라스뮈스라는 이름이 담고 있는 인문 교양과 평화 공존과 정신적 보편성이라는 상징이 얼마나 큰가를 볼 수 있습니다.

그는 이른 나이에 아우구스티누스 수도원에 입회하고, 이후 가톨릭 사제로 서품도 받고 평생 사제로서의 신분을 유지하기는 했지만, 수도원에 매여 있는 삶을 받아들이지는 않았습니다. 자유로운 지식인이자 학자로서의 지위를 인정받고 교회법에 있는 수도자로서의 의무를 면제받기 위해 오랫동안 노력했고, 많은 제안에도 불구하고 고위 성직자나 군주와 영주, 대학에 소속되지 않았지만 유럽 전역을 무대로 저술 활동을 하고 있던 당대의 주요한 인문주의자들과 교류하였습니다. 이처럼 자유인으로서 독립적인 삶을 지키려는 그의 확고한 태도 때문에 이른 시기부터 인문주의자, 저술가, 신학자, 성서학자로서의 명성을 얻었음에도 긴 세월을 경제적·사회적으로 불안정한 지위 때문에 고통을 받아야 했습니다.

마침내 중년을 다 보낸 시기에 이르러서 교황청으로부터 수도자로서의 의무를 전적으로 관면받았고, 그의 저술이 전 유럽에서 사랑받으면서 훌륭한 개인 도서관을 유지할 정도로 재정적 걱정에서 해방되었으며, 어느새 교황과 황제를 포함하여 유럽의 숱한 권력자들이 조언을 듣고 싶어 하고, 유수한 신학대학에서 초빙하고자 애쓰고, 인문주의자들과 신학자들의 중요한 토론과 논쟁에서 중심이 되는 위치에 이르게 되었습니다.

오십 즈음에 이르러 그는 학문적 인정만이 아니라 대중적 명성에서도 정점에 이르고, 유럽 전역에서 독보적인 인물로 꼽히게 됩니다. 이 시기에 그는 여행과 편지를 통해 주요 인물들과 활발한 교류를 하는 한편, 가장 마음에 들어했던 스위스의 도시 바젤에 거처하면서 엄청난 양의 학문적 결실을 지속적으로 내놓습니다. 그리스어 신약 성서를 직접 번역하고 주해하며, 대중을 위해 그리스도교 인문주의의 정신을 표현하는 여러 신앙 지침서들을 편찬하고, 일찍이 사랑받았던 《격언집》을 확장, 편집하는 작업을 지치지 않고 하였습니다. 이는 신학적이고 인문주의적인 학술 작업이기도 했지만, 동시에 미신적으로 오용되는 교회 관습을 정화하고 부와 권력에 오염된 교회 정치를 교정하고 복음에 입각한 순수한 신앙으로 돌아갈 것을 촉구하는 교회 쇄신의 노력이기도 했습니다. 이러한 그의 저술들은 교회를 개혁하고자 하는 뜻을 품은 여러 움직임들에 매우 중요한 영감이 되었고, 에라스뮈스는 개혁가들의 정신적 후견인으로 인식되었습니다.

그러나 이후 급진적인 개혁을 주장하는 루터가 등장하고, 제후들이 정치적 이해관계에 따라 종교적 갈등에 개입하면서, 에라스뮈스에게 시련의 시기가 시작됩니다. 그는 가톨릭 교회와 교회 개혁을 요구하는 세력 양쪽에서 공격을 받았습니다. 각기 자신들의 입장을 대변해주기를 바라는 요구 속에서 합리적 이성과 상식에 입각해서 평화를 추구하고 관용과 타협을 지향하는 에라스뮈스의 입장은 의심과 비판의 대상일 수밖에 없었습니다. 결국 보름스 종교회의와 아우크스부르크 종교회의, 츠빙글리와 독일 농민혁명 등의 역사적 사건들의 와중에서 온건한 해결을 추구했던 그의 희망은 좌절되었고, 인문주의의 이상은 좌초되었으며 그의 명성과 영향력은 빛이 바라게 됩니다.

종교 갈등의 시기에 신중함과 자제를 촉구했던 에라스뮈스의 자세에 대해서는 오늘날까지도 해석이 엇갈립니다. 에라스뮈스가 평화를 이루기 위해 정치적·종교적 극단을 경계하고 감정과 충동에 이끌리는 세태에 끝까지 저항하고 이성의 절제를 지켜 냈다고 높이 평가하는 역사가들도 있지만, 이를 우유부단하고 무 책임하며, 일신의 자유와 안전을 지키기 위해 역사적 결단의 순간 을 회피했던 비겁한 자세라고 유감스럽게 보는 평자들도 있습니 다. 에라스뮈스의 위대함에는 누구나 동의하지만, 많은 이들이 그 의 모호해 보이는 여러 삶의 결정들에 의문을 던지는 것은 사실입 니다.

이렇게 엇갈리는 역사적 평가는 무엇보다 에라스뮈스의 말 년이 르네상스 인문주의 시대가 막을 내리며 처참한 내전과 종교 전쟁이 이어진 격변의 시대였다는 것에 기인하는 것이겠지만, 한 편으로는 복잡하고 다면적이며 심리적으로 자기 방어의 경향이 강 했던 에라스뮈스의 개성에서도 연유할 것입니다. 한편으로는 이러 한 에라스뮈스의 복합적인 인물상은 그에 대한 탐구를 더욱 흥미 롭게 하고 에라스뮈스가 오늘날의 독자들에게 매우 현대적인 인 간으로 다가오는 점이기도 합니다. 슈테판 츠바이크와 요한 하위 징아라는 양차 세계 대전의 비극을 몸소 체험한 20세기의 두 문 필가들이 남긴 에라스뮈스 평전들이 그의 성품에 대해 매우 상이 한 관점을 보여주고 있는 것은 그 좋은 예가 됩니다.

에라스뮈스는 만년에 많은 비난과 조소를 받았고, 그의 영향 력도 많이 약해지긴 했지만, 그의 정신적 유산은 사후에도 결코 사라지지 않았고, 다시 되살아나는 것을 확인하게 됩니다. 루터는

에라스뮈스를 그토록 비난했지만, 루터의 후계자라 할 멜랑히톤
은 에라스뮈스의 인문주의적 그리스도교 사상을 개신교 안에 받
아들입니다. 세네카 같은 후기 고대철학의 윤리학을 근대 초기에
다시금 유행시킨 철학자 립시우스나 자연법 사상을 기초한 후고
그로티우스, 볼테르와 백과사전파와 같은 계몽주의 철학자들, 독
일 계몽주의의 선구자인 레싱 등도 에라스뮈스에게 깊은 영향을
받은 철학자들입니다. 이후 에라스뮈스가 독일 사상에 미친 영향
은 괴테, 횔덜린, 릴케 같은 독일의 위대한 시인들에게 많은 감명
을 준 시인 클롭슈토크나 경건주의 운동에 이르고, 나아가 헤르더
와 괴테가 도달한 위대한 보편주의적 사상에도 중요한 수원이 되
었습니다. 위대한 작가 슈테판 츠바이크는 에라스뮈스 사상이 이
후 보편성을 추구하는 이들에게 지속적으로 미친 영향력을 다음
과 같이 열정적으로 옹호하고 있습니다.

> 그를 따르며 몽테뉴는 '비인간성이 최악의 악덕'이며, "나는 감
> 히 공포 없이 이를 언급할 수 없다"고 말하면서 통찰과 너그러
> 움을 전한다. 스피노자는 맹목적 열정이 아닌 '정신의 사랑'을
> 촉구한다. 디드로, 볼테르, 레싱 그리고 회의주의자와 이상주
> 의자 모두가 모든 것을 이해하고자 하는 관용을 위해서 여하
> 의 편협함과 투쟁한다. 실러에게서는 세계시민정신이 시적으
> 로 용솟음치고, 칸트는 영구적 평화를 요구한다. 톨스토이, 간

디, 롤랑에 이르기까지 논리적 힘을 지닌 상호 이해의 정신은
폭력적인 약육강식에 대해서 도덕적 권리를 요구한다. (《에라
스무스 평전*Triumph und Tragik des Erasmus von Rotterdam*》)

유럽 문명의 황혼을 괴로운 마음으로 지켜보며 츠바이크는
에라스뮈스의 공존과 평화의 사상이 당대에 거부당한 것을 남다
른 마음으로 되새깁니다. 그리고 한편으로 에라스뮈스의 정신은
진정한 유럽 정신 문화의 재건을 위한 불씨로 남을 것이라는 희망
을 갖습니다.

명석한 정신과 순수한 도덕적 힘에서부터 사유되고 말해진 것
은 그 어떤 것도 헛되이 사라지지 않는다. 비록 연약한 손이
이룬 결실이 미완성의 형식으로 남아 있다 해도, 이것은 언제
나 도덕적 정신이 새롭게 깨어나도록 영감을 준다. 인문주의의
사상, 곧 점점 더 인간적이고 정신적이게 되며 더 이해를 추구
하는 것이 인류의 가장 높은 과업이라는 가장 단순하지만 동
시에 영원한 생각이 세상으로 들어가는 길을 문학적으로 마련
해주었다는 것은, 지상의 공간에서는 좌절했던 에라스뮈스에
게 영예로 남을 것이다. (《에라스무스 평전*Triumph und Tragik des Erasmus
von Rotterdam*》)

에라스뮈스와 토마스 모어

에라스뮈스와 토마스 모어의 우정은 후기 르네상스 인문주의 시대의 가장 빛나는 장면에 속합니다. 에라스뮈스는 토마스 모어의 《유토피아》의 출판을 주선하고 당시 독일과 네덜란드, 벨기에 등의 인문주의자들에게 소개했습니다. 토마스 모어는 에라스뮈스가 영국 내에서 환대받을 수 있도록 그에게 자신의 영지에 거처를 제공하고 중요한 인물들을 소개해주었습니다. 토마스 모어가 에라스뮈스에게 보낸 여러 서한들을 보면 그가 에라스뮈스를 얼마나 높이 평가하고 경애의 마음을 가졌는지를 볼 수 있습니다. 에라스뮈스 역시 회의적이고 조심스러운 그의 평소 태도와는 다르게 토마스 모어에 대해서는 무조건적인 신뢰와 존경의 마음을 표현하고 있습니다.

에라스뮈스가 비교적 젊은 시기에 완성했고, 그에게 유명세와 지속적인 공격 모두를 안겨준 저작이자 오늘날까지 그의 대표 저서로 남아 있는 《우신예찬》은 에라스뮈스가 제대로 된 지위를 얻지 못하고 수도원으로 소환될까 불안감을 느끼던 시기에 토마스 모어가 제공해준 편안한 거처에서, 에라스뮈스의 표현에 따르면 '가장 행복한 시기'에 탄생할 수 있었습니다. 에라스뮈스는 《우신예찬》에 붙인 토마스 모어에게 보내는 서신 형식의 서문에서 그를 '사계절의 사나이'로 칭하며 애틋하고 지극한 존경과 감사의 마음을 드러냈습니다. 또, '우신愚神'의 그리스어 'moira'는 토마스 모어의 이름에 헌정된 것이라 밝히고 있습니다. '우신'은 진지하되 해학을 아는 두 사람이 교양을 바탕으로 함께 가꿔온 우정을 보여주는 것이기도 합니다.

에라스뮈스와 토마스 모어는 이탈리아에서 시작된 르네상스 인문주의가 북쪽 유럽 지역에서도 만개했음을 보여주고 있지만, 사실 이들은 여타의 인문주의자들이 종종 경도되었던 지나친 그리스 로마 문화에 대한 무조건적 추종이나 이교주의와는 확고하게 다른 입장을 가졌습니다. 두 사람은 일찍이 페트라르카가 가능성을 보여준 그리스도교 인문주의를 되살리고 완성했다고 할 수 있습니다. 그런 의미에서 인문주의를 그리스도교 신앙의 빛으로 교정하고 비판적으로 수용하는, '인문주의를 통한 인문주의의 교정'이라고 할 수 있습니다. 이처럼 에라스뮈스와 토마스 무어 사이에 많은 공통점이 있지만, 후대의 사람들에게 그 두 사람은 매우 대조적으로 보여지기도 합니다. 이는 그들의 죽음의 양상 때문입니다.

토마스 모어가 형장에서 처형되고 순교자로서 극적으로 삶을 마감했다면, 에라스뮈스는 살얼음판과도 같았던 말년에 겪은 수많은 격변 속에서도 적절한 침묵과 유보적 태도를 통해 결국 종교 갈등과 정치 투쟁의 희생양이 되는 것을 피하고 평화로운 죽음을 맞이할 수 있었습니다. 토마스 모어가 양심과 용기의 상징이라면 에라스뮈스는 현명함과 신중함을 체현한 인물로 보입니다. 이러한 두 사람의 대조적 모습을 예언한 것처럼 보이는 것이 당대 최고의 초상화가인 한스 홀바인이 그린 두 사람의 초상입니다. 결연함이 잘 표현되고 있는 토마스 모어의 초상에 비하면 에라스뮈스는 고요한 관조와 자기만의 풍요로운 정신 세계 안에 침잠해 있는 경지를 느끼게 합니다.

에라스뮈스는 분명히 당대의 정치적 소용돌이에 말려들지 않으려 지극히 조심하였고, 토마스 모어가 폭력적 권력에 의해 목숨을 잃은 것에 자신이 '모든 것을 잃은 것'처럼 마음 아파하고 충격을 받기도 했지만, 그 역시 죽음을 준비하는 것을 잊은 것은 아니었습니다. 오히려 그는 평생에 걸쳐 그리스도교 신학자이자 인문주의자로서 죽음을 준비하는 데 익숙했고, 이는 만년으로 갈수록 더 밀도를 더해갔습니다.

에라스뮈스와 죽음의 준비

에라스뮈스가 태어나고 어린 시절 교육을 받은 네덜란드는 뤼스부르크나 토마스 아 켐피스로 대표되는 '데보티오 모데르나 devotio moderna'(신경건운동)의 중심지였지만, 에라스뮈스는 데보티오 모데르나의 영성주의나 신비주의, 엄격주의와 금욕주의보다

한스 홀바인이 그린 토마스 모어(왼쪽)와 에라스뮈스(오른쪽)의 초상화.

는 지성주의와 문헌학에 기초한 성서 연구와 묵상에 이끌렸습니다. 하지만 그에게도 데보티오 모데르나의 중요한 특징인 아르스 모리엔디의 전통이 깊이 뿌리내렸을 것입니다. 그리고 생의 후기로 갈수록 그에게 죽음의 준비는 점점 더 큰 의미를 지니게 됩니다. 그 시기에 그가 남긴 죽음을 맞이하는 태도를 주된 주제로 삼고 있는 중요한 저술이 1534년에 완성한《죽음의 준비에 대하여 *De praeparatione ad mortem*》입니다. 아이러니하게도, 이 논고는 그가 존경한 토마스 모어의 죽음에 결부된 인물인 헨리 8세의 왕비 앤 불린의 아버지 토마스 불린의 간청으로 쓰였습니다. 토마스 불린은 인문주의자로 에라스뮈스를 흠모했던 인물입니다. 에라스뮈스의 이 글을 토마스 모어도 감옥에서 읽었을 것으로 추정되기도 합니다.

이 논고는 죽음에 대한 그리스도교적 성찰이자 죽음을 맞이하는 올바른 자세를 권고하는 훈계로서 요하네스 제르송 이래의 아르스 모리엔디의 전통을 분명하게 이어받고 있습니다. 여기에서 에라스뮈스는 단순히 죽음을 잘 준비하는 것만이 아니라, 훌륭하고 좋은 삶이야말로 사실은 가장 훌륭한 죽음의 준비라는 입장을 보여줍니다. 이는 아르스 모리엔디(죽음의 기예)와 아르스 비벤디(삶의 기예)의 긴밀한 연결을 명확하게 보여준 글로서 매우 중요한 의미를 갖고 있습니다. 이는 이후 몽테뉴에게서 나타나는 죽음에 대한 이해를 미리 예비하는 것이라고 평가할 수 있습니다. 이러한 입장은 이 시기에 1519년부터 시작한 구약의 〈전도서

Ecclesiates〉(코헬렛) 번역과 주해를 완성한 것과도 상통한다 하겠습니다. 성서에서 지혜 문학에 속하는 〈전도서〉는 인생의 헛됨을 인식하면서도 허무주의가 아니라 삶의 본질을 찾고 인생을 즐길 줄 알며, 죽음을 두려워하기보다는 인생의 벗으로 삼는 태도를 권고하고 있습니다.

이러한 에라스뮈스의 자세는 그가《격언집 Adagia》에 포함시킨 격언과 그 풀이에도 이미 잘 드러나 있습니다.

인간의 삶은 순례자의 길
지상에서의 삶은 고향을 떠난 삶이요
인간은 더 나은 삶을 위한 준비를 하며
길을 걷는 나그네.

한편, 에라스뮈스는 이와 같이 죽음의 준비를 위한 글을 쓴 것만이 아니라, 이러한 태도를 자신의 삶을 통해서도 실천한 것으로 보입니다. 에라스뮈스 연구로 잘 알려진 크리스테네 크리스트폰 베델은 다음과 같이 에라스뮈스의 마지막을 전해줍니다.

에라스뮈스는 1536년 7월 11일에서 12일로 넘어가던 날 밤 숨을 거두었다. 곁에 있었던 사람들이 회상하길, 그는 죽음을 준비하며 쓴 글에서 이야기한 대로 세상을 떠났다고 한다. 하느님의 자비를 구하고, 자신을 하느님께 맡겼다. 에라스뮈스가 남긴 마지막 말은 모국어인 네덜란드어였다. "사랑하는 하느님 Lieve God." 그런 다음 그는 눈을 감았다. (크리스티네 크리스트 폰 베델, 《에라스무스의 생애와 사상》, 정미현 옮김, 새물결플러스, 2024, 308쪽)

나에게로 가는 두 가지 길, 몽테뉴와 파스칼

프랑스의 철학자이자 문필가인 미셸 드 몽테뉴Michel Eyquem de Montaigne (1533~1592)는 르네상스 인문주의를 넘어 근대 정신을 선취한 인물입니다. 그는 근대의 문턱에 다다른 대전환의 시대를 살았고, 문예사가들은 이 시대에 기이하고 예측 불가능이라는 의미를 지닌 '바로크'라는 명칭을 붙이기도 합니다. 극도의 정치·종교적 분열과 전쟁의 폭력이 유럽 전역을 휩쓸고 간 후 이제 사람들은 새로운 가치관과 질서를 필요로 하였습니다. 더 이상 스콜라철학이나 교회의 교리 등과 같은 과거의 사상과 가치 체계가 확고한 지침이 되지 못하였고, 중세 시대가 막을 내린 이후 지식인들을 사로잡았던 인문주의의 이상들 역시 새로 도래한 정치 격변기에는 그 영향력이 퇴조하였습니다. 그 대신 '근대적 자아'에 어울리는 개인의 구체적 고민에 답하는 사상이 요구되었습니다. 몽테뉴의 삶과 사상은 이에 대한 선구적인 질문이자 응답이라 하겠습니다.

몽테뉴는 종교 전쟁의 와중에 보르도에서 공직을 수행하며 정치·종교적 맹목과 광신 앞에서 자신과 타인의 삶을 지키고 정신의 자유를 유지하기 위해 고투해야 했습니다. 그는 어려서부터 고전에 기초한 인문 교육을 통해 비판적으로 사유하는 힘을 익혔으며, 시대에 휩쓸리는 것이 아니라 늘 자신의 머리로 독립적으로 생각하고 판단하고자 했습니다. 몽테뉴는 르네상스 인문주의의 전통에 매료되었고 수혜를 받았지만, 한편으로는 이에 갇히지 않고 개성을 추구하고 자기 인식을 지향하는 새로운 사유의 전통을 열었습니다. 몽테뉴의 저술은 근대적 자아를 위한 새로운 철학을 담고 있었습니다.

몽테뉴는 자신의 고유한 경험에 기초하여 개인적 행복과 내적 평온을 추구하고 일상에서 자라난 질문에 응답하는 '삶의 철학'을 모색했습니다. 몽테뉴는 자유로운 형식의 글쓰기를 통해 자신의 사유를 발전시켜 나갔습니다. 이렇게 평생에 걸쳐 쓴 글들을 모은 것이 그 유명한《에세》(수상록)입니다.

몽테뉴의《에세》는 무엇보다 자유로운 독서의 시간을 통해 자라났습니다. 중년의 몽테뉴는 공직에서 물러나 자신의 영지에 세워진 탑에 은거지를 마련하고 서재에서 독서와 사유에 힘썼습니다. 그에게는 고전을 통해 앞서 살아간 현자들의 가르침을 배우는 것과 독립적이고 고유한 사유를 하는 것은 대립되는 것이 아니었습니다. 그는 고대철학을 통해 회의주의의 정신에 깊이 공감했습니다. 그는 전통, 사람들이 말하는 것, 자신이 안다고 믿는 것들을 다시금 곰곰이 되물었습니다. 그에게 사유는 지속적으로 회의하고 묻는 것이었습니다.

또한 그는《에세》1권이 생각지 않은 반향을 일으키고 그에게 명성을 가져다주었을 때, 자신의 은거지에서 나와 수많은 곳을 여행하며 다양한 사람들과의 교류를 통해 경험을 확장하고 자신의 생각을 비판적으로 검토하며 사유를 넓혀갔습니다. 당시 쏟아져 들어오기 시작한 유럽 대륙 이외의 세계에 관한 전언들에도 관심을 가졌습니다.《에세》에 실린 수많은 글들은 그러기에 자기 성찰만을 위한 글이 아니라, 동시대를 사는 다른 모든 이들을 위한 삶의 철학을 지향하고 있다고 할 수 있습니다.

몽테뉴에게 삶의 철학은 경험과 사유가 조화된 앎을 추구하는 것이며, 이 모든 시도는 결국 자기 인식으로 모아지게 됩니다. 이러한 자기 인식은 추상적 자아에 대한 탐구에 그치는 것이 아닙니다.《에세》를 요약하는 "Que sais-je?"(끄세쥬?), 곧 "나는 무엇을 알고 있는가"라는 질문 역시 자기 자신과 삶의 자리에 대한 소소하면서도 다양한 관찰과 이에 기반한 윤리적 깨달음을 촉구하고 있습니다. 그러기에 몽테뉴가 가장 존경하고 모범으로 삼은 철학자가 소크라테스인 것은 당연합니다. 소크라테스의 자기 인식

몽테뉴와 그의 가족이 거주하던 성. 14세기에 지어진 이 성은 1885년 화재로 큰 피해를 입었다가 이후 재건되었다. (ⓒHenry Salomé/Wikimedia commons)

역시 내면성에 대한 사변적 분석이 아니라, 구체적인 삶에 대한 관점과 행위를 살피고 경험과 끊임없이 대화하며 삶의 중요한 원칙들을 유연하면서도 냉정하게 검토하는 작업입니다. 몽테뉴의 평생에 걸친 글쓰기는 사실 중단 없는 비판적이고 실천적인 자기 인식의 여정이었으며, 여기서 죽음에 대한 성찰은 중요한 의미를 가집니다.《에세》안에서 죽음은 처음과 마지막을 관통하는 주제입니다.

몽테뉴와 죽음의 명상

실천적 자기 인식은 우리의 생각과 기분과 행위를 지배하는 주요 관념들에 대한 반성에 기초합니다. 그 관념들은 경험의 방식에도 지대한 영향을 주기 때문입니다. 죽음은 그 가장 분명한 예라 할 수 있습니다. 글쓰기는 이러한 관념들을 언어화하고 명료화하는 작업이며, 몽테뉴는 인문주의가 그 가치를 재발견한 고대의 고전들 안에서 죽음을 이해하고 해명하는 사상과 표현들을 빌려옵니다. 그의 죽음에 대한 이해는 후기 고대의 스토아철학이나 중세의 아르스 모리엔디의 전통에서 출발하며, 이러한 전통에 속하는 수많은 인용들을 검토하면서 죽음을 맞이하는 자세를 모색해 갑니다. 그는 현명한 삶을 위해서는 죽음을 생각하고 명상해야 한다고 다음과 같이 말합니다.

> 인생이라는 우리의 경주의 마지막 목적지는 죽음이다. 죽음은
> 우리 운명의 필연적 목표인데, 죽음을 두려워한다면, 어찌 전
> 율하지 않고 한 발짝이라도 나아갈 수 있을 것인가? 사람들은
> 죽음을 아예 생각하지 않는 것으로 대책을 삼는다. 그런데 죽
> 음이 두렵다면, 어떻게 떨지 않고 한 발짝이라도 앞으로 내디
> 딜 수 있겠는가. 일반인들은 아예 죽음을 생각하지 않는 것으
> 로 나름의 대처를 한다. 하지만 이는 얼마나 짐승 같고 어리석
> 으며, 무지로 눈이 먼 것인가. 마치 당나귀 꼬리에 굴레를 씌워
> 끌고 가는 것과 같다. (《에세》 1, 20)

이어서 죽음이 얼마나 갑자기, 생각지 않은 데서 오는지에 대
한 역사적 예들과 일상의 경험과 고전이 전하는 죽음의 일화들을
찾습니다. 이를 통해 언제 죽음이 오더라도 익숙해지는 법을 배우
자고 스스로에게 권고합니다. 이는 죽음에 '당당하고자' 하는 것이
고 놀라고 두려워하기보다는 익숙해지고자 하는 노력입니다. 죽
음을 미리 생각하는 것은 자유에 이르는 길이라고 말하기도 합니
다. 그런데 몽테뉴가 이처럼 죽음을 생각하는 것은 중세 그리스도
교 문화에서처럼 '죽음의 침상'에서 회개를 통해 영원한 생명에 이
르는 준비를 하기 위한 것이 아니고, 삶을 두려움이나 맹목적인 충

동에 따라 사는 것도 아니며 지혜롭고 충만하게 살기 위해서입니다. 그러기에 죽음에 대한 사유는 아르스 모리엔디(죽음의 기예)만이 아니라 아르스 비벤디(삶의 기예)이기도 합니다.

그런데 한편으로 몽테뉴는 이러한 죽음에 대한 사유의 의미에 대해서 근본적인 질문을 던집니다. 그는 죽음에 '익숙해'지는 연습이 가능한지에 대해 회의적인 관점을 가지고 있는 듯이 보입니다.

> 그러나 우리가 수행해야 할 가장 큰 과제인 죽음에 있어서 연습은 도움이 되지 않는다. 우리는 습관과 연습으로 우리 자신을 고통과 수치와 빈곤이나 그 비슷한 것들에 대해 강하게 할 수 있지만, 죽음에 대해서 보자면, 우리는 딱 한 번 시도해 볼 수 있을 뿐이고, 죽음이 다가왔을 때, 우리 모두는 수련자일 뿐이다. (《에세》 2, 6)

물론 그는 이에 이어지는 글에서, 완전하지는 않지만 다양한 상황들을 떠올려보며 죽음과 익숙해지려 시도하는 것이 어느 정도 가능하다고 말하고 있습니다. 중요한 점은, 몽테뉴가 죽음에 대해 사유와 연습을 거듭 강조하는 것은 두려움과 맹목에서 자유로운, 훌륭한 삶을 위한 길을 찾기 위해서라는 사실입니다. 《에세》 3권에서는 죽음에 대해 너무 많이 관심을 갖는 것이 오히려 부정적일 수 있다는 생각을 밝히며, 철학은 '죽음을 공부하는 것'이라는 옛 철학의 가르침에 대해서 이의를 제기하는 것으로 보이는 것도, 이러한 관점에서 이해해야 할 것입니다.

> 우리는 죽음을 염려하느라 삶을 음울하게 만들고, 삶을 염려하느라 죽음을 어지럽힌다.
> 죽음은 삶의 끝이지 삶의 목표가 아니다. 삶의 종결이고 궁극의 지점이지 그 목적이 아니다. (《에세》3, 12)

여기서 몽테뉴는 죽음에 대한 사유와 성찰이 결국은 죽음 그 자체가 아니라, 좋은 삶을 위한 탁월한 추구여야 한다는 것을 말하고자 합니다. 그에 의하면 삶의 목적은 '삶 자체'여야 하며, "어떻게 죽을 것인가"라는 질문은 "어떻게 살 것인가"라는 질문에 속해 있어야 합니다. 이러한 사실이 말년의 몽테뉴가 죽음에 대해 끊임없이 질문을 던져왔던 평생에 걸친 사유나 앞선 철학자들의 지혜를 부정한다는 의미는 아닐 것입니다. 다만 몽테뉴는 우리에게 죽음을 필요 이상으로 궁리하기보다는 자연스러운 것으로 받아들이며, 죽음에 대한 수용을 통해 삶을 올바로 살아가는 데 마음과 힘을 기울이도록 권고하고 있습니다.

이처럼 몽테뉴가 죽음을 자연스러운 것으로 받아들이고 두려움에서 자유로워져서 좋은 삶을 익히고 누리기를 촉구한다면,

파스칼은 죽음을 대하는 다른 자세를 이야기합니다. 그는 몽테뉴의 회의주의적 삶의 철학과 데카르트의 합리론적 근대인식론 모두에 이의를 제기하고 있습니다. 파스칼에게 죽음을 대하는 태도는 마땅히 전율과 두려움 속에서 인식해야 하는 것입니다. 죽음을 의식하는 실존적 충격이야말로 우리의 삶을 결정적으로 변화시킬 수 있고, 의미 있는 삶을 선택하게 하기 때문입니다.

파스칼과 죽음의 문제

파스칼Blaise Pascal(1623~1662)의 《팡세》는 몽테뉴의 《에세》와 마찬가지로 지금까지도 많은 이들에게 감탄과 감화를 주는 고전입니다. 《팡세》는 문학과 철학, 종교의 영역을 아우르며 늘 새롭게 다가오고 영감을 주는 걸작이지만, 미완의 단편 모음이라는 한계 때문에 그 뜻을 해석하는 데 어려움이 크기도 합니다.

파스칼은 수백 년에 한 번 나올 법한 천재로 인정받았고 아주 젊은 시절에 수학과 과학 분야에서 찬란한 업적을 세웁니다. 그러곤 여전히 젊은 나이에 이러한 명성을 뒤로 하고, 누이들과 함께 은거하여 신학적 명상과 신앙의 실천에 전념합니다. 이러한 전회에는 인간 존재와 화려한 도회적 삶의 허무와 허영에 대한 통절한 인식과 내밀한 그리스도교적 신비 체험이 있었습니다. 파스칼은 고대 그리스도교 교부들의 모범을 따라 불신앙자와 왜곡된 신앙 이해를 지닌 이들을 설득하며 그리스도교 믿음의 정당성을 알리는 '호교론'을 준비하고 있었습니다. 그러나 이 계획은 이른 죽음으로 완성되지 못하였고, 그의 사후에 미완의 기획과 단편들을 유족들이 편집하여 출판한 유고집이《팡세》입니다. 이후 현대에 이르기까지 여러 저명한 파스칼 연구자들이 그의 의도에 따라 보다 더 나은 편집본을 내놓기 위해 노력하고 있지만, 논란은 남아 있을 수밖에 없습니다.

호교론으로 기획되었다는 이론에 따르면《팡세》는 신학적 논증이나 성서 해석이 핵심을 이룬다는 것을 알 수 있습니다. 하지만《팡세》가 불멸의 고전으로 사랑받고, 학자나 그리스도교 영성의 연구가만이 아니라 일반 독자에게도 잊지 못할 인상을 남길 수 있었던 것은 문학적 탁월함과 함께 그의 깊고 예리한 인간 이해 때문입니다. 파스칼이《팡세》에서 인간 조건의 유한함과, 인간사의 허무, 사람들이 지닌 허영심과 자기 기만과 본질에 대한 회피를 포착하고 묘사하는 능력은 독보적입니다. 이는 보편적 인간 인식에 기반을 두고 있기도 하지만, 그 신랄함은 자신이 몇백 년에 한 번 나올 법한 천재라는 찬사를 받으며 젊은 시절 향유했던 사교계의 경험과 내적 회심의 체험에서 우러난 깨달음이기도 합니다.

파스칼은 당시 자신과 교류하던 상류층의 사람들이 끊임없는 유희를 통해 죽음이라는 생의 근본적인 문제를 잊고자 했으며, 갖

가지 방식으로 이를 의식에서 밀어내고 피해가려 시도했음을 생생하게 기억하고 묘사합니다. 죽음과 유희의 대비는 파스칼의 인간 이해의 핵심이기도 합니다. 죽음의 두려움을 잊고자 끊임없이 새로운 오락을 찾아내는 왕과 귀족들처럼 인간은 죽음을 피하려 분주함으로 도피하지만, 이는 결국 공허와 비참으로 귀결됩니다. 파스칼은 인간의 모든 문제는 자신의 방에서 조용히 머무는 시간이 없는 데서 시작한다고 말하기도 하는데, 이는 다른 관점에서 보자면, 무엇보다 고요함 속에서 침잠하여 죽음의 명상을 하는 것만이 허무로 가득 찬 삶에서 벗어나, 참된 삶을 살아갈 수 있는 계기가 된다는 지적입니다. 죽음에 대한 명상은 세상의 허무를 대면하는 것이기도 하고, 또한 영원 앞에서 인간 존재의 미소함을 인식하는 것이기도 합니다. 그는 그래서 이렇게 적고 있습니다.

세상의 헛됨을 알지 못하는 이는, 그 자신이 정말 헛되게 사는 것이다. 그 삶이 온갖 시끄러움과 유희와 미래에 대한 생각에 쏠려 있는 젊은이들을 제외하고 누가 이를 못 보겠는가? 하지만 그들의 유희를 박탈한다면, 당신은 그들이 권태에 죽을 지경이라는 것을 보게 될 것이다. 그들은 알지 못하면서도 자신들의 공허함을 감지하게 된다. 누군가 유희를 통해 빠져나갈 길 없이 자신의 내면을 보게 되자마자 견디기 어렵게 우울해지는 것은 더할 수 없을 만큼 절망적인 것이기 때문이다. 《팡세》 단편 36~70)

'자기 인식'에서 만나는 몽테뉴와 파스칼의 서로 다른 길

몽테뉴와 파스칼이 지향한 삶의 방향은 매우 다르고, 그들의 기질도 다릅니다. 죽음에 대한 사유 역시, 몽테뉴가 세상에서의 삶을 지향하고 있다면, 파스칼은 분명 종교적 차원에서 영원에 대한 갈망에 기초하고 있습니다. 세속의 삶을 잘 살기 위한 현명함을 전해주는《에세》와 종교와 신앙으로 회개할 것을 촉구하는 호교론인《팡세》는 서로 너무나 멀리 떨어진 세계에 속한 것으로 보입니다.

몽테뉴가 고전에 대한 풍부한 독서를 통해 익힌 식견과 구체적인 경험에 대한 관찰과 자신의 시대에 발전하기 시작한 인류학적 지식을 종합하고 또한 회의적으로 검토하면서 인간사의 실상을 통찰했다면, 파스칼은 기하학적 이성과 예리한 변증과 무엇보다 심오한 종교적 체험을 통해 인간성의 나약함을 깊이 파고들었습니다.

죽음에 대한 사유 역시, 몽테뉴가 인생을 두려움 없이 살아가고 향유하고 궁극적으로 죽음을 자연스러운 것으로 받아들이고자 했다면, 파스칼은 죽음을 피하고자 하는 인간 무의식의 근저를 분석하고, 죽음의 사유가 인간 존재의 허무함과 대면하고 영원과 절대자로 향하는 정신적 변화를 일으키기를 원했습니다.

그러나 이러한 서로 다른 길은 '자기 인식'을 추구한다는 점에서 서로 만나고 있습니다. 자기 인식은 주의력과 정직함과 관찰력을 요구하고 있으며, 두 사람의 태도는 공히 이를 공유하고 있기 때문입니다. 그들 모두에게 자기 인식은 삶을 변화시키는 것이어야 합니다. 그리고 세상 사람들의 상식과 속견과 지적 허영에 대한 회의이자 의심이며 그 기만성의 폭로이기도 합니다. 이는 인간 존재의 유한성을 받아들이고 인식의 한계를 인정하라는 날카로운 지적이지만, 동시에 그럼에도 자기 인식을 통해 인간은 자신의 본연의 모습에 닿을 수 있다는 위로이기도 합니다. 몽테뉴와 파스칼은 모두 죽음에 대한 사유는 자기 인식으로 나아가는 가장 중요한 길이라는 것을 보여주었습니다. 그들의 통찰처럼 우리는 죽음을 살펴봄으로써 '생각하는 갈대'인 인간에게 자신의 유한함을 끌어안고 주어진 인생을 보람 있게 살며 영원으로 향할 수 있는 길이 열려 있음을 확인하게 될 것입니다.

거울 속에 희미하게

지금까지 '죽음에 대한 성찰'(아르스 모리엔디)을 통해서 '좋은 삶을 위한 통찰'(아르스 비벤디)을 찾는 철학의 여정을 걸어왔습니다. 우리는 고대 그리스 아테네의 고전 시대의 플라톤과 아리스토텔레스에서 시작하여, 헬레니즘 시대와 로마 제국 시대, 고대 그리스도교 교부 시대를 아우르는 후기 고대의 여러 위대한 철학자들, 본격적인 그리스도교 철학의 시대라고 할 수 있는 중세의 사유의 대가들, 그리고 개인성에 대한 새로운 자각이 깨어난 르네상스 인문주의 시대의 중요한 인물들, 그리고 마지막으로 근대의 길목에 선 사상가들인 몽테뉴와 파스칼까지 만나봤습니다.

우리에게 보다 익숙한 근대나 현대의 철학자들이 아니라 굳이 이러한 서양의 '옛 철학자'들에게서 '삶과 죽음의 철학'을 구하는 것이 의아하게 여겨질 수도 있습니다. 그러나 우리가 살펴본 고대에서 르네상스에 이르는 철학은 학문과 전문 연구의 영역으로만 제한되지 않으며, 누구에게나 삶과 실천에 지침이 되는 가르침을 전해줍니다. 그중에서도 죽음에 대한 사유는 근대 사상에서 종종 외면되거나 잊혀지기도 했던 주제이기에 이 점에서 '옛' 철학은 오히려 어떤 철학보다도 현재적이라고 할 수 있습니다. 철학은 다른 학문의 영역과 달리 시대를 통해 극복되기보다는 지속적인 대화를 통해 새롭게 발견되고 조명되는 특성을 가지고 있습니다. 수천 년 전의 사람들과 오늘을 사는 우리 사이에는 차이도 적지 않지만, 행복과 선을 추구하는 '같은' 인간으로서 본질적으로 '같은' 질문과 고뇌를 공유하기 때문입니다. 과거의 철학이 오늘의 문제를 다 해명해주진 못한다 하더라도, 적절한 출발점을 보여주고, 어느 사이엔가 망각에 빠지거나 회피하게 된 철학의 중요한 과제를 상기시켜 줄 수 있습니다.

'아르스 모리엔디'는 고대에서 르네상스에 이르는 철학의 전통이 남긴 귀중한 유산이며, 과학적 지식의 확장과 계몽과 역사의 진보라는 도전에 응답하느라, 죽음의 문제를 문학과 예술의 영역으로 오랫동안 미루어둔 것으로 보이는 근대철학에 대한 비판적인 성찰의 지점이기도 합니다. 고대에서 르네상스 시대에 이르는 철학은 죽음을 외면하지 않고 대면하는 한편, 죽음을 진지하게 사유하는 것이 삶을 거부하거나 지상의 행복을 가볍게 여겨 사회

310

적 실천에서 도피하는 것이 아니며, 결과적으로 인격적이고 고유한 삶의 의미에 대해 진정으로 긍정하는 태도라는 것을 확인시켜줍니다. 죽음의 사유는 좋은 삶을 위한 사유라는 근본적인 철학의 자세를 이들 철학에서 배우게 됩니다.

우리는 물론 근대와 현대철학에서도 죽음에 대한 의미 있는 철학적 사유의 시도를 발견할 수 있습니다. 라이프니츠의 '영원의 철학'은 죽음을 형이상학적인 차원의 사변을 통해 다르게 바라보는 가능성을 열어줍니다. 영원성과 신의 섭리를 향해 열려 있는 라이프니츠와는 다르게 범신론과 기하학적 사유를 통하여 내재의 형이상학을 완성한 스피노자 역시 감정의 격동과 우연성의 지배에서 자유로워져서 죽음을 두려움 없이 대하는 자세를 가르칩니다. 그들의 철학은 비트겐슈타인이 《논리철학논고》에서 말한 '영원의 상 아래서' 만물을 바라보는 관점에 도달했고, 사변철학의 가장 높은 차원에 이르렀다고 할 수 있습니다.

근대철학의 완성이자 종언이라 할 수 있는 헤겔에게서는 서로 모순되는 것이 합치되는 차원을 만나게 됩니다. 헤겔 철학은 죽음과 삶의 상호 모순성이 지양되고 더 높은 차원에서 종합되는 경지를 열고자 합니다. 그러나 근대철학에서 죽음에 대해 제시하는 가장 중요하고 많은 이들에게 공감을 주는 입장은 칸트와 괴테에게서 찾을 수 있습니다.

칸트의 '희망의 철학'은 인간 이성과 감성의 영역을 넘어서서

도덕과 행복이 일치되는 최고선을 지향하고 요청하고 희망하는 것이 인간 정신과 인격의 본원적인 갈망이라는 것을 말합니다. '총체적 부조리'로 이 세계가 귀결되는 것은 이성적 존재자에게는 불가능한 결론이기에, 무조건적인 도덕성의 요구에 기꺼이 부응한 인격에게 물리적 죽음을 넘어서는 영혼 불멸과 자유와 선이 지배하는 '목적의 왕국'을 희망하는 권리가 부여되는 것은 정당합니다.

칸트와 스피노자의 철학에 깊은 영향을 받고 고대 예술의 위대함의 정신적 의미에 주목하면서, 주관성과 객관성이 서로 합치하는 생명력 가득한 '형태'를 추구한 괴테에게 예술은 단순히 특정 작품의 창조가 아니라 부단히 시도하고 추구하며, 지상에서 영원의 차원을 포괄하는 경험에 도달하는 인격의 창조이기도 합니다. 이러한 인격은 괴테가 《시와 진실》에서 말하듯이 시적인 아이러니를 체화하여 "대상을 내려다보고, 행복과 불행, 선과 악, 죽음과 삶"에 '초연'할 수 있습니다. 이 사실을 독일 사상의 뛰어난 해석자이자 20세기의 위대한 철학자 에른스트 카시러가 명저 《자유와 형식》에서 강조하고 있습니다. 아마도 칸트의 희망과 괴테의 초연은 죽음에 대한 근대철학의 사유를 종합할 만한 개념이라 평가할 수 있을 것입니다. 그런데, 근대철학의 죽음에 대한 사유가 출발하는 단초는 이미 우리가 살펴보았듯이, 고대에서 르네상스에 이르는 철학 안에 이미 존재하고 있었다는 사실을 기억할 필요가 있습니다.

근대성이 인류에 가져다준 복리뿐 아니라, 그 소외 현상은 현대 사상에서 다시금 근대의 논리를 넘어 각 개인의 정신적이고 영적인 체험에 관심을 기울이게 했습니다. 키르케고르에서 선취된 이러한 철학적 움직임은 실존철학에서 본격적으로 개화하였으며, 실존철학은 죽음을 다시 사유의 중심에 두었습니다.

죽음의 철학을 인간학과 윤리학의 중심 주제로 삼게 한 사유의 거장은 역시 실존철학자로 불리기도 하는, 현대 현상학과 해석학, 형이상학의 대가인 독일의 철학자 마르틴 하이데거입니다. 그의 《존재와 시간》 이후 이제 죽음은 본격적으로 인간학 사유의 출발점으로 인정받습니다. 하이데거의 철학은 철학계만이 아니라, 그리스도교 신학에도 큰 영향을 미쳐서, 영원한 생명에 대한 종말론적 희망이라는 교리적 믿음을 철학의 언어를 통해 인상적으로 해석한 칼 라너와 라디슬라우 보로스의 죽음의 신학이 등장하는 계기가 되기도 했습니다.

이후 실존철학의 유행은 지났지만, 실존철학의 중요한 이론적인 기초가 된 현상학의 전통 속에서 죽음이라는 주제는 지속적으로 진지하게 숙고되었습니다. 가브리엘 마르셀과 에마누엘 레비나스, 블라디미르 장켈레비치 등이 남긴 죽음에 대한 사유는 여전히 많은 이들을 감동시키고 영감을 줍니다.

어느덧 실존철학과 현상학의 시대도 과거의 이야기가 되었습니다. 오늘날 유행하는 포스트 휴머니즘과 신유물론과 신실재론에 이르기까지 수많은 철학의 흐름이 끊임없이 생겨나고 지나가고, 생명 현상과 인간의 삶과 죽음의 의미에 대해 새롭게 해석하지만, 그 중요한 사유의 원천은 우리가 살펴본 고대에서 르네상스에 이르는 옛 철학 안에 잘 간직되어 있다고 믿습니다. 의고나 현학의 취미에서가 아니라, 삶과 죽음을 깊이 성찰하고 더 좋은 삶을 살고자 하는 자연스러운 바람을 가지고 있는 모든 이들에게, 옛 철학은 늘 새로운 깨달음을 줍니다.

죽음의 의미에 대해 음미하고, 단지 생존하는 것이 아니라, 행복하고 의미 있으며 선을 지향하고 덕을 수행하는 '좋은 삶'을 살고자 하는 것은, 수고로운 길입니다. 그런 점에서 세네카가 말한 "별을 향한 쉬운 길은 없다"라는 경구를 기억했으면 좋겠습니다. 애써 진리를 추구하고 선을 행하고자 하며 더 나은 인격을 도야하고 의미 있고 좋은 삶을 살고자 하는 노력은 고단하지만 귀하고 보람됩니다. 이러한 노력은 죽음에 대한 명상을 통해 결실을 얻을 수 있다는 것을 우리는 철학을 통해 배웁니다. 물론 죽음에 대해 사유하는 것은 언제나 한계를 가지고 있습니다. 유한한 인간은 '거울 속에 희미하게' 영원을 가늠할 수밖에 없으며, 죽음의 전모를 알고자 하는 욕심 대신에, 어느 순간 죽음을 신비로서 인정하는 겸손한 마음에 이르러야 합니다. 가브리엘 마르셀의 표현을 빌리자면, 죽음은 우리가 종국적으로 해결해야 할 '문제'라기보다는, 그것을 품고, 그 안에 사는 법을 배워야 할 '신비'라고 할 수 있을 것입니다.

신화적 사유의 가치를 깊이 인식하고, 종교와 문화와 철학을 아우르며 아름다운 문체와 사려 깊은 명상으로 죽음에 대한 우리의 인식을 넓혀준 영성가이자 수도 사제인 존 던John. S. Dunne (1929~2013)은 그의 명저《시간과 신화Time and Myth》에서 길가메시에서 시작하여, 호메로스와 단테, 셰익스피어, 멜빌과 카잔차키스, 도스토옙스키의 위대한 문학에 등장하는 주인공들이 죽음을 대면하는 여행을 감행하는 장면들을 살펴보고 나서 인생 여정에 대해 이렇게 말합니다.

그가 죽음과 맺는 관계를 통해 스스로에게 이루어진 변화를 발견하고, 자신이 얼마나 풍요하면서도 낯설어졌는지를 깨달을 때, 그는 새로운 여정을 시작할 수 있게 됩니다.

그리고 그는 그의 유저가 된《사랑의 어두운 빛Dark Light of Love》을 이렇게 맺습니다.

나는 영원을 향해 살기로 선택했습니다.

사유와 명상과 실천으로 죽음을 대면하고 그 의미를 깨닫고자 하는 이에게 영원을 향한 삶은 욕심이나 집착, 불멸과 지속에 대한 헛된 바람이 아닐 것입니다. 이는 삶을 온전하게 사랑하는 법을 배운 사람의 평화롭고 잔잔한 기쁨이 깃든 고백이며 나직하지만 힘 있고 확신에 찬 삶의 긍정일 것입니다.

책을 마치면서 돌이켜 보니, 저에게도 죽음이란 주제는 인생에서 늘 함께했습니다. 세계 문학을 만난 어린 시절에 '죽음을 준비하는 우리의 자세'에 대한 물음이 이미 마음속에 깨어났다고 기억합니다. 철학에 빠져든 청년 시절에 이 질문은 어느덧 실존을 사로잡았습니다. 청춘의 마지막 자락에 여러 해를 먼 나라에서 철학을 연구하며 보내고 나니 장년에 들어섰습니다. 그 세월을 통해 어느덧 영원을 향한 종교적 믿음과 죽음을 묻는 철학이 서로를 대체하거나 모순의 관계가 아니라 같은 뿌리를 가지고 있다는 것을 깨달았습니다. 죽음에 대한 진지한 질문은 삶의 의미에 빛을 들이는 창문과 같다는 확신을 가지고 있습니다. 이 확신이 생각 안에서만 떠오르고 머무르는 것은 아닙니다. 뮌헨에 있는 영국 정원에서 달리기를 하다 문득 '지금 죽어도 허무하지 않을 것인가'라는 질문이 존재를 관통했던 순간이 여전히 생생합니다. 어쩌면 이 체험이 철학을 평생의 동반자로 삼게 된 계기가 됐는지도 모릅니다.

죽음에 대한 물음이 좋은 삶이 무엇인가를 깊이 사유하도록 이끈다는 것을 진심으로 믿습니다. 철학은 죽음을 묻고 사유하도록 초대하고 용기를 줍니다. 죽음에 대한 사유는 바닥없는 심연 앞에 서 있는 것 같은 존재의 불안에서 시작되지만, 결국은 운명과 대화하는 법을 배우고 인생과 존재를 긍정하는 길을 열어줍니다. 철학이 죽음에 대해 모든 것을 알려주는 것은 아닙니다. 죽음을 수용하고, 죽음 앞에서 애도하고 위로하는 행위는 사유라기보다 마음과 감정의 일이며, 책으로만 배울 수 없는 삶의 일입니다. 하 지만 자신의 죽음을 대면하고 받아들이며 죽음에 대한 성찰을 통 해 좋은 삶으로 나아가고자 하는 사람이라면, 소중한 이들의 죽음 앞에서 슬퍼하면서도 이를 고인에 대한 사랑과 감사의 시간으로 승화시키고, 사별이라는 인생에서의 가장 큰 아픔을 겪는 이들을 진심으로 위로하며, 안타까운 죽음 앞에서 합당한 애도를 할 수 있 는 성숙한 마음에 이르게 될 것입니다. 철학은 이처럼 '죽음을 준 비하는 우리의 자세'를 위한 길을 열어줍니다. 이 책을 쓴 이유이 기도 합니다. 🍃

감사의 말

이번에도 한 권의 책이 출간되기까지 많은 분들의 도움을 입었습니다.

먼저 제가 꾸준히 저술 작업을 통해 부족한 능력이나마 교회에 작은 기여를 할 수 있도록 늘 따뜻한 격려를 해주시고 너그럽게 배려해주시는 저의 장상 의정부교구장 손희송 베네딕토 주교님께 깊은 감사를 드립니다. 아울러 본당에서의 협력 사목의 소임과 강의를 병행할 수 있도록 아낌없는 이해와 응원을 주시는 의정부 주교좌 본당 공동체는 저에게 큰 힘입니다. 본당 동료 사제들과 모든 교우 분들에게 고마운 마음을 전하고자 합니다.

이 책의 꽤 많은 부분은 안식년 기간 동안 쓰여졌습니다. 안식년 기간 동안 서울 대교구 가톨릭 교리 신학원 김진태 그레고리오 신부님의 따뜻한 배려 덕에 교리 신학원 사제관에서 1년간 상주하면서, 연구하고 집필할 수 있는 최적의 조건을 누릴 수 있었습니다. 참으로 존경하는 신학교 시절 은사이시자 철학의 스승이시고 사제로서 귀감이 되시는 신부님께 이 기회를 빌려 깊은 감사의 마음을 전해드립니다. 사실 신부님께서 대학원 시절 주신 귀한 조언이야말로 플라톤과 아리스토텔레스를 깊이 연구해보고자 하는 포부를 갖게 된 결정적 계기이기도 했습니다.

마침내 출간 시점에 이르니, 이 책을 처음 제안해주신 어크로스 출판사의 최윤경 편집장님께 대한 고마움과 미안함의 마음이 더욱 크게 다가옵니다. 코로나가 한창이던 시기에 처음 서로 마스크를 한 얼굴로 만나서, '죽음'이라는 주제의 의미에 대해 이야기를 나누었던 때가 엊그제 같은데, 벌써 여러 해가 흘렀습니다. 집필 작업은 생각보다 많이 더디게 진행되었습니다. 책의 방향이 몇 번 바뀌었기 때문이기도 하고, 당시 신학교에서 맡고 있던 소임과 그 밖의 여러 활동들과 집필을 병행하는 것이 만만치 않아서이기도 했지만, 무엇보다 그리스도교 신앙 여부와 관계없이 죽음과 좋은 삶, 영원의 의미에 대해 함께 공감할 수 있으며, 철학 공부의 기회이자 관점을 변화시키고 마음의 평화에 이르는 길을 열어주는 글이라는 기획 의도가 큰 도전이어서, 숙성의 시간이 많이 필요했습니다.

기획과 집필 중에 미래의 독자의 관점에서 솔직한 의견을 제시해주시고, 친절하면서도 명확하게 작업을 독려해주고, 인내롭게 기다려준 편집장님이 아니었다면, 이 책은 아마 미완의 원고로 남았을 것 같습니다. 소박한 결실이지만 그래도 몇 년의 숙고와 고민이 담긴 이 책이 편집장님의 소망대로 많은 이들에게 죽음에 대한 차분한 성찰을 통해 좋은 삶에 대한 용기와 희망으로 나아가는 친절한 초대가 되었으면 합니다. 또한 책의 마무리 단계에 합류하셔서, 속도감 있게 편집 작업을 이끌어주시고, 참신한 제언으로 지금까지의 작업들을 되돌아볼 수 있는 기회를 주신 편집부 홍민기 과장님께도 고마운 마음을 전합니다.

이 책이 다루는 많은 주제와 내용들은 제가 여러 해에 걸쳐 가톨릭대학교 성의교정(의대) 생명대학원에서 맡고 있는 〈죽음 이해〉 강의 준비를 통해 조금씩 자라났습니다. 그동안 저의 강의를 열과 성을 다해 들어주시고 흥미로운 과제물을 제출해주셨던 학우분들이 없었으면, 죽음이라는 주제에 대해 철학적이고 문화적으로 깊이 살펴보는 저술 작업에 감히 도전하지 못했을 것이라고 생각합니다. 거쳐간 모든 수강자들과 처음 이 강의를 제안해주시고 또 늘 제 강의에 관심을 기울여주시는 생명대학원장 정재우 신부님에게도 감사한 마음입니다.

이 책은 여러 다양한 철학자들을 다루고 있고, 일일이 열거하지 못한 여러 연구들에서 도움을 얻고 영감을 받았습니다. 그중에서도 결정적인 출발점이자, 책을 쓰는 내내 일종의 '라이트모티프'

의 역할을 한 것은 독일의 예수회 사제이자 걸출한 철학자였던 프리도 릭켄Friedo Ricken(1934~2021) 신부님의《파이돈》해석이었습니다. 독일에서 공부할 때 박사 과정의 스승이기도 했던 신부님께서 강의와 세미나, 연구자 모임에서 전해주셨던 아리스토텔레스와 플라톤, 키케로와 아우구스티누스, 토마스 아퀴나스와 칸트, 비트겐슈타인과 윌리엄 제임스, 그리고 존 헨리 뉴먼에 대한 깊은 해석과 분석적이며 성실한 접근 방식은 지금도 저에게 사유의 든든한 보고가 되고 있습니다. 신부님의 자상하면서도 예리했던 지도를 받으며 여러 해 몰두했었던 아리스토텔레스의 '프로네시스Phronesis' 에 관한 논문은 결국 마무리를 짓지 못했지만, 그 기간 동안 신부님과 나눴던 대화들은 지금도 아름답고 감사한 순간으로 남아 있습니다. 철학의 지혜와 영성적 성찰을 여력이 되는 한 필요한 이들과 함께 나누는 걸로 스승의 큰 은덕에 나름대로 보답한다는 생각을 자주 합니다.

메일을 통해 오스트리아 친구 신부가 보내준 릭켄 신부님의 부음을 듣고, 독일 신문의 부고란을 찾아본 순간이 생생합니다. 그전 해에 신부님이 주신 메일에서, 큰 학문적 계획들은 마무리하시고 이제 가끔씩 강연을 하는 것 외에 여유있게 시간을 보내며 각별히 셰익스피어를 주의 깊게 읽고 있다는 소식을 전해주셨던 것이 떠올랐습니다. 인생에 대해서, 죽음에 대해서, 구원에 대해서 철학자가 문학을 통해서 어떤 사유를 했을까 궁금하기도 했습니다. 문학에 조예가 깊으셨지만, 글에서는 언급을 아끼셨기에 만년에 이에 관한 자유로운 글들을 내놓으시면 좋겠다는 기대도 했습니다. 건강하셨기에 언젠가 돌아가시기 전에 독일로 한번 찾아뵐 수 있으리라 막연히 생각했지만, 역시 인간사는 알 수 없는 것이어서 결국 다시 뵙지는 못하게 되었습니다.

돌아가신 후 한 해가 지난 후 비로소, 독일에서 사목하는 후배 신부와 함께 릭켄 신부님이 영면에 드신 뮌헨 근교의 예수회원 묘지를 찾았습니다. 중고등학교와 이웃하고 있는, 숲이 울창한 곳에 자리한 조촐한 묘소에서는 저도 이름을 아는 20세기의 여러 중요한 예수회 신학자들의 이름도 발견할 수 있었습니다. 찬찬히 묘비들을 살피며 거닐다가 마침내 발길이 신부님의 묘소에 닿았습니다. 그 앞에서 기도를 올리면서 '하느님의 충실한 봉사자'였던 사제이자 진지한 학자로서 충실한 삶을 살고 이제 평화를 누리실 신부님의 생전 모습을 다시 떠올리면서 마음의 위로를 받았습니다. 핸드폰에 담아 온 묘지 사진을 가끔 들여다볼 때면 생전의 모습과 소중한 가르침이 다시 선명해집니다. 플라톤이 《파이돈》에서 소크라테스의 입을 통해 믿음을 가지고 권고했던 '희망의 모험'은 결국은 책이 아니라 삶에서 배우는 것이라는 생각을 하게 됩니다. 이 책으로 프리도 릭켄 신부님을 기억합니다. 그리고 우리의 삶은 죽음과 닿아 있기에 신비롭다는 믿음을 다집니다. 마지막으로 라인홀트 슈나이더의 《빈에서 보낸 어느 겨울 *Winter in Wien*》에서 만

난, 에픽테토스에게서 유래했다고 전해지는 구절을 적어두고 싶
습니다.

삶은 죽음의 문이요, 죽음은 삶의 문이다Vita ianua mortis, mors ianua
vitae.

참고문헌

제사

라이너 마리아 릴케, 《기도시집》, 장영태 옮김, 종문화사, 2024
볼프강 아마데우스 모차르트, 《모차르트의 편지》, 김유동 옮김, 서커스, 2018
시몬 베유, 《신을 기다리며》, 이창실 옮김, 복있는사람, 2025

Rainer Maria Rilke, *Das Stundenbuch*, Frankfurt am Main: Insel Buchverlag, 2020
Simone Weil, *Attendre de Dieu*, Paris: Albin Michel, 2006
W. A. Mozart, *Briefe*, Wiesbaden: Marixverlag, 2011

프롤로그

《성경》, 한국천주교주교회의
단테, 《신곡》 연옥편·지옥편·천국편, 박상진 옮김, 민음사, 2013
베르길리우스, 《아이네이스》 1·2·3, 김남우 옮김, 열린책들, 2013-2025
앤드류 조지 엮음, 《길가메시 서사시》, 공경희 옮김, 현대지성, 2021
허먼 멜빌, 《모비딕》, 김석희 옮김, 작가정신, 2024
호메로스, 《오뒷세이아》, 천병희 옮김, 숲, 2015
J. R. R. 톨킨, 《반지의 제왕》 1·2·3, 김보원·김번·이미애 옮김, 아르테, 2021

Gabriel Marcel, *Homo Viator*, Chicago: Henry Regnery Company, 1951

Hugo Rahner, *Griechische Mythen in Christlicher Deutung*, Freiburg im Breisgau: Herder, 1992

J.R.R. Tolkien, *The Letters of J.R.R. Tolkien: Revised and Expanded edition*, eds. Christopher Tolkien and Humphrey Carpenter, London: HarperCollins, 2023

Knut Backhaus, *Religion als Reise*, Tübingen: Mohr Siebeck, 2014

1부 영혼의 여정

강대진 외,《플라톤의 그리스 문화 읽기》, 아카넷, 2020

김상봉,《아리스토텔레스의 신학》, 도서출판 길, 2025

디오게네스 라에르티오스,《유명한 철학자들의 생애와 사상》1·2, 김주일 외 옮김, 나남, 2021

루크레티우스,《사물의 본성에 관하여》, 강대진 옮김, 아카넷, 2012

소포클레스,《오이디푸스 왕》, 강대진 옮김, 민음사, 2009

아리스토텔레스,《니코마코스 윤리학》, 강상진·김재홍·이창우 옮김, 길, 2011

아리스토텔레스,《형이상학》, 조대호 옮김, 길, 2017

에피쿠로스,《에피쿠로스 쾌락》, 박문재 옮김, 현대지성, 2022

존 셀라스,《에피쿠로스의 네 가지 처방》, 신소희 옮김, 복복서가, 2022

클라우스 헬트,《지중해 철학기행》, 이강서 옮김, 효형출판, 2007

프리도 릭켄,《고대 그리스 철학》, 김성진 옮김, 서광사, 2000

플라톤,《소크라테스의 변론·크리톤·파이돈》, 천병희 옮김, 숲, 2017

플라톤,《파이돈》, 전헌상 옮김, 아카넷, 2020

플라톤,《플라톤 신화집》, 천병희 옮김, 숲, 2014

피에르 아도,《고대철학이란 무엇인가》, 이세진 옮김, 열린책들, 2017

헤로도토스,《역사》, 천병희 옮김, 도시출판 숲, 2009

Aristoteles, *Ethica Nicomachea*, ed. Ingram Bywater, Oxford: Clarendon Press, 1894

Aristoteles, *Nikomachische Ethik*, ed. and trans. Ursula Wolf, Reinbek bei Hamburg:

Rowohlt Taschenbuch Verlag, 2006.

C. D. C. Reeve, *Action, Contemplatin and Happiness*, Cambridge, MA: Harvard University Press, 2012

Dorothea Frede, *Platons "Phaidon"*, Darmstadt: Wissenschaftliche Buchgesellschaft, 1999

F. J. Weber ed., *Platons Apologie des Sokrates*, Paderborn: Ferdinand Schöningh, 2002

Friedo Ricken, *Gemeinschaft Tugend Glück*, Stuttgart: W. Kohlhammer, 2004

Jonathan Lear, *Happiness, Death, and the Remainder of Life*, Cambridge, MA: Harvard University Press, 2000

Jörn Müller ed., *Platon: Phaidon*, Berlin: Akademie Verlag, 2011

Josef Pieper, *The Platonic Myths*, trans. Dan Farrelly and South Bend, IN: St. Augustine's press, 2011

Luc Brisson, *Plato the Myth Maker*, ed. and trans. Gerard Naddaf, Chicago: University of Chicago Press, 1999

Makus Janka and Christian Schäfer eds., *Platon als Mythologe*, Darmstadt: Wissenschaftliche Buchgesellschaft(WBG), 2002

Platon, *Apologie des Sokrates*, trans. Rafael Ferber, München: C. H. Beck, 2011

Platon, *Meisterdialoge: Phaidon, Symposion, Phaidros*, trans. Rudolf Rufener, Zürich/München: Artemis Verlag, 1974.

Romano Guardini, *Der Tod des Sokrates*, Mainz/Paderborn: Matthias-Grünewald/Schöningh, 1999

Sophokles, *König Ödipus*, trans. Wolfgang Schadewaldt, Frankfurt am Main: Insel Verlag, 1973

Stephan Herzberg, *Menschliche und Göttliche Kontemplation*, Heidelberg: Universitätsverlag Winter, 2013.

Walter Mesch ed., *Glück Tugend Zeit*, Stuttgart/Weimar: J. B. Metzler, 2013

가스통 부아시에, 《키케로와 친구들》, 정진국 옮김, 달집, 2003

루키우스 안나이우스 세네카, 〈트로이아 여인들〉, 《세네카 비극전집》1, 강대진 옮김, 나남, 2023

루키우스 안나이우스 세네카, 《삶의 지혜를 위한 편지》, 김천운 옮김, 동서문화사, 2016

루키우스 안나이우스 세네카, 《세네카의 대화: 인생에 관하여》, 김남우·이선주·임성진 옮김, 까치, 2016

루키우스 안나이우스 세네카, 《세네카의 행복론》, 천병희 옮김, 숲, 2024

루키우스 안나이우스 세네카, 《철학자의 위로》, 이세운 옮김, 민음사, 2022

마르쿠스 아우렐리우스, 《명상록》, 천병희, 숲, 2005

마르쿠스 아우렐리우스, 《자기 자신에게 이르는 것들》, 김재홍 옮김, 그린비, 2023

마르쿠스 툴리우스 키케로, 《노老 카토 노년론》, 김남우 옮김, 아카넷, 2023

마르쿠스 툴리우스 키케로, 《아카데미아 학파》, 양호영 옮김, 아카넷, 2021

마르쿠스 툴리우스 키케로, 《어떻게 나이 들 것인가?》, 안규남 옮김, 아날로그, 2021

마르쿠스 툴리우스 키케로, 《투스쿨룸 대화》, 김남우 옮김, 아카넷, 2022

마사 C. 누스바움·솔 레브모어, 《지혜롭게 나이 든다는 것》, 안진이 옮김, 어크로스, 2018

말테 호센펠더, 《헬레니즘 철학사》, 조규홍 옮김, 한길사, 2011

보에티우스, 《철학의 위안》, 박문재 옮김, 현대지성, 2018

안소니 A. 롱, 《헬레니즘 철학》, 이경직 옮김, 서광사, 2000

앤서니 에버렛, 《로마의 전설 키케로》, 서해문집, 2003

에픽테토스, 《강의》1/2·3/4, 김재홍 옮김, 그린비, 2023

윌리엄 B. 어빈, 《좋은 삶을 위한 안내서》, 이재석 옮김, 마음친구, 2022

장바티스트 구리나, 《스토아주의》, 김유석 옮김, 글항아리, 2016

코르넬리우스 타키투스, 《타키투스의 연대기》, 박광순 옮김, 범우, 2005

티투스 리비우스, 《리비우스 로마사》1~4, 이종인 옮김, 현대지성, 2020

프리츠 하이켈하임, 《하이켈하임 로마사》, 김덕수 옮김, 현대지성, 2017

피에르 아도, 《명상록 수업》, 이세진 옮김, 복복서가, 2023

Barbara Guckes ed., *Zur Ethik der älteren Stoa*, Göttingen: Vandenhoeck & Ruprecht, 2004

Brad Inwood ed., *The Cambridge Companion to the Stoics*, Cambridge: Cambridge University Press, 2003

Brad Inwood, *Stoicism A Very Short Introduction*, Oxford: Oxford University Press, 2018

Catherine Steel ed., *The Cambridge Companion to Cicero*, Cambridge: Cambridge University Press, 2013

Cicero, *Cato der Ältere über das Alter / Laelius über die Freundschaft*, Berlin: De Gruyter, 1999.

Cicero, *Gespräche in Tusculum / Tusculanae disputationes*, Berlin: De Gruyter, 2011

Emily Wilson, *Seneca: A Life*, London: Penguin Books, 2016

Epikur, *Ausgewählte Schriften*, ed. and trans. Christof Rapp, Stuttgart: Alfred Kröner Verlag, 2010

Gernot Michael Müller and Jörn Müller eds., *Cicero ethicus*, Heidelberg: Universitätsverlag Winter, 2020

Ilsetraut Hadot, *Seneca und die Griechisch-Römische Tradition der Seelenleitung*, Berlin: Walter de Gruyter, 1969.

James Ker, *The Deaths of Seneca*, Oxford: Oxford University Press, 2009

Katja Maria Vogt, *Skepsis und Lebenspraxis*, Freiburg im Breisgau&München: Verlag Karl Alber, 2015

Marcus Aurelius, *Wege Zu Sich selbst*, ed. and trans. Willy Theiler, Zürich: Artemis-Verlag, 1951

Marcus Aurelius, *Meditations*, trans. Robin Hard, Oxford: Oxford University Press, 2011

Peter Günzel, *Philosophie – Kurs mit Seneca*, Stuttgart(Ditzingen): Reclam Verlag, 2022

Pierre Hadot, *Philosophie als Lebensform*, trans. Ilsetraut Hadot and Christiane Marsch, Frankfurt am Main: Fischer-Taschenbuch-Verlag, 2002.

Pierre Hadot, *The Present Alone Is Our Happiness*, trans. Marc Djaballah and Michael Chase, Stanford, CA: Stanford University Press, 2011

Seneca, *Briefe an Lucilius*, eds. Gerhard Fink and Rainer Nickel, Berlin: De Gruyter

Akademie Forschung, 2022

Seneca, *Schriften zur Ethik*, ed. Gerhard Fink, Berlin: De Gruyter, 2011

3부 영원의 거울 앞에서

게르하르트 베어,《마이스터 에크하르트》, 이부현 옮김, 안티쿠스, 2009

김율,《행복과 자유》, 길, 2025

도미니크 오미라,《플로티노스 엔네아데스 입문》, 안수철 옮김, 탐구사, 2009

디트마르 미트 엮음,《하느님과 하나되어》, 김순현 옮김, 분도출판사, 2014

로마노 과르디니,《과르디니와 함께 고백록 읽기》, 김형수 옮김, 가톨릭출판사, 2025

로완 윌리엄스,《다시 읽는 아우구스티누스》, 이민희·김지호 옮김, 도서출판100,
2021

마이스터 에크하르트,《M. 에크하르트의 중세 고지 독일어 작품집》1, 이부현 옮김,
메타노이아, 2023

마이스터 에크하르트,《마이스터 에크하르트의 중세 고지 독일어 작품집》5, 이부현
옮김, 메타노이아, 2023

박승찬,《아우구스티누스에게 삶의 길을 묻다》, 가톨릭출판사, 2021

박승찬,《토마스 아퀴나스》, 아르테, 2024

스테픈 포프,《아퀴나스의 윤리학》, 이재룡 외 옮김, 한국성토마스연구소, 2021

아우구스티누스,《고백록》, 성염 옮김, 한길사, 2025

아우구스티누스,《신국론》1·2·3, 성염 옮김, 분도출판사, 2004

아우구스티누스,《영혼 불멸》, 성염 옮김, 분도출판사, 2018

아우구스티누스,《행복한 삶》, 성염 옮김, 분도출판사, 2016

앙리 베르그송,《시간에 대한 이해의 역사》, 조현수 옮김, 그린비, 2024

요세 피퍼,《여가와 경신》, 김진태 옮김, 가톨릭대학교출판부, 2011

요셉 피퍼,《토마스 아퀴나스》, 신창석 옮김, 분도출판사, 2005

요한 하위징아,《중세의 가을》, 이종인 옮김, 연암서가, 2012

장 피에르 토렐,《아퀴나스의 신학대전》, 이재룡 옮김, 한국성토마스연구소, 2024

정달용,《그리스도교 철학 (상) 고대와 중세》, 분도출판사, 2000

카미유 리키메, 《베르그손 고고학: 시간의 형이상학》, 엄태연 옮김, 읻다, 2024

쿠르트 플라슈, 《중세의 철학적 사유》, 박규희 옮김, 길, 2025

토마스 아 켐피스, 《준주성범》, 윤을수 옮김, 가톨릭출판사, 2021

토마스 아퀴나스, 《인간적 행위》(토마스 아퀴나스 신학대전 17), 이상섭 옮김, 바오로딸, 2019

토마스 아퀴나스, 《희망》(토마스 아퀴나스 신학대전 33), 이재룡 옮김, 한국성토마스연구소, 2022

프란치스코 살레시오, 《신심 생활 입문》, 서울가르멜여자수도원 옮김, 가톨릭출판사, 2021

프리도 릭켄, 《릭켄의 종교철학》, 이종진 옮김, 하우출판사, 2010

플로티노스, 《엔네아데스》, 조규홍 옮김, 지식을만드는지식, 2015

플로티누스, 《아름다움에 관하여》, 송유레 옮김, 아카넷, 2024

피에르 아도, 《플로티누스 또는 시선의 단순성》, 안수철 옮김, 탐구사, 2013

피터 브라운, 《아우구스티누스》, 정기문 옮김, 새물결, 2012

핸리 채드윅, 《아우구스티누스》, 전경훈 옮김, 교유서가, 2024

헤르만 클레버, 《삶의 목적인 행복》, 박경숙 옮김, 가톨릭출판사, 2006

Augustinus, *Bekenntnisse*, trans. Joseph Bernhart, Frankfurt am Main: Insel Verlag, 1987

Augutstinus, *Suche nach dem wahren Leben: Confessiones X/Bekenntnisse 10*, ed. and trans. Norbert Fischer, Hamburg: Felix Meiner Verlag, 2006.

Christian Tornau ed., *Plotin Handbuch: Leben–Werk–Wirkung*, Stuttgart: J. B. Metzler, 2024

Christoph Kardinal Schönborn, *Vom glückten Leben: Fragen und Antworte*, Wien: Amalthea Signum Press, 2008.

Glenn W. Most, "Plotinus' Last Words", *The Classical Quarterly*, Vol.53, No.2, Oxford: Cambridge University Press, Nov. 2003, pp. 576~587

Jörg Disse and Bernd Goebel eds., *Gott und die Frage nach dem Glück*, Freiburg im Breisgau: Verlag Josef Knecht, 2010

Josef Pieper, *Tod und Unsterblichkeit*, München: Kösel Verlag, 1968

Lloyd P. Gerson and James Wilberding eds., *The New Cambridge Companion to Plotinus*, Cambridge: Cambridge University Press, 2022.

Meister Eckhart, *Werke I · II*, Frankfurt am Main: Deutscher Klassiker Verlag, 2008

Norbert Fischer and Dieter Hattrup eds, *Selbsterkenntnis und Gottsuche Augustinus: Confessiones 10*, Paderborn: Ferdinand Schöningh, 2007

Norbert Fischer and Dieter Hattrup eds., *Irrwege des Lebens Augustinus: Confessiones 1-6*, Paderborn: Ferdinand Schöningh, 2004

Norbert Fischer and Dieter Hattrup eds., *Schöpfung, Zeit und Ewigkeit Augustinus: Confessiones 11-13*, Paderborn: Ferdinand Schöningh, 2006

Plotinus, *The Enneads*, ed. Lloyd P. Gerson, Cambridge: Cambrige University Press, 2025

Werner Beierwaltes, *Das Wahre Selbst*, Frankfurt am Main: Vittorio Klostermann, 2020

Werner Beierwaltes, *Plationismus im Christentum*, Frankfurt am Main: Vittorio Klostermann, 2014

4부 죽음의 인간학

단테 알레기에리, 《단테의 신곡》 상·하, 최민순 옮김, 가톨릭출판사, 2013

단테 알레기에리, 《신곡》 1·2·3, 박상진 옮김, 민음사, 2007

로베르 올로트, 《몽테뉴의 《에세》》, 이선희 옮김, 고려대학교출판문화원, 2019

롤런드 베인턴, 《에라스무스의 생애》, 박종숙 옮김, 크리스천다이제스트, 2001

미셸 드 몽테뉴, 《에세》 1·2·3, 심민화·최권행 옮김, 민음사, 2022

미셸 드 몽테뉴, 《좋은 죽음에 관하여》, 박효은 옮김, 아르테, 2024

미키 기요시, 《파스칼의 인간연구》, 윤인로 옮김, 도서출판b, 2017

블레즈 파스칼, 《팡세》, 현미애 옮김, 을유출판사, 2013

사라 베이크웰, 《어떻게 살 것인가》, 김유신 옮김, 책읽는수요일, 2012

슈테판 츠바이크, 《에라스무스 평전》, 정민영 옮김, 원더박스, 2022

앙투안 콩파뇽, 《몽테뉴와 함께하는 여름》, 김병욱 옮김, 뮤진트리, 2022

앙투안 콩파뇽, 《파스칼과 함께하는 여름》, 김병욱 옮김, 뮤진트리, 2021

야코프 부르크하르트, 《이탈리아 르네상스의 문화》, 이기숙 옮김, 한길사, 2003

에라스무스, 《격언집》, 김남우 옮김, 부북스, 2014

에라스무스, 《우신예찬》, 김남우 옮김, 열린책들, 2011

에리히 아우어바흐, 《단테》, 이종인 옮김, 연암서가, 2014

요한 하위징아, 《에라스뮈스》, 이종인 옮김, 연암서가, 2013

이마미치 도모노부, 《단테《신곡》강의》, 이영미 옮김, 교유서가, 2022

제임스 몬티, 《성 토마스 모어》, 성찬성 옮김, 가톨릭출판사, 2006

크리스토퍼 첼렌차, 《이탈리아 르네상스의 지적 세계》, 곽차섭 옮김, 길, 2025

크리스티네 크리스트 폰 베델, 《에라스무스의 생애와 사상》, 정미현 옮김,

새물결플러스, 2024

토마스 모어, 《고난을 이기는 위안의 대화》, 성찬성 옮김, 가톨릭출판사, 2007

토마스 모어·윌리엄 로퍼, 《영원과 하루: 토마스 모어 서한집, 토마스 모어 경의

생애》, 이미애 옮김, 정원, 2012

토마스 모어, 《유토피아》, 김남우 옮김, 문예출판사, 2011

파울 오스카 크리스텔러, 《르네상스의 사상과 그 원천》, 진원숙 옮김,

계명대학교출판부, 1995

프란체스코 페트라르카, 《고독한 생활》, 김효신 옮김, 나남, 2023

프란체스코 페트라르카, 《나의 비밀》, 김효신 옮김, 나남, 2023

프란체스코 페트라르카, 《종교적 여가》, 김효신 옮김, 나남, 2023

프란체스코 페트라르카, 《칸초니에레》, 김운찬 옮김, 아카넷, 2024

프란체스코 페트라르카, 《페트라르카 서간문 선집》, 김효신 옮김, 작가와비평, 2020

프란체스코 페트라르카, 《행운과 불운에 대처하는 법》, 임희근 옮김, 유유, 2020

한스 바론, 《초기 이탈리아 르네상스의 위기》, 임병철 옮김, 길, 2020

한스 큉, 《세속 안에서의 자유》, 장익 옮김, 분도출판사, 1971

Alvaro de Silva ed., *The Last Letters of Thomas More*, Cambridge: Eerdmans
Publishing, 2000

Blaise Pascal, *Gedanken*, trans. Ulrich Kunzmann, Stuttgart: Reclam, 2021

Christopher S. Celenza, *Petrarch: Everywhere a Wanderer*, London: Reaktion Books,
2017

Erasmus von Rotterdam, *Adagia: Sprichwörter*, Basel: Schwabe Verlag, 2021

Erich Auerbach, *Dante als Dichter der Irdischen Welt*, Berlin: De Gruyter, 2001

Francesco Petrarca, *The Life of Solitude*, trans. Jacob Zeitlin, Waco, TX: Baylor University Press, 2023

George M. Logen ed., *The Cambridge Compainon to Thomas More*, Cambridge: Cambridge University Press, 2011.

Gerald B. Wegemer and Stephan W. Smith eds., *A Thomas More Source Book*, Washington, D.C.: The Catholic University of America Press, 2004.

John Guy, *Thomas More A Very Brief History*, London: SPCK Publishing, 2019

John W. O'Malley ed., *Collected Works of Erasmus*, vol.70, Toronto/London: University of Toronto Press, 1998

Kurt Flasch, *Einladung, Dante zu lesen*, Frankfurt am Main: Fischer Verlage, 2011

Paul Oscar Kristeller, *Eight Philosophers of the Italian Renaissance*, Stanford: Stanford University Press, 1964

Romano Guardini, *Christliche Bewußtsein: Versuche über Pascal*, Mainz/Paderborn: Grünewald/Schöningh, 1991

Stefan Zweig, *Triumph und Tragik des Erasmus von Rotterdam*, Frankfurt am Main: Fischer Taschenbuch, 1981

Thomas Leinkauf, *Grundriss Philosophie des Humanismus und der Renaissance (1350-1600)*, Vols.1-2. Frankfurt am Main: Felix Meiner Verlag, 2017

Thomas More, *Utopia*, London: Penguin Classics, 2012

에필로그

루트비히 비트겐슈타인, 《논리-철학논고》, 이영철 옮김, 책세상, 2025

마르틴 하이데거, 《존재와 시간》, 이기상 옮김, 까치, 2025

블라디미르 장켈레비치, 《죽음: 이토록 가깝고 이토록 먼》, 김정훈 옮김, 호두, 2023

에른스트 카시러, 《자유와 형식》 1·2, 임홍배 옮김, 나남출판, 2025

에마누엘 레비나스, 《신, 죽음 그리고 시간》, 김도형, 문성원, 손영창 옮김, 그린비,

2013

존 S. 던, 《사랑과 죽음에 관한 명상》, 정우성 옮김, 양문출판사, 2000

John S. Dunne, *Dark Light of Love*, Notre Dame, IN: University of Notre Dame Press, 2014.

John S. Dunne, *Time and Myth*, Notre Dame, IN: University of Notre Dame Press, 1989

Karl Rahner, *Zur Theologie des Todes*, Freiburg im Breisgau: Herder, 1958

Ladislaus Boros, *Mysterium Mortis*, Olten: Walten Verlag, 1968

감사의 말

Reinhold Schneider, *Winter in Wien*, Freiburg im Breisgau: Herder Verlag, 2003

좋은 삶을
위해
죽음을 묻다

좋은 삶을 위해 죽음을 묻다

초판 1쇄 발행 2026년 2월 26일
초판 2쇄 발행 2026년 3월 16일

지은이 최대환
발행인 김형보
편집 최윤경, 강태영, 임재희, 홍민기, 강민영, 김아영
마케팅 이연실, 김보미, 김민경, 고가빈 **디자인** 김지은, 박현민 **경영지원** 최윤영, 유현

발행처 어크로스출판그룹(주)
출판신고 2018년 12월 20일 제 2018-000339호
주소 서울시 마포구 동교로 109-6
전화 070-5038-3533(편집) 070-8724-5877(영업) **팩스** 02-6085-7676
이메일 across@acrossbook.com **홈페이지** www.acrossbook.com

만든 사람들
편집 홍민기 **교정** 김혜미 **디자인** 박현민